First published in English under the title
Python for Teenagers: Learn to Program like a Superhero!
by James R. Payne, edition: 1

妻の Whitney Payne は，いつも私を信頼し，私がコンピュータに怒鳴っても気づかないふりをしてくれました．

みんななぜか名前に“ron”が入っている，私の両親 Ronnie Payne と Sharon Payne，そして私の兄弟，同じく Ronnie Payne は，私がバットマンになりたいと言い出したときでさえ，人生でなれないものはないと，いつも言ってくれました．

Dorjan Williams は，昔，私がバカげた漫画キャラクターの世界を作るのを手伝ってくれました．Eric Miller は，裏庭でのドラゴン退治など，大小さまざまな問題の解決を手伝ってくれたので，私は自分の仕事に，ときどきは，集中できました．Nicholas Rini は私にプログラミングと漫画の両方を紹介してくれました．彼がいなければこの本は存在しなかったでしょう．Nanci Packard と Wendy White は，本一冊には収まらないくらいのインスピレーションを与えてくれました．Developer Shed 社のかつての同僚に感謝します．Jennifer Ruggieri は私に本書の執筆という仕事をくれました．Charles Fagundes と Keith Lee は，プログラミングを助けてくれたり，日々の自分の人生が充実していることを（頻繁に）思い出させてくれたりしました．Jose Escalante は，“John Cena”に会ったのはあなただけだったので，感謝します．Enrique Stone は……自分でわかりますね．

いつも台所でお手伝いをしてくれて，この本に画像を使わせてくれた，ブルドッグの Sophie Payne に特別な感謝の意を表します．

“The mad titan”の“サノス”への感謝も忘れてはいけません．彼は指を鳴らすだけで，私が多くのことを成し遂げるのを助けてくれました．“ミスターT”はこの愚か者を哀れんでくれましたし，“リチャード・C.”も助けてくれました．最後に，私に刺激をくれた一握りの作家たち，A. Lee Martinez，Neil Gaiman，Frank Miller，Alan Moore，Jim Starlin，そして Stephen King に感謝します．みんなもっと早く作品を書けません？

はじめに

誰のための本？

本書は，Python（パイソン）でのプログラミングに興味のあるティーンエイジャーを対象としています．厳密に言えば13歳から18歳までということになりますが，実際には，Pythonでのプログラミングを学びたい，初心者としてプログラミング自体を学びたい，スキルとしてPythonを身につけたい，という方であれば**何歳であっても**，（手前味噌ですが）ぜひ読むべきだと思います．

とにかく，果敢にも本書を手に取ってくれているわけですから，**あなた**はまさしく本書の読者にふさわしいといえます．プログラミングを熱心に学んで世界に羽ばたき，悪質なハッカーや怪しいアプリ，そして台頭するAIロボットに立ち向かおうとする，あなたのような若いヒーローに，私たちの未来は委ねられているのです！

本書を読めば，読者の年齢にかかわらず“スーパー・パワー”が身につきます．もちろん，最後まで読んで得られるのは，壁を透視したり，車を頭の上まで持ち上げたりする力ではありません．コンピュータの言葉を話して，カッコいいプログラムを作れるようになるのです．これ以上に素晴らしいことがあるでしょうか？

本書で学ぶこと

1章では，プログラミングとPythonの概要を紹介した後，PythonとPython IDLE（統合開発環境）のインストール方法を説明します．Python IDLEを使うと，Pythonプログラムの作成とテストができます．

2章では，数学関数（加算，乗算，除算など）を扱い，Pythonで使われるさまざまな**データ型**について学びます．また，興味深いアプリケーション“スーパー・ヒーロー・ジェネレーター3000”を基礎から作り始めます．

3章では，**文字列**とよばれるテキストの扱い方について掘り下げます．また，Pythonが提供するさまざまな種類の**データ構造**についてもみていきます．まとめとして一般的な文字列関数に注目しつつ，“スーパー・ヒーロー・ジェネレーター3000”の続きを作ります．

プログラムはしばしば，ユーザーやその他からのフィードバックに応じて，動作を変える必要があります．4章では，この“判断(条件分岐)”とよばれるしくみを扱います．

5章では，ループ（反復）とよばれる，コードを特定の条件に基づいてループする，すなわち繰返すためのしくみを取上げます．

6章では，これまでに学んだことを復習します．習得した知識をすべて使って，“スーパー・ヒーロー・ジェネレーター3000”の最初の完全版を作り上げます．最終的には，ユニークな“スーパー・パワー”，名前，ステータス（能力値）をもったヒーローをランダムに作成できるようになります！

7章では，より高度なテクニックを学びます．本物のプログラマーになるには，効率よくプログラミングする方法を身につけ，コードのミスを減らさなくてはなりません．そこで，**モジュール**と**組込み関数**の出番です．この章では，モジュールや組込み関数とは何か，そしてそれを使うとなぜずっと楽をできるのかを学びます．

8章では，より進んだ内容を扱います．特に“オブジェクト指向プログラミング(OOP)”の基礎であるクラスとオブジェクトを取上げます．

9 章では少し趣向を変えて，**タプル**や**辞書**（**ディクショナリ**）などの異なる種類のデータ構造をみていきます．

10 章では，ディレクトリ（フォルダー）内のファイルをどのように作成したり，処理したりするのかについて説明します．

私が個人的に大好きな 11 章では，非常に魅力的な話題である，ゲーム作りのための Python を扱います．テレビゲームの世界を一巡りして，ゲームにおけるアニメーションなどのさまざまな要素の扱い方を学びます．

ユーザーの操作とゲームとを連動させる方法を学び，画面内で画像を動かせるようになれば，ゲームはおもしろくなります．12 章では，引き続きゲームを取上げ，なかでもゲームのアニメーションに焦点を当てます．

13 章では，Python のまだ扱っていない分野である**デバッグ**，すなわちコードの誤りの見つけ方について説明します．また，高度なモジュールの使い方についても取上げます．

最後に，14 章では全体のまとめとして，Python プログラマーとして仕事を見つける方法，キャリアパス，Python の未来など，幅広いトピックスを取上げ，私たちの大好きなプログラミング言語に関する**よくある質問**（FAQ）に答えます．

それでは，何を学ぶのかを理解したところで，“ヒーロー・スーツ”を着て，知識の壁を飛び越える準備にとりかかりましょう！

私がプログラミングを始めた理由

私がプログラミングを始めたのは，はるか昔，インターネットや携帯電話が登場する前，恐竜が地球を歩き回っていたころです．そのころのコンピュータは，今日のようには画像を表示することができませんでした．すべてがテキストベースで，ゲームですら（ホラーゲームも）そのありさまでした．グラフィックスやアニメーションを用いたゲームもなかにはありましたが，それらは 8 ビットで，現在のような映画並みのそれではありませんでした．

私は幸運にも兄とコンピュータを共有する機会に恵まれました．両親は私たちがコンピュータで何をしていたのかを知らなかったはずです．それでも理解を示した様子で，“この未来の機械があれば，きっとうちの子供たちは……未来を築くような人間になるはず”と考えたのでした．

それは，あながちまちがいではなかったのです．コンピュータを買ってもらっていなかったら，いったい私はいまごろ何をしていたでしょう？ 本書を執筆して，あなたにプログラミングをお教えするようなこともなかったはずです．

しかしながら，電子機器をごちゃっと組合わせた巨大な文鎮（当時は Apple IIe とよんでいました）をもっているだけでは，夢中になるには十分ではありませんでした．結局のところ，家にはファミコンもあって，それには驚くほどたくさんのゲームが出回っていたのです．恥ずかしながら，私はいまでも遊んでいます．

私がコンピュータにハマったのは，ニコラスというプログラミングに詳しい友人がきっかけでした．彼はある日，お気に入りのいくつかのゲーム・プログラムを“ハック”して，どうすれば自分たちに有利なように改造できるのかを教えてくれたのです．それはテレビゲームの裏技を自分で作るようなものでした．なかでも私たちが遊んだのは“レモネード・スタンド”というゲームです．これは，アメリカの子供たちの夏の風物詩である，レモネード・スタンドをシミュレートしたゲームで，実際と違っていたのは，本物のお金をもらえないのと，日焼けしないところだけでした．

このゲームは，利益をギリギリ出せるだけの数ドルをもっているところから始まります．しかし，ゲームのプログラムを見てみると，数箇所を書き換えるだけで，好きなだけお金をもった状態で始められることがわかりました．瞬く間に，私は世界初のレモネード・スタンド成金，実力者となったのです．すっかりハマってしまいました．

それからすぐに，自分たちにもゲームが作れるということに気づくと，実際にそうしました．大好きな漫画や"ダンジョンズ＆ドラゴンズ"という紙とペンを使って遊ぶゲームをもとにした複雑なロール・プレイング・ゲーム（RPG）から，友達に次々と質問をして，その回答をもとにからかうようなプログラムまで作りました．

当時はバカげたことだと思っていましたが，いまならわかります．これこそがプログラミングと（少し前から始めていた）文章を書くことに対する私の情熱のベースとなったのです．プログラミングを楽しんだあの夏がなければ，これまでの素晴らしい経験，友人，仕事，そして執筆の機会は得られなかったでしょう．そして，プログラミングの**楽しさ**を味わうことも，ほとんどなかったと思うのです．

コンピュータのプログラムを書くという楽しさと喜びがもたらした，生涯にわたるプログラミングへの情熱とたくさんのチャンス．私が読者に伝えたいのは，まさにこのことなのです．

確かに，プログラミングは大変な作業です．毎晩キーボードに頭をぶつけたり，何時間もコンピュータの画面に向かって怒鳴ったりした挙句に，プログラムが動かないのは単に括弧の入れ忘れが原因だった，ということに気づくのですから．しかし，一度でも自分や他のプログラマーのミスを発見できたなら，それはもう最高の気分です．史上最高のプログラマーは自分だと気づいたのですから．

本書の読み方と注意点

本書を読んでいると，少し読み飛ばしたいという衝動に駆られたり，課題を少しくらい省略したくなったりするかもしれません．しかし，"あなたが欺くとき，欺いているのは自分自身"という人生の教訓は，プログラミングの学習にも当てはまります．

そこで，正しい道を歩めるように，本書を読んでプログラミングを学ぶうえでの一般的な注意点をあげます．

この本は**最初から順番に読んでください**．一つくらいなら章を飛ばしても大丈夫だとは思いますが，本書は，プログラミング言語だけでなくプログラミングのよい習慣と理論の基礎を身につけ，他の言語にも通用するプログラミングの原理を理解するための本である，ということを忘れないでください．

本書の電子版や他のところから，**コードをコピー＆ペーストしないでください**．その代わりに，時間をかけて入力してください．そうすればコードを書くという感覚をつかめますし，おそらく，入力を繰返すうちにコードをいくらか覚えられるはずです．

コードを使って**実験してください**．私が見つけたなかで最良の，本物のプログラミングを学ぶ方法は，実験することです．本書を読んでいてプログラムの例を見つけたら，自由にパラメーターを変えて，何が起こるかを確認してください．最悪，動かなくなるかもしれませんが，新しいことを学べるのですから，それに越したことはありません．

ネットでPythonのチュートリアルやハウツーを**ためらわずに調べてください**．初心者に基礎を身につけてもらうのが本書の目的です．しかし，だからといってあらゆることが書かれているわけではありません（ゆえに続編もありうるわけです）．他のサンプルを見るときは，記事の日付とPythonの

バージョンを確認してください．本書で使用しているバージョン（Python 3）と一致していないと，コードが動かず戸惑うことになります．

コードを**ドキュメント化してください**．**ドキュメント化**とは，コードの**セクション**（区切り）にコメントを残すことによって，自分（や将来の別のプログラマー）がそこで何をしようとしていたのかをわかるようにすることです（詳細は本文で）．Python は非常に読みやすい言語ですが，プログラマーによって書き方は異なるため，自分にとって明らかなことが，他人にもそうとは限りません．また，ドキュメント化しておけば，後で自分のコードを見直すときに，10 年前の午前 4 時に自分が何をしようとしていたのかを簡単に思い出せるようになります．

プログラミングは**計画的にしてください**．まず，プログラム全体の動作を書き出してから，それを小さなセクションに分解します．そして，それぞれのセクションをどのようにコード化するのかという方針を決めます．こうすれば，あなたは従うべき計画表をもつことになり，勘を頼りにすることもありません．

コードの**テストとファイルへの保存は頻繁にしてください**．私たちプログラマーは，集中すると一度に何時間でも仕事に没頭したくなります．しかし，いったん手を止め，コードをテストしてファイルに保存しないと，これまでの成果を失ったり，さらには，突き止めづらいミスを犯したりする危険があります．

謝　辞

執筆の話をもちかけ，私のアイデアを聞くと，ありがたいことに私が一番書きたいテーマを選んでくれた Todd Green がいなければ，本書は存在しなかったでしょう．

編集担当者の Jill Balzano は，信じられないほど忙しかった時期に執筆を順調に進めるうえで非常に貴重な存在でした．彼女なしに本書は実現しなかったでしょう．

James Markham と Andrea Gavana は，私の誤りをすべて発見し，この歳になっても学べることはたくさんあるのだと教えてくれました．意外なことに，老犬も新しい技が学べたのです．

Apress の編集チーム全員に感謝します．一緒の仕事は楽しく，私の大好きなこと，つまり執筆を手伝ってくれました．それと，くだらない漫画のキャラクター作りもです．

著者紹介

著　者

James R. Payne がプログラミングを始めたのはわずか 10 歳のときでした．“レモネード・スタンド”のようなテキストベースのゲームをいじってプレーヤーが有利になるようにしたのが始まりで，“ダンジョンズ & ドラゴンズ”のようなスタイルの，大好きな漫画をもとにしたテキストベースの RPG を，すぐに作り始めました．彼を生涯を通じてプログラミングの世界に引きつけているのは，この初期の楽しい日々の忘れられない思い出なのです．

Payne は，プログラミング，ウェブ開発，インターネットマーケティングに特化した 14 のウェブサイトとフォーラムで構成されたオンライン出版社 & コミュニティの Developer Shed 社の元編集長/コミュニティマネージャーです．彼は，ほとんどすべての言語と利用可能なプラットフォームを網羅した，プログラミングとマーケティングに関する 1000 本以上の記事を執筆しています．彼の最初の著作 “Beginning Python”（Wrox Press）は 2010 年に出版されました．また，ゲームから宇宙航空学まで，2000 本以上の記事を執筆するとともに，大人向けホラーやヤング・アダルト向けファンタジーも執筆しています．

Payne は，ソフトウェア開発への愛情を伝えることで，次の世代がプログラミングを始めるきっかけになることを期待して，本書の執筆を決めました．

テクニカルレビュアー

Andrea Gavana は Python でのプログラミング経験が 16 年近くあり，1990 年代の後半からは他の言語にも触れていました．大学で化学工学の修士号を取得して，現在はデンマークのコペンハーゲンにある Total 社で技術者として働いています．

Andrea は仕事でも趣味でもプログラミングを楽しんでおり，これまでに複数のオープンソースプロジェクトに携わり，そのすべてが Python ベースのものでした．彼のお気に入りの趣味の一つは Python プログラミングですが，サイクリング，水泳，家族や友人との居心地の良いディナーも好きです．

本書は彼がテクニカルレビュアーを務める 3 冊目となります．

日本語版でのコードの表記法

日本語版では，解説する Python コードの記載法を，原著者の許可を得て下記のように変更しました．

① 本文中の薄い緑のボックスは，IDLE で作成した Python のコードを表します．

二重波線は，本文で解説済みのコードが一部省略されていることを表しています．

灰色のコードは，波線同様，本文で解説済みのコードです．

濃い緑のラベルには，本書で解説するコードの Python ファイル名を示します．電子ファイルは東京化学同人のウェブサイトからダウンロードできます．

super_hero_generator3000.py

```
answer = ""

# とりうるスーパー・パワーのリストを生成

super_powers = ["飛行能力", "超筋力", "テレパシー", "超スピード", "ホットドッグ⏎
大食い", "縄跳び上手"]

# とりうるファーストネームとラストネームのリストを生成

super_first_names = ["ワンダー", "何たる", "狂気の", "インクレディブル", "驚異⏎
の", "いいひと", "巨大な", "並外れた", "奴は", "ありえない"]

super_last_names = ["ボーイ", "マン", "犬", "筋肉", "ガール", "ウーマン", "ガ⏎
イ", "ヒーロー", "マックス", "ドリーム", "マッチョ", "スタリオン"]
```

黒色のコードが，本文で解説する新規のコードです．

改行マークは，実際のコードは 1 行で続けて書かれていることを表しています．

② 本文中の灰色のボックスは，①で作成した Python の実行結果を表します．

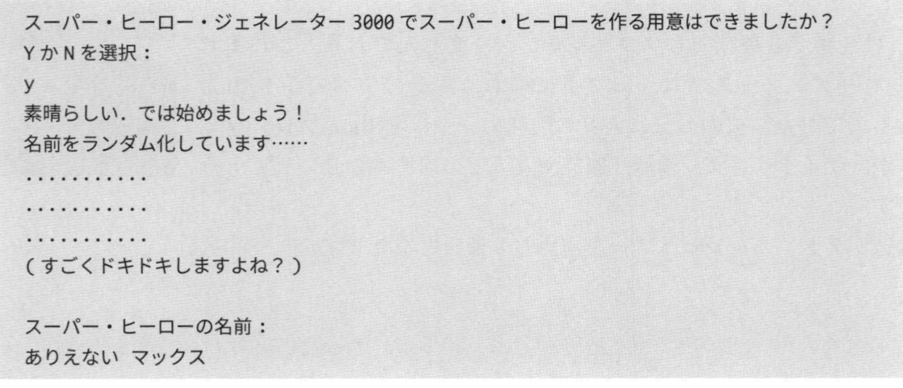

```
スーパー・ヒーロー・ジェネレーター 3000 でスーパー・ヒーローを作る用意はできましたか？
Y か N を選択：
y
素晴らしい．では始めましょう！
名前をランダム化しています……
...........
...........
...........
（すごくドキドキしますよね？）

スーパー・ヒーローの名前：
ありえない マックス
```

目　次

本書のサンプルファイルについて

本書記載の Python ファイルについては，東京化学同人のウェブサイトよりダウンロードできます．

プロローグ

新時代のヒーローになるために

みなさんこんにちは．サイエンス作家の竹内薫です．私の専門は理論物理学と科学史・科学哲学ですが，いまはYES International Schoolという先進教育の学校の校長を務めています．30代のころはバリバリのプログラマーでした．未来を見据えて，どんどんプログラミングを学ばないと，社会に出てから生き残れないというのが，私の持論です．

持論といっても，勝手な意見というわけではなく，世界中の科学者や社会学者や経済学者が同じような予測をしています．いったいなぜでしょう？

実はいま，世界中で産業構造が大きく変化しています．一言でいうと，産業のプログラム化が進んでいるのです．なかでも，人間の脳の学習を真似た“AI(人工知能)”や，極小のセンサーをあらゆるモノに組み込んでインターネットとつなぐ“IoT(モノのインターネット)”は，人々の暮らしを根本から変えるといわれています．

スーパーのレジでもセルフが増えてきましたが，一部では，お客さんが持参した袋にどんな商品が入っているかをAIが解析し，レジそのものが消えてしまったお店も出てきました．セルフレジもAIも，背後でプログラムが動いています．あるいは，インターネットで何かを買うときだって，すべてプログラムが動いているわけです．電車に乗るときだって，運行スケジュールがプログラム化されていますし，一部の学校では，時間割そのものをプログラム（ソフト）で作ることもあります．エンタテイメントに目を向けても，当然のことながらゲーム機で好きなRPGに興じたり，マインクラフトをやっているときだって，すべてプログラムが動いています．マインクラフトで自らプログラムを組むこともできます．人類の文化も経済もすべて，プログラムなしでは立ち行かないのです．

というわけで，みなさんの周囲でも，プログラミング塾に通ったり，イベントに参加したりしている人が多いのではないでしょうか．みなさんが社会に出て，仕事を探すとき，あるいは起業するとき，プログラミングができるとできないとでは，大きな差がついてしまいます．プログラミング技能があったほうが，社会で生きていくうえで有利なことはまちがいありません．

日本でも，2020年度から小学校でプログラミングの授業が始まるはずでした（新型コロナの影響でほとんど実施できなかったようですが……）．イギリスでは2014年から学校でのプログラミングが義務化されています．これからの社会では，プログラミングは必須の技能だとみなされています．でも，そこには大きな“落とし穴”があることをご存じでしょうか？

第四次産業革命

さて，その落とし穴については，徐々に書くことにして，まずは，すべての前提である第四次産業革命についておさらいをしてみましょう．

現在，“第四次産業革命”がものすごい勢いで進行中です．え？　何のこと？　学校で教わったイギリス発祥の蒸気機関とかの話？　ジェイムズ・ワットとか？　いえいえ，あれは第一次産業革命のお話．第二次産業革命は，さらに機械化が進んで，ドイツなどでは鉄鋼業に支えられた重工業も発達しました．そして，電気が普及し，ベルトコンベヤーによる大量生産も始まりました．第三次産業革命は，コンピュータやエレクトロニクス製品が登場し，ちょうど私(竹内薫)の世代は，その真っ只中を生きてきました．私が中学から高校のときには，プログラム電卓なるものが流行り，機械語，アセンブリー言語といった，いまからは想像できないほどわかりにくい(笑)，まさにコンピュータの内部処理そのものといった言語でプログラムを組んでいました．

当時の理科系の大学生は，科学技術計算に特化したFORTRAN言語を使っていましたが，紙のカードに穴をあけてコンピュータにプログラムを流し込んでいたのです．私が大学の物理学科に入ったころは，そろそろパンチカードは廃れてきて，ようやくキーボードでコードを打込むようになりましたが，それでも，コンピュータの画面に，“ウィンドウ”は存在しませんでした．グラフィカル・ユーザー・インタフェース（GUI）なんて，ゼロックス社が開発するまでは，この世になかったのです．まあ，いまでもPythonのコードは，黒地の画面に白文字（あるいは黒白が逆）で打込みますよね？テキストだけの世界です．昔は，なぜか，黒地に緑のテキストだったような記憶があります．

で，少し話が脱線しかかっていますが，いまは第四次産業革命が進行中なんです．その特徴は，すでに触れたAI，IoT（＝あらゆるモノがインターネットにつながること），そして，5G，量子暗号，量子コンピュータといった，いわば情報科学の最先端技術のオンパレードです．そして，当然のことながら，このすべてのキーワードの基礎にあるのが**プログラミング**なわけです．

つまり，第四次産業革命は，プログラミング抜きでは，基礎（土台）のない高層ビルのようなもので，すぐに崩壊してしまうのです．

消える仕事VS増える仕事

私が講演会などでよく聴衆に披露するのが，今後，十数年でなくなる仕事と残る仕事のおおまかな一覧表です．

10年後に残る仕事*	
人工知能に代わられる仕事	生き残る仕事
タクシー運転手	ソーシャルワーカー
レジ係	小学校の先生
銀行窓口業務	SE
保険営業員	外科医・内科医
コールセンター業務	経営者

＊ C. B. Frey and M. A. Osborne, “THE FUTURE OF EMPLOYMENT(雇用の未来)”, Oxford Martin Programme on Technology and Employment(2013)の付表より抜粋・作成した．

世界中のシンクタンクや学者が，ほぼ同じような予測を立てています．なくなるといっても，世の中からその職種が消えるというわけではなく，人間がやらなくなる，という意味です．では，誰がやるのかといえば，AIやロボット，インターネットの自動サービスということになります．

講演会では，この表のなくなる側の話をした後に，“残るほうは，人間の心がかかわったり，機転を利かせたり，臨機応変さが求められる仕事だ”と締めくくります．なにしろ，現在のAIには心（もしくは意識）のモジュールは組み込まれていませんし，組み込もうにも，脳科学者たちは，人間の心のメカニズムを解明しきっていないのです．ようするにAIは心をもっていません．

それはさておき，ここでは，さらに突っ込んで絶対になくならないあるいはどんどん増える仕事についてお話ししましょう．そう，もうおわかりのように，それは**プログラミング**なのです！

残る仕事についても，学校の先生だって，生徒の学習進行をAIに診断させて，適切なアドバイスをもらうようになるでしょうし，お医者さんだって，むずかしい病気の場合，AIの助けを借りて診断するようになるのです（すでに一部，実用化されています）．

これまでの産業革命でも，人間の仕事の多くを機械が代替してきましたが，第四次産業革命は，“ある程度，人間のパターン化された事務仕事までできてしまう機械”，すなわちAIが主役といっていいでしょう．でも，そのAIはいったい誰が設計するのでしょう？

それは，**この本を読んでいるあなた**です．

第四次産業革命が情報革命である以上，誰かが膨大なプログラムを書かなくてはなりません．もちろん，プログラミングにもAIは入ってくるでしょう．パターン化された部分は自動化してしまえばいいからです．でもそれは，学校の学習支援AIや医療アドバイスAIのような立ち位置になるはずです．プログラミングは，単に過去のプログラムの焼き直しではなく，常にクリエイティブな作業であり，どうしてもAIでは無理な領域があります．想像力と創造力を兼ね備えた人間でないとできない仕事なのです．

いずれにせよ，第四次産業革命においては，プログラマーという職業は，引く手あまたになります．ただし，そこには，ちょっとした“条件”がつくと私は考えています．それが冒頭で述べた“落とし穴”の話につながります．その条件とは，**自分の頭で考えて書く，クリエイティブなプログラマー**です．

もう何度もヒントを書いてきたつもりですが，AIは，過去データをもとに人間のパターン化された仕事を高速かつ正確にこなしてくれます．ですから，いくら第四次産業革命の根底にプログラムがあるといっても，パターン化されたプログラムであれば，わざわざ人間が書く必要はなく，AIにまかせればいいわけです（あるいは，そもそもAIすら必要なく，単に自動化すればいいのかもしれません）．将来，みなさんが仕事にあぶれないためには，まずはプログラマーになることを私はオススメします（でなければ，人の心とかかわる仕事や決断を迫られる経営者，あるいは，ひたすら創造性が求められる芸術家，そしてスポーツ選手など）．

でも，現在でもそうですが，プログラマーにもピンからキリまであります．上はメジャーリーガーより高給取りのプログラマーがいると思えば，下請けのブラックな仕事で寿命が縮まってしまうプログラマーもいます．いったい，その差はどこにあるのでしょう？

そう，もうおわかりのように，優れたプログラマーは，他人にはない独自性，創造性をもっているのです．いまでさえ，プログラマーの世界には格差があるのですから，今後，もっとAIがあらゆる分野に進出してきたら，人まねでパターン化されたプログラムしか書けない人は，淘汰されてしまいます．AIプログラマーから退場宣告を受けてしまうのです．

クリエイティブなプログラマーを目指せ！

冒頭の落とし穴の意味がおわかりになったでしょうか．そうです，単にプログラミング技能を身につけて就職に活かそうと思っても，長期的な視点から見れば，生き残りはむずかしいのです．誰もがプログラミングをやり，簡単なプログラムはAIが書いてしまう時代が到来するからです．

社会から必要とされるのは，**クリエイティブなプログラマー**です．

パターン化されたプログラムを書くのではなく，自分で考えた，独創的なプログラムを書かなくてはいけません．そうすれば，あなたは，おそらく一生，食いっぱぐれることがないでしょう．人々から愛され，必要とされるプログラマー生活を送ることができるはず．

とはいうものの，“そんなこと言われたって，いきなりクリエーターになんかなれない！”そんな悲鳴が聞こえてきそうです．

まず私がみなさんに言っておきたいのは，**最初から無理だと決めつけたら，実現は不可能だ**ということ．特に若いころは，諦めが早くていいことなど，ほとんどありません．私みたいに還暦を過ぎてくると，たまに，“これは諦めよう”ということも出てきますが，少なくとも10代20代の間に諦めてはいけません．たしかに頑張ってダメなこともありますが，そこは進む方向を修正すればいいだけの話です．

まずは，**“クリエイティブなプログラマーになってやる！”と決意表明してください**．目標が明らかだと，達成しやすくなりますし，万が一，自分が考えていたようなところまでプログラミングが上手にならなくても，他の選択肢が見えてきます．

そのうえで，私はクリエイティブなプログラマーになるためのコツがいくつかあると考えています．まず第一に，“楽しむ”こと．好きこそ物の上手なれ，という言葉がありますが，どんなことでも，好きでやっている人が一番です．才能があっても，嫌々やっていては大成しません．仮に才能がほどほどでも，好きで続けていれば，芽が出ることは多いのです．ですから，みなさんがこの本を読み進め，楽しむことができれば，クリエイティブなプログラマーになるための第一関門は突破してしまったことになります．逆説的ですが，世の中，楽しく遊んだ者の勝ちなのです．苦しみながら勉強してもよいことはありません．

前置きが長くなりました．実は，クリエイティブなプログラマーになるための，もうひとつの秘密があるのですが，それについては，エピローグで書きたいと思います．

この章のまとめ

- 世界はどんどん情報化が進んでいて，その根底には必ずプログラムが存在しています．
- プログラムによって動いているさまざまなサービスやAIは，どんどん人間の仕事を代替していきます．でも，誰かがプログラムを書かなくてはいけないのですから，今後，プログラマーの需要は，飛躍的に高まるでしょう．ですから，若いうちにプログラミングを身につけておけば，将来，食いっぱぐれる可能性がきわめて低くなるのです．
- ただし，AIが書けるようなパターン化されたプログラムしか書けないようではダメです．世界であなただけしか書けないプログラム．それが書ければ“鬼に金棒”です．
- AIに代替されないプログラマーになるためには，クリエイティブになればいいのです．クリエイティブになるには，楽しむこと，遊ぶこと，がポイントになります．
- クリエイティブなプログラマーになるためにはどうすればいいのか自問自答しながら，大いに楽しんで，この本を読み進めてください．

Superhero Bootcamp Lesson 1

プログラミング & Python の世界へようこそ

コンピュータプログラミングは，アプリケーションやソフトウェアを生み出す技術(アート)です．こういったプログラムは実にさまざまなことを可能にしてくれます．簡単な数学の問題を解いたり，お気に入りの YouTube を見たり，好きなテレビゲームで暴れるエイリアンの大群を撃破したり，さらには本当に，宇宙船を宇宙に打ち上げたりできるわけです．

私はコンピュータプログラミングを“アート”とよんでいます．なぜなら，人は何かを創造するとき，ある種の芸術にふけっているといえるからです．確かにふつうの人には，コンピュータのコード，シェルに入力してプログラムを制作するための言葉（詳細はのちほど）は素敵なものに見えないでしょう．アート作品の中身とは思えませんから．しかし，自分のプログラムが思いどおりに動くということ以上に，魅力的なことがあるでしょうか．

コンピュータプログラムにはさまざまな形態があります．デスクトップ PC で動くアプリケーションやお気に入りのゲーム機で遊ぶゲームに加えて，スマートフォンのアプリもあります．さらには，冷蔵庫，ミニバン，オーブントースターのような単純なものでさえ，ソフトウェアが動かしていることに気づくでしょう．そしてロボットもそうです．多くのロボットもソフトウェアが動かしていますが，ここで取上げるのはやめておきます．いまのところ覚えておいてほしいのは，コンピュータプログラムは**プログラミング言語**で書かれたコードをまとめたものであり，このコードによって，指示どおり動くよう機器に命令するということなのです．

プログラミング言語の概要

先ほど述べたように，コンピュータプログラムはプログラミング言語を使って書かれています．私たちや世界中の人々が毎日話している実際の言語と同じように，プログラミング言語にもさまざまな種類があります．そのほとんどは，経験を積んだ人から見れば意味のあるものです．しかし，もし日常会話で使われたとしたら，コードになじみのない人には，気が狂っているように聞こえるでしょう．次のような会話になります．

ふつうの人：こんにちは．お元気ですか？
プログラマー：元気だよ！と表示しろ．お元気ですか？と聞け．

幸いなことに，コンピュータはプログラミング言語に精通していて（**インタプリター**のおかげでもありますが，詳細はのちほど），入力された非常に複雑なコードを簡単に理解してくれます．

本書ではその目的に合わせて，最も汎用性が高く，しかも学びやすい言語，**Python**(パイソン) にこだわります．パイソン（ニシキヘビ）という名前は恐ろしく聞こえるかもしれませんが，実際のところ，イギリスの古いコメディ番組“空飛ぶモンティ・パイソン”が由来です．しかし，この番組を知らなくても問題ありません．必要なのは意欲とコンピュータ，そして目の前にある本書だけです．

Python の概要

Python は，高水準で動的な，インタプリター型のオブジェクト指向プログラミング言語です．むずかしい言葉の数々に圧倒されるかもしれませんが，恐れることはありません．本書を読み終えるころには，これよりずっと難解な文章で友人を感心させられるでしょう！　この文章が真に言おうとしていることは，Python は基礎的な機械レベルの言語ではないということです．つまり，プログラマーである私たちの意図をコンピュータが理解できるようにするためには，Python を機械語に翻訳する“インタプリター(翻訳者)”が必要なのです．

インタプリターは，Python のコードをコンピュータが確実に理解できるように，1 と 0 が並んだコードに変換（翻訳）します．すべての処理は裏側で行われるので，すぐには理解できなくても心配ありません．

Python は比較的新しい言語で，1989 年の年末から 90 年代前半にかけて，グイド・ファン・ロッサムによって生み出されました．彼はコンピュータの天才で，“終身のやさしい独裁者”というナンセンスな称号が与えられています*．プログラミング言語も科学技術と同じように発展します．Python の開発も継続され，現在は Python 3 となっています．

Python と他のプログラミング言語との違い

Python は他のプログラミング言語とは重要な点が異なります．まず，初心者にとって，Java や C++ などの似たような種類の言語よりも学習しやすく，使いやすいということがあげられます．Python を使えば，一般的にコードは短くなり，プログラミングにかかる時間も短くなります．これは一つには Python の**データ型**のおかげです．この用語については次の章で詳しく説明します．

また，Python には非常に高い汎用性があります．分野によっては真っ先に採用される言語とはならないのですが，ゲーム，デスクトップソフトウェア，モバイルアプリ，さらには仮想現実（VR）など，実にあらゆる分野のアプリケーションに利用されています．さらに，ネットワークプログラミングには欠かせず，コンピュータのセキュリティの基本的なツールでもあります．

Python の利点

Python は現在，世界で最も広く使われ，最も急速に成長しているプログラミング言語です．それにはもっともな理由があります．以下に，プログラマーにとっての Python を使うメリットを紹介しますが，これらは Python を使うメリットのほんの一部に過ぎません．

- **生産性の向上**：あるレポートによると，Python はプログラマーの生産性（与えられた時間内にどれだけの仕事を達成できるか）を 10 倍も向上させるそうです．まさに“弾よりも速い！”のです．
- **拡張性**：Python の大きな利点の一つは，非常に充実した**ライブラリ**です．ライブラリとは，プログラムに追加できるように既存のコードをまとめたもののことです．Python のライブラリ集はプログラムの一般的な機能を網羅していて，自分で何度もコードを書く手間を省いてくれます．たと

* 訳注：“終身のやさしい独裁者”とは，コミュニティが主導する開発プロジェクト(ここでは Python の開発)において，しばしば発生する論議，論争に対し，最終的な決断を下す人物のこと．“独裁者”とはいうものの，プロジェクトを分裂させずに存続させるための“やさしさ(慈悲深さ)”が求められる．

えば，複雑な方程式を計算するコードを自分で書く代わりにライブラリを利用すれば，ひどく悩まずにすみます．

- **読みやすさ**：プログラマーにとってつらいのは，時々コードが動かないことです．そういうときは，なぜ意図どおり動作しないのかを解明しようと，自分や（さらにひどいときは）他人が書いたコードを読み直すことになります．幸いなことに，Python は読みやすく，意味がほとんど一目瞭然です．だから，他の言語よりも，誤りを見つけるのがずっと簡単なのです．
- **移植性**：Python は多くのプラットフォームやシステム上で動作するため，自分のプログラムをより多くの人に使ってもらうことができます．
- **IoT**（モノのインターネット）：IoT は，デジタルの魔物でいっぱいな魔法の世界のように聞こえるかもしれませんが．まあ，ある程度はそうです．IoT は身のまわりに置かれたスマートオブジェクト（照明スイッチ，ドアノブ，オーブントースターなど）によって構成されます．こういった家電製品は，音声コマンドやモバイル機器による操作が可能で，以前の原始的なものよりずっと対話的です．確かに，ご両親は食器洗い機にいつも怒鳴っていたかもしれませんが，言うことを聞いてはくれませんでしたよね？　しかしいまでは，IoT と Python のような言語のおかげで，それが可能になったのです．皿を入れるのはまだ手動ですけどね．
- **豊富なフレームワーク**：フレームワークはプログラムの骨組のようなもので，ソフトウェアの種類ごとに存在し，コードの共通部分を提供してくれます．そのため，プログラマーは基本部分をすばやく組上げることが可能となり，時間を節約し，コードを手で書いた場合に起こりうるミスを減らすことができます．新規開発をスピードアップしてくれる多くのフレームワークが Python をサポートしています．
- **楽しさ**：前にも述べたように，Python は楽しく学べる言語です．それ自体が始めやすいというだけでなく，多くの楽しいイベントが Python コミュニティによって開催されています．たとえば，プログラマーの腕試しのための Python チャレンジが毎年数多くリリースされています．
- **柔軟性**：世界中の非常に多くの企業がさまざまな目的で Python を利用しています．そのため，他の言語よりも Python を学んだほうが就職活動は有利になります．また，Python のスキルがあれば，もし与えられた仕事が好きになれなかったとしても，いつでも別の道に挑戦することができます．たとえば，アプリケーション制作が退屈に感じたら，ネットワーク管理に転向したり，IT セキュリティ企業で働いたりすることもできます．

Python の実例

Python を使っている企業が世界中にどれだけあるのかはわかりませんが，Python を活用する興味深い企業はたくさんあります．以下にその一部を紹介します．

- Google：検索エンジンの巨人 Google は，創業時から Python を使用してきました．Python を使えばプログラムをすばやく開発できて，しかもメンテナンスしやすかったからです．
- Facebook と Instagram：これらの SNS にとって Python は重要な言語の一つです．Facebook は Python を利用する理由として豊富なライブラリの存在をあげています．一方，Instagram は，Python の主要なウェブフレームワークの一つ，Django の企業サポーターとなっています．
- Netflix：動画配信サービスのファンであれば，Netflix は知っているでしょう．同社はデータ分析やセキュリティなどの分野で，おもに Python を使用しています．

- テレビゲーム：Python を活用するゲームとして，Battlefield 2 と Civilization 4 があげられます．興味深いことに，Civilization では Python が人工知能（AI）のスクリプトとして用いられています．
- 政府機関：NASA，アメリカ国立気象局，CIA などの政府機関はすべて Python を使用しています．ですが，どのように使っているかはトップシークレットです！　札束の詰まったブリーフケースを持ってガレージに来てくれれば，すべてお教えしますよ！

初めての Python プログラム

Python のコードがどのようなものなのか，そろそろ気になってきたと思います．これから例をお見せするので，心配ご無用です．のちほど，Python と IDLE（統合開発環境）をインストールしますので，自分でコードを実行して動作の様子を確認することができます．しかしいまは，これ以上言語について深堀する前に，ざっと見ておいたほうがよいでしょう．

伝統的に，プログラマーが初めてコードを書くときには，“Hello, World” とよばれるプログラムを作成します．これは世界に自己紹介するという比喩です．しかし，新進気鋭の “スーパー・ヒーロー” である私たちには，もう少し派手なものが必要です．

ご覧ください！　初めての Python プログラムです．

```
print("空を見ろ！　鳥だ！　飛行機だ！")
print("ジャン，ジャン，ジャン，ジャン，ジャン，ジャン，ジャン，ジャーン！")
```

このコードの実行結果は次のとおりです．

```
空を見ろ！　鳥だ！　飛行機だ！
ジャン，ジャン，ジャン，ジャン，ジャン，ジャン，ジャン，ジャーン！
```

コードを少し詳しく見てみましょう．print()（プリント）と書かれている部分は**関数**とよばれていて，コンピュータに指示するという働きがあります．ここではユーザーの画面に**表示**するように指示しています．開き括弧と閉じ括弧 () の間のテキストは，関数に渡される**引数**（ひきすう）（パラメーター）です．引用符 " " の間の文字は文字列とよばれています．

この説明がすぐにはわらなくても，心配はいりません．次の章で詳しく説明します．いまのところは，Python のコードがどのようなものなのかがわかれば十分です．もしかすると，私が説明する前に，これが何をするプログラムなのかを正確に言い当てられたかもしれません．それこそが Python の素晴らしさの一つ，読みやすさです．

Python のインストール

この節では，さまざまな**オペレーティングシステム**（**OS**）に Python をインストールする方法を学びます．OS とは，ユーザーとコンピュータとのやりとりを可能にするソフトウェアのことです．Microsoft Windows や macOS などは聞いたことがあるでしょう．インストールする Python の種類は，お使いのコンピュータがどの OS を使用しているかによって異なります．なお，Linux（Ubuntu など）のシステムに Python をインストールする方法についても触れます．

▶ Windows へのインストール ◀

初めにウェブブラウザーを開き，Python の公式ウェブサイトからダウンロードページ www.python.org/downloads/ に移動します（図 1・1）．

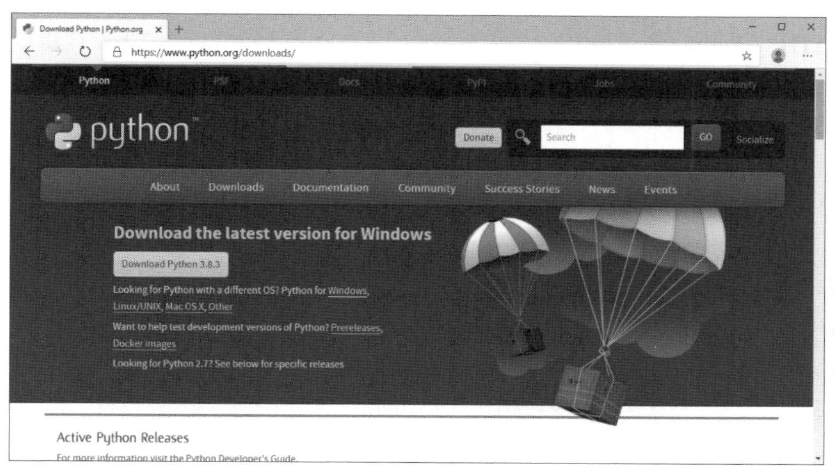

図 1・1　Python 公式ウェブサイト Python.org

現在の Python のバージョンは 3.8.3 ですが，本書が読まれるころにはもっと上がっていると思います．いずれにせよ，［Download the latest version for Windows］という見出の下の［Download Python］ボタンをクリックします．お望みであれば，ページの下のほうで以前のバージョンをダウンロードすることもできますが，本書を読み進める場合は，必ずバージョン 3.8.3 以降を使用してください（バージョン 2.x と 3.x の間には非互換性の問題があるので，バージョン 3.x 以上であることを確認してください）．

ファイルを保存するかどうかを聞かれたら，［ファイルを保存］をクリックして，デスクトップな

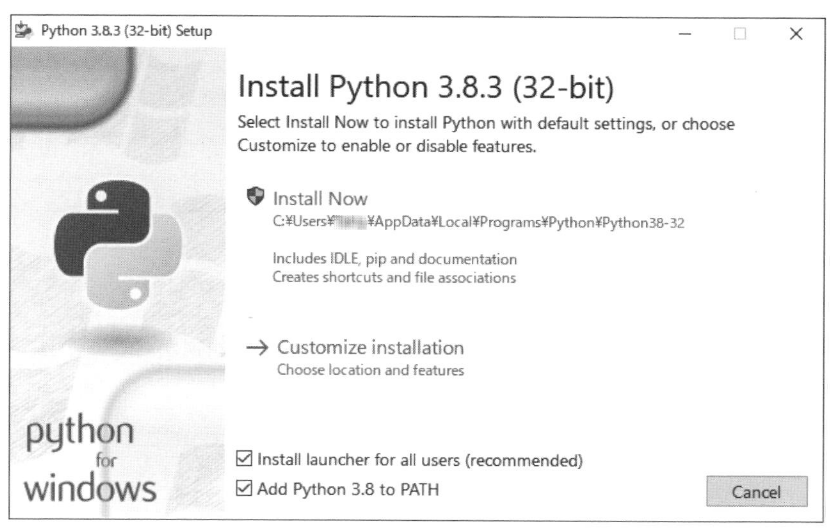

図 1・2　Python インストーラーのセットアップ画面

ど覚えやすい場所に保存します．デスクトップ（またはファイルを保存した場所）に移動し，インストール用のファイルをダブルクリックします．インストーラーが起動し，[Install Now（いますぐインストール)］するか［Customize installation（インストールをカスタマイズ)］するかを尋ねてきます（図1・2)．話を簡単にするためにいますぐインストールしたいところですが，その前に，[Install launcher for all users（すべてのユーザーのためランチャーをインストールする)］と［Add Python 3.8 to PATH（PATH に Python を追加する)］の両方にチェックが入っていることを確認してください．それでは［Install Now］をクリックします．

Windows からインストール続行の許可を求めるダイアログボックスが表示されることがあります．その場合は［はい］をクリックします．新しい画面が表示され，セットアップの進捗状況が表示されます．セットアップが完了したら［Close（閉じる)］ボタンをクリックします．これで，お使いのコンピュータに Python がインストールされました．スタートメニューの中に Python 3.8（またはインストールしたバージョン）のフォルダーがあるはずです．

IDLE（Python 3.8）を起動すると，**シェル**とよばれる開発環境の画面が表示されます（図1・3)．ここでコードを書いたり，テストしたり，実行したり，Python ファイルを作成したりします．このシェルウィンドウのメニューのすぐ下には，現在の Python のバージョンなどの情報が表示されているはずです．また，三つの大なり記号（>>>）が表示されていると思います．これは**プロンプト**とよばれていて，Python への指示を入力する場所を表します．

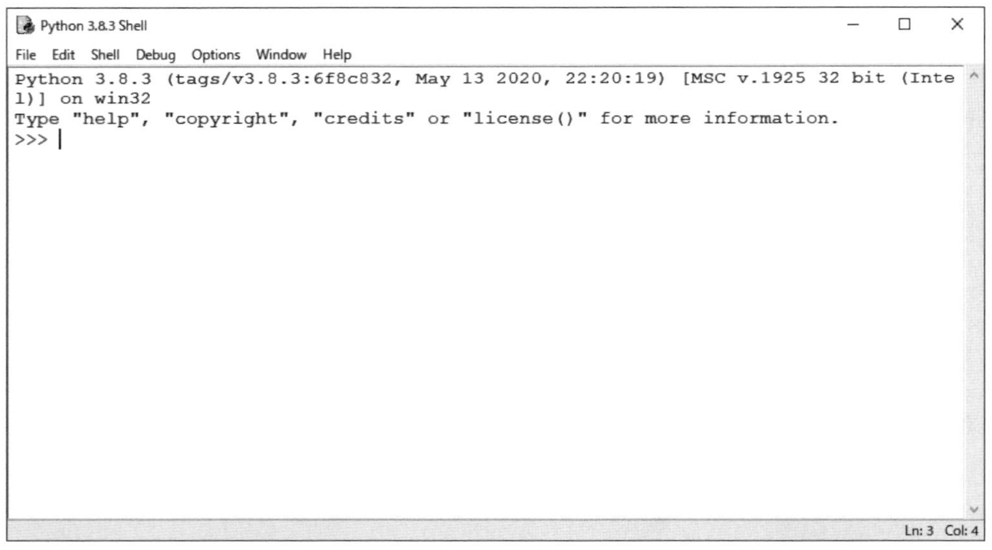

図 1・3　Python シェル

さあ，飛び込む準備はできましたか？　簡単なコードを入力して，何が起こるか見てみましょう．プロンプトに次のように入力します．

```
print("空を見ろ！　鳥だ！　飛行機だ！")
```

入力し終わったら，Enter キーを押します．すると，結果が次のように表示されます（図1・4)．

```
Python 3.8.3 Shell
File Edit Shell Debug Options Window Help
Python 3.8.3 (tags/v3.8.3:6f8c832, May 13 2020, 22:20:19) [MSC v.1925 32 bit (Inte
l)] on win32
Type "help", "copyright", "credits" or "license()" for more information.
>>> print("空を見ろ！　鳥だ！　飛行機だ！")
空を見ろ！　鳥だ！　飛行機だ！
>>>
```

図 1・4　コード入力の例と実行結果(Python シェル)

表示されなかった場合はコードをチェックして，つづりをまちがえていないか，括弧 () や引用符 " " を入力し忘れていないかを確認してください．シェルに直接入力しているので，コードは即座に**実行**されます．この例では，1 行のコードが実行されました．これは，コンピュータに対して，1 行のテキストを画面に表示するように指示するものです．

本当は，直接入力するのではなく，Python ファイルとして保存しておいて，後で実行したくなったときに，何千行ものコードをもう一度入力する手間を省きたいものです．幸いなことに，Python IDLE では Python ファイル，つまり拡張子が .py のファイルを簡単に作成することができます．メニューの［File］をクリックし，［New File］をクリックするだけです．新しいウィンドウが開きます．ここにコードを書いて，後々のために保存します．それでは，先ほどのコード例を入力してみましょう（図 1・5）．

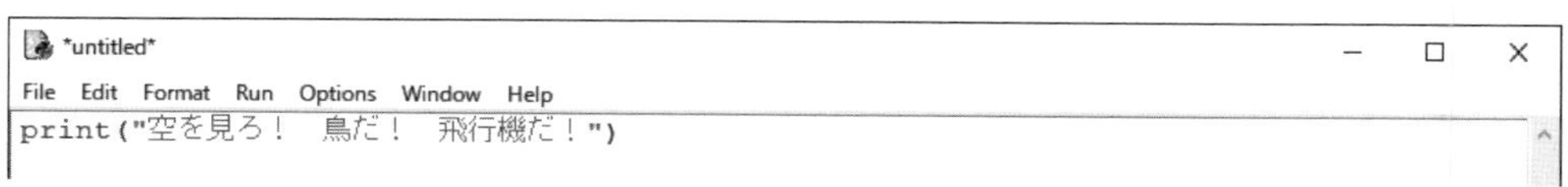

図 1・5　コード例の入力

次に，[File] → [Save] をクリックします．ファイル名を入力し [保存] ボタンをクリックすると，ファイルが作成されます*．ここでは本書の目的を踏まえて，ファイル名をシンプルに `example1.py` としましょう．これで実際に，あなたの最初の Python プログラムが完成しました．このプログラムを実行するには，メニューの［Run］→［Run Module］をクリックします．プログラムが Python シェルで実行されます（図 1・6）．

```
Python 3.8.3 Shell
File Edit Shell Debug Options Window Help
Python 3.8.3 (tags/v3.8.3:6f8c832, May 13 2020, 22:20:19) [MSC v.1925 32 bit (Inte
l)] on win32
Type "help", "copyright", "credits" or "license()" for more information.
>>> print("空を見ろ！　鳥だ！　飛行機だ！")
空を見ろ！　鳥だ！　飛行機だ！
>>>
== RESTART: C:\Users\　\AppData\Local\Programs\Python\Python38-32\example1.py =
空を見ろ！　鳥だ！　飛行機だ！
>>>
```

図 1・6　`example1.py` の実行結果(Python シェル)

＊　訳注：本来であれば，Python をインストールしたフォルダーではなく，ドキュメントフォルダーの中に，新しく Python フォルダーを作るなどして，その中に保存するほうが望ましい．

それでは，ここまでの内容をまとめましょう．この章の始めに示した，初めてのプログラムを思い出してください．それを `example1.py` ファイルに入力して，終わったら［File］→［Save］をクリックします．コードを再び示します．

example1.py

```
print("空を見ろ！　鳥だ！　飛行機だ！")
print("ジャン，ジャン，ジャン，ジャン，ジャン，ジャン，ジャン，ジャーン！")
```

ファイルを保存したら，［Run］→［Run Module］をクリックして，コード全体の動作を確認します（図 1・7）.

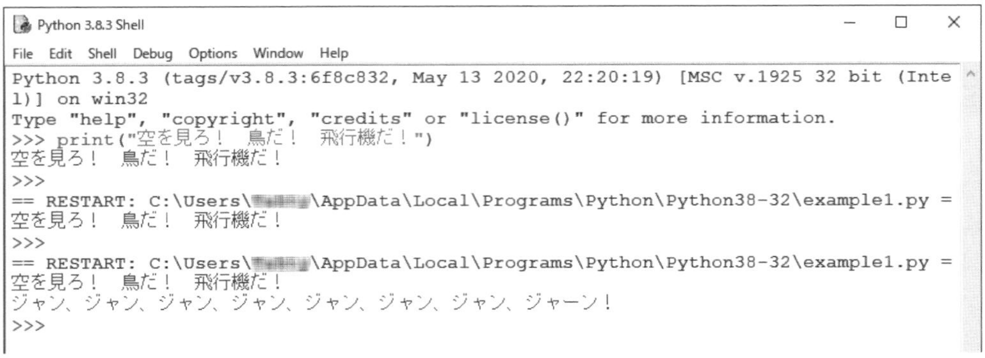

```
Python 3.8.3 Shell
File  Edit  Shell  Debug  Options  Window  Help
Python 3.8.3 (tags/v3.8.3:6f8c832, May 13 2020, 22:20:19) [MSC v.1925 32 bit (Inte
l)] on win32
Type "help", "copyright", "credits" or "license()" for more information.
>>> print("空を見ろ！　鳥だ！　飛行機だ！")
空を見ろ！　鳥だ！　飛行機だ！
>>>
== RESTART: C:\Users\[illegible]\AppData\Local\Programs\Python\Python38-32\example1.py =
空を見ろ！　鳥だ！　飛行機だ！
>>>
== RESTART: C:\Users\[illegible]\AppData\Local\Programs\Python\Python38-32\example1.py =
空を見ろ！　鳥だ！　飛行機だ！
ジャン、ジャン、ジャン、ジャン、ジャン、ジャン、ジャン、ジャーン！
>>>
```

図 1・7　続きを入力した example1.py の実行結果（**Python** シェル）

▶他の OS へのインストール◀

本書では，Windows PC にインストールされた Python を使用します．書かれているコードはどのコンピュータでも動作しますが，Python のインストール方法は，OS によって異なります．

macOS に Python をインストールするには，ウェブブラウザーを開き，www.python.org/downloads/mac-osx/ に移動します．［Latest Python 3 Release – Python 3.x.x］というリンクをクリックし，指示に従ってインストールを完了させます．

Linux/UNIX システムに Python をインストールするには，ウェブブラウザーを開き，www.python.org/downloads/source/ に移動します．［Latest Python 3 Release – Python 3.x.x］というリンクをクリックし，指示に従ってインストールを完了させます．

この章のまとめ

本章では実に広い範囲を扱いましたが，この先の章と比べれば，まだまだ序の口です．ここでは，これまでに扱った内容を簡単にまとめてみます．私たちはプログラミングでヒーローを作ろうとしているのですから，専門用語くらい話せないといけませんよ！

- プログラムやアプリケーションは，コンピュータや機器に対して実行してほしい一連の指示を与える，コードの集まりです．
- Python は，PC やモバイル機器，テレビゲーム，AI システム，IoT 機器，ウェブアプリ，さらには仮想現実/拡張現実（VR/AR）まで，さまざまな機器や目的のプログラムを制作することができる

ちょっとひといき竹内薫ラボ：失われた遊び

世界中の教育が産業革命に合わせ始めたのが，200～150年前のことです．ふつうに学校に行って，学年が分かれていて，クラスが分かれていて，科目が分かれていて，教科書があって，板書をノートに写して，計算や公式や漢字がちゃんと暗記できているかをテストで確かめる．そういう教育の元祖はプロイセンでした．

歴史の時間に鉄血宰相ビスマルクの名前を耳にした憶えがありませんか．プロイセンはいまのドイツの一部でしたが，“鉄は国家なり”の合言葉の下，ドイツ統一をなしとげました．

そんなプロイセンが始めた教育改革は，ナポレオン戦争の苦い敗戦に端を発しています．ナポレオン軍の兵士たちは，均一な学力があったため，ちゃんと命令が遂行できたのに，プロイセン軍は，兵士の学力がバラバラだったために，命令が遂行できた部隊とできなかった部隊が混在し，結果的に戦争に負けてしまったのです．

私もそうですが，みなさんの多くが受けてきた，あたりまえの教育は，もともとは軍隊教育だったのですね．

この軍隊式の暗記教育に目をつけたのが，産業革命を推進しようとしていた世界中の資本家たちでした．軍隊ではなく，自分の工場で業務を遂行できる，均一な学力の労働者を養成しようとしたのです．

学びの効率だけが優先され，いつのまにか，学ぶことの楽しさや遊びの部分が失われていきました．その最たる例が“お受験”です．

子どもが遊ぶのは，大人になってからの生きる力や知恵を，遊びを通じて身につけるためだと思われます．たとえばライオンや虎の子が遊ぶのは，狩りの練習をしているわけですね．人間も動物なので，進化の過程で遊びが発達したのだと思われます．

でも，お受験に遊びはありません．ひたすら暗記し，受験テクニックを駆使することだけが目的となってしまっています．

本来，遊びは**探究**と結びついていました．何度も失敗し，身体や心に小さな傷を負う度に，生きる力が身につくのです．遊びは将来のサバイバルの基本です．

ノーベル賞を受賞しているような科学者は，みな，楽しいから研究をしています．大人になっても遊んでいるのですね（もちろん，続けるのが大変な実験や計算もありますが，もともと好きだからこそ辛抱できるのです）．

第四次産業革命の到来とともに，世界中で探究学習が見直されています．暗記学習はAIにまかせて，人間は，本来の遊び＝探究による学びに回帰しつつあるのです．みなさんも，大いにプログラミングで遊んでくださいね！

プログラミング言語です．

- Pythonなら，ホワイトハッカー用のツールとして知られる技術やモジュールが用意されているので，ハッキング対策に利用できます．
- Pythonは世界で最も利用されていて，最も急速に成長しているコンピュータプログラミング言語です．
- Pythonは，Windows PC，Mac，モバイル機器，Linux/UNIXで動くコンピュータなど，複数のプラットフォームで動作します．
- Pythonを使えるプログラマーは，プログラミング，ネットワーク管理，ITセキュリティ，テレビゲーム開発，モバイルアプリ制作，コンピュータ科学捜査などのキャリアを追求することができます．
- Facebook，Google，Instagram，NASA，CIAなど，世界中の多くの企業や組織がPythonを使っています．
- 本書を書いている時点でのPythonの最新バージョンは3.8.3です．読者は必ずこのバージョン以降を使ってください．
- IDLEは統合開発環境の略です．IDLEを使うと，Pythonのコードを入力してファイルを作ることができます.

- IDLE で作成されたファイルには，拡張子 `.py` が付きます.
- `print()` 関数を使用すると，画面にテキストを表示できます．たとえば，`print("Hello Wall!")` とすると，`Hello Wall!` というテキストが画面に表示されます.

Superhero Bootcamp Lesson 2

Python で計算してみよう

いまや私たちは“ヒーロー・スーツ”を着ているので（つまり Python をインストールし，IDLE の使い方を学んだので），そろそろ新しい“スーパー・パワー”を試してみましょう！　最初の“悪党”は誰でしょう？　おそらく最も邪悪で卑劣，蔑むべき怪物です．学校における悪であり，学生たちの心を打ち砕き，退屈させようと迫る存在の名前は何でしょうか？

数学です．わかります．一見，おもしろそうには思えないですよね．しかし，実は数学は，特に数学関数は，プログラミングの世界に欠かせないものなのです．数学がなければ，いくらコンピュータやモバイル機器を使ったところで，気の利いたことは何もできなかったでしょう．ゲームも，宇宙空間に浮かぶ宇宙船も，汚い部屋を掃除してくれる未来のロボットも，存在しえないのです．

数学がなければ，文明は崩壊です．

それゆえこの章では，Python に組込まれた**数学関数**を使って，どのように数学を扱い，どのようにさまざまな数式を計算するのかを学びます．

1 章で学んだ `print()` 関数と同様に，これから説明する数学関数を使えば，いちいちコードにしなくても，データを計算できます．たとえば，足し算とは何か，実際のところどのように数を足し合わせるのかを，コードをたくさん書いてコンピュータに説明する必要はありません．（本来，コンピュータは私たちが指示したことしかできないということを思い出してください．いまのところ，自分で考えるということができないのです．）その代わりに，単に次のように入力するだけでよいのです．

```
1 + 1
```

Python シェルに入力します．すると，律儀に 2 という答えが返ってくるはずです．

学校で習った数学のように，Python は基本的な数学関数を初めから理解しています．もし `8/2` と書いてあるのを見たら，あなたはこの式が割り算であることがわかります．もし記号 `+` があれば，それは明らかに足し算ですし，`-` なら引き算です．Python もこれらの記号も理解できるので，その意味のとおり計算します．Python シェルに次のように入力しましょう．

```
2 + 2 - 1
```

この例では，Python は 3 を返しますので，一般的な**数学の演算子**（記号）を理解していることがわかります．Python では，`+`，`-`，`/` などが演算子としてあげられます．

掛け算はどうでしょう？　次のように入力します．

```
2 x 2
```

何が起こったでしょうか？　プログラムは期待したように 4 を返してはくれませんでした．その代わりに`SyntaxError:invalid syntax`が返ってきました．構文エラー（`SyntaxError`）は，シェルやPythonファイルに入力したコードの構文に何か誤りがあり，プログラムを正しく実行できなかったことを表します．つまり，Pythonはあなたのコードを理解できなかったのです．

さて，答えは簡単です．Pythonでは，乗算の演算子は`x`ではなく，アスタリスク`*`だったのです．構文エラーを修正するには，次のようにまちがった乗算演算子を正しいものに置き換えるだけです．

```
2 * 2
```

これを実行すると，期待される結果，`4`が返ってきます．

演算子の優先順位

邪悪な悪党，数学には，むずかしい概念を持ち出して私たちを混乱させるという"スーパー・パワー"があります．ですが怖がることはありません！"スーパー・ヒーロー"の計算パワーがあれば，数学の難題にも悩ませられることはないのです．

しかし，油断は大敵です．心して聞いてください．Pythonで計算を行う際には，**演算子の優先順位**とよばれるものを常に意識する必要があります．これは単に，Pythonが計算を行う順番のことを大げさに言っているだけです．ある演算子は他の演算子よりも高い優先順位をもちます．つまり先に計算されるということです．ご想像のとおり，これはプログラマーを混乱させます．経験豊富なベテランでも，計算式を入力する際にミスを犯してしまうことがあります．

演算子の優先順位がどのように効いてくるのかを示すために，Pythonの演算子を優先順位の高いものから順に並べたリストをお見せします．見慣れないものもあるかとは思いますが，いまはあまり心配しないでください．本書の中で詳しく説明していきます．

- `**`（べき乗[*]）
- `*`，`/`（乗算，除算）
- `+`，`-`（加算，減算）
- `in`（イン），`not in`（ノット イン），`is`（イズ），`is not`（イズ ノット），`<`，`<=`，`>`，`>=`，`!=`，`==`（値を比較するのに使われる比較演算子）
- `not x`（ノット）
- `and`（アンド）
- `or`（オア）

話を簡単にするために，基本的な演算子`+`，`-`，`*`，`/`（加算，減算，乗算，除算）を使うことにしましょう．Pythonシェルに次のように入力します．

```
10+10 * 20
```

この式では，`10`に`10`を足した値に`20`を掛けたときの答えを求めています．ふつうは，答えは`400`だと予想するでしょう．なぜなら，最初の値`10+10`は`20`になり，それに`20`を掛けると`400`になるからです．しかし，Pythonシェルにコードを入力すると，驚くような結果が得られます（図2・1）．

＊ 訳注：簡単に言うと，2^{10}（2の10乗）のように，ある数を複数回掛け合わせる計算．

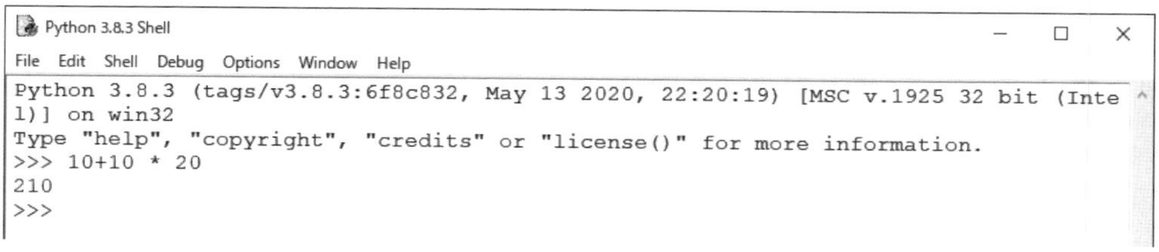

```
Python 3.8.3 Shell
File  Edit  Shell  Debug  Options  Window  Help
Python 3.8.3 (tags/v3.8.3:6f8c832, May 13 2020, 22:20:19) [MSC v.1925 32 bit (Inte
l)] on win32
Type "help", "copyright", "credits" or "license()" for more information.
>>> 10+10 * 20
210
>>>
```

図 2・1　演算子の優先順位の例

Python は数学が苦手なのかと思われたかもしれません．どうして 210 という答えになったのでしょうか？　これは演算子の優先順位が原因です．先ほどのリストを思い出してください．乗算は加算よりも上にあります．つまり Python は，乗算を行ってから残りを計算するということです．Python はこの式を 20 * 10 + 10 であると考えたのです．

わかります．頭が痛くなってきたでしょう．これは一見，複雑なようにみえますが，幸いなことに簡単な解決方法があります．括弧を使えばよいのです．そうすれば，Python に**評価の順序**（計算を行う順番）を強制することができます．これには二つの効果があります．一つ目は，お望みの計算を Python に確実に行わせることができ，優先順位に混乱しなくてすむということです．二つ目は，数式の本当の意図を他のプログラマーに容易に伝えられるということです．

試してみましょう．シェルに次のように入力します．

```
(10+10) * 20
```

今度は望みどおりの結果が得られました（図 2・2）．10+10 を括弧の中に入れることによって，式のその部分を最初に計算してほしいということを Python や他のプログラマーに伝えているのです．

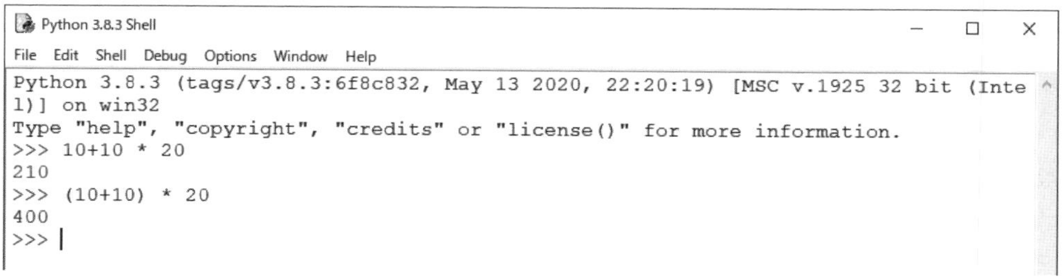

```
Python 3.8.3 Shell
File  Edit  Shell  Debug  Options  Window  Help
Python 3.8.3 (tags/v3.8.3:6f8c832, May 13 2020, 22:20:19) [MSC v.1925 32 bit (Inte
l)] on win32
Type "help", "copyright", "credits" or "license()" for more information.
>>> 10+10 * 20
210
>>> (10+10) * 20
400
>>> |
```

図 2・2　括弧を使った演算子の優先順位の強制

さらに少々複雑になりますが，**ネストする**（入れ子にする）こともできます．これは括弧の中に括弧を入れて，計算を行う順序をさらに指定するということです．この場合は，一番内側の括弧が最初に評価（計算）され，次にその外側の括弧が，次に残りの式が評価されます．次の式はどうなるでしょうか．

```
((10+5) * 10) / 2
```

この式を Python に入力すると，次のような順番で計算されます．

- 10 + 5 = 15
- 15 * 10 = 150
- 150 / 2 = 75

しかし，括弧を使わなかった場合，10 + 5 * 10 / 2 を Python は次のように評価します．

- 5 * 10 = 50
- 50 / 2 = 25
- 25 + 10 = 35

繰返しになりますが，このように計算されるのは，Python が演算子の優先順位を考慮して，加算や減算を行う前に乗算や除算を行うためです．したがって，混乱を避けるために，簡単な計算以上のことをするときは，必ず括弧を使うようにしましょう．

データ型：敵を知る

“スーパー・ヒーロー”が活躍する世界には，さまざまな姿かたちをした“悪党”がいます．駆け出しの“スーパー・ヒーロー”にとって，それらすべてを引き受けるのは骨が折れます．しかし，幸いにも，そういった悪党にはストーリーにおける類型（役割や機能）が設定されているので，それによって分類することができます．

Python でも私たちは似たような問題を抱えています．さまざまな種類のデータが存在します．まず，数値とテキストがあります．厄介なことに数値にもさまざまな**タイプ**があります．整数や小数，時間やお金を表す数値などです．

幸いにも，Python には**データ型**（データタイプ）とよばれる，プログラムに入力されたデータの種類を定義したり，分類したりする方法があります．いうまでもないことのように思われるかもしれませんが，実のところ Python は言われたことしかわからないのです．これは他のプログラミング言語にも当てはまります．多くのプログラミング言語は Python と同じようにデータ型の概念をもっています．ですので，他の言語を学ぶときにも，この考え方は役立ちます．本書では数種類のデータ型を扱いますが，この章では特に数値を表すデータ型に焦点を当てて説明します．

一般的に，Python は数値を数値として認識しますが，ご想像のとおり，すべての数値が同じというわけではありません．話を簡単にするために，ここでは，小数点のない数値（0, 2, 5, 10, 100, 1000, 1032 など）を**整数**（インテジャー）（integer），整数型の数値とよぶことを覚えておきましょう．

次の整数を使った計算のコードを試してみましょう．

```
print(5 / 2)
```

このコードを実行すると，おもしろいことが起こります（図2・3）．

```
>>> print(5 / 2)
2.5
>>>
```

図 2・3 print() 関数での計算

二つの整数の計算を行ったにもかかわらず，返された数値は整数の定義に当てはまりません．小数点以下のある数値はもはや整数型ではないからです．その代わりに，**浮動小数点数**（float（フロート）），浮動小数点数型の数値とよびます．整数の計算ができるように，浮動小数点数の計算もできます．その例を示します（図2・4）．

```
>>> 2.5 + 2.1
4.6
>>>
```

図 2・4　浮動小数点数の計算

浮動小数点数と浮動小数点数を足すと，結果は浮動小数点数になります．これは，計算結果が整数になって当然と思える場合にも当てはまります．たとえば，`2.5 + 2.5`の答えは`5`になると思うはずです．Pythonの結果を見てみましょう．Pythonは浮動小数点数`5.0`という予想外の結果を返します（図2・5）．

```
>>> 2.5 + 2.5
5.0
>>>
```

図 2・5　別の浮動小数点数の計算

これは正しい結果ではありますが，数値のデータ型を変えたいという場合もあると思います．たとえば，小数点を表示したくない，つまり数値を切り上げたいときなどです．この場合，データ型を変換するのも一つの方法です．

しかし，それを学ぶ前に，もう一つ試してみましょう．整数と浮動小数点数で計算を行うと，どうなるでしょうか？　次を試してみましょう．

```
print(5 - 2.5)
```

結果は次のようになるはずです（図2・6）．

```
>>> print(5 - 2.5)
2.5
>>>
```

図 2・6　整数から浮動小数点数を引いた結果

整数と浮動小数点数で計算を行うと，結果はいつも浮動小数点数になります．

数値型の変換

初めに，整数を浮動小数点数に変換する方法を学びます．先ほどの例では，整数を浮動小数点数に変換する簡単な方法として，除算を使用しました．同じ効果が得られるもう一つの方法は，Pythonの組込み関数である`float()`を使うことです．

`float()`の使い方はとても簡単です．変換したい整数を括弧`()`の中に入れるだけです．実際にやってみましょう.

```
float(12)
```

これを Python シェルに入力すると，次のような結果が得られます．小数点の付かないただの 12 ではなく 12.0 になったはずです（図 2・7）.

```
>>> float(12)
12.0
>>>
```

図 2・7 整数の浮動小数点数への変換

逆に，浮動小数点数を整数に変換するには，Python の便利な別の組込み関数である int() を使います．int() 関数は float() 関数と同じように動作します．括弧の中に変換したい数値を入力するだけで，後は Python がやってくれます．試してみましょう．

```
int(12.0)
```

実行結果は次のとおりです．浮動小数点数 12.0 の小数点以下が取除かれ，整数 12 に変換されます（図 2・8）.

```
>>> int(12.0)
12
>>> |
```

図 2・8 浮動小数点数の整数への変換

0 で終わらない浮動小数点数の場合はどうなるのでしょうか？ 簡単な実験をしてみましょう．Python シェルに次のように入力します．

```
int(12.6)
```

Enter キーを押すと，12 という結果が得られます．なぜ 13 ではないのでしょうか？ 浮動小数点数を整数に変換するとき，Python は小数点以下をすべて取除きます．切り上げたいときなどは，別の関数を使う必要があります．それについてはのちほど説明します．

その他にも変換可能な多くのデータ型がありますので，本書の他の部分で説明していきます．しかし，いまのところは，自分自身を褒めてやってください．int() 関数と float() 関数という“スーパー・パワー”を手に入れたのですから！

変数とは？

これまで，基本的な数学演算子とデータ型を変換する関数について学びました．しかし，本当の力を発揮するためには，**変数**とよばれる秘密兵器について学ぶ必要があります．

変数を理解するための簡単な方法があります．変数を中に何かを入れるための箱のようなものだと考えればよいのです．ここで中に入れるものはデータです．たとえば，数字やテキスト，金額，犬の名前，文章の段落，秘密の隠れ家の暗証番号などがそうです．

他のプログラミング言語と同様に，Pythonでも変数には多くの役割があります．変数の最も重要な役割は，情報を保存しておき，何度も何度も入力せずにすむようにすることです．たとえば，頻繁に使う数値の長いリストがあったとします．これを必要になるたびに入力するのではなく，変数に入れておいて，代わりにその変数を呼び出すようにするのです．

変数は，名前を付けて，値を代入（セット）するだけで使えます．たとえば，次のようにします．

```
a = 8675309
```

このコードでは，aという名前の変数を定義し，それに値8675309を代入しています．

もちろん，データを入れておくことと，そのデータを使うことは別です．それでは，二つの変数にデータを代入して，それを画面に出力する簡単なプログラムを作成してみましょう．最初のプログラム例を示したときに，どうやって新しいPythonファイルを作成したかを思い出してください．Pythonシェルで，メニューの［File］→［New File］をクリックします．新しいウィンドウが開くので，そこに次のコードを入力します．

variable_test.py

```
a = 500
b = 250
print(a)
print(b)
```

次に，［File］→［Save］をクリックします．ファイル名はvariable_test.pyとします．コードを動かすには，［Run］→［Run Module］をクリックします．

Pythonシェルでコードが実行されます（図2・9）．

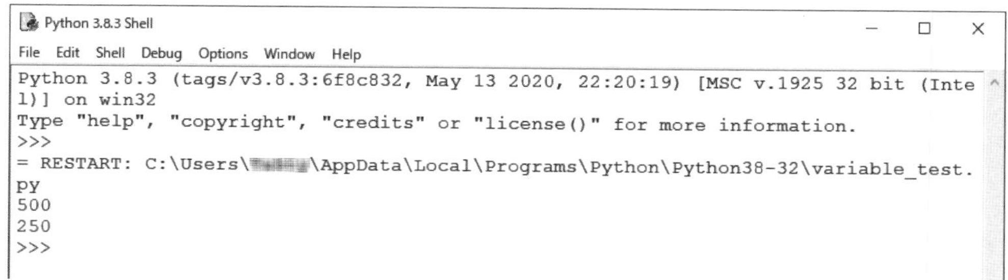

図2・9 二つの変数の値の表示

おわかりのとおり，変数aに500を代入し，変数bに250を代入しました．そして，print()関数を使って，二つの変数の値を表示しました．さて，ここからがお楽しみです．

変数の値を表示しても退屈です．しかし，変数でできるのはそれだけではありません．variable_test.pyのコードを修正しましょう．次のとおり，ファイルに続きのコードを追加します．

variable_test.py

```
a = 500
b = 250
print(a)
print(b)

print(a + b)
```

ファイルを保存してから再び実行すると，次の結果が得られるはずです（図 2・10）.

```
500
250
750
>>> |
```

図 2・10　二つの変数の加算結果の表示

ここでも先ほどと同様に二つの変数を宣言し，値を代入してから表示しています．しかし，今回はさらに，変数を用いて計算を行い，その結果も表示するようにしました．print(a + b) というコードは，print() 関数の括弧 () の間にあるものは何であっても表示するように Python に指示しています．この場合，式 a + b を，すなわち 750 を表示するよう指示しているのです．

ここで，変数 a や b の値は**変更されていない**ことに注意してください．変数を用いて単に計算しているだけです．変数内のデータを変更するには，いくつかの方法があります．新しいファイル（.py）を作成し，次のコードを入力したら，variable_change.py という名前で保存します．

variable_change.py

```
a = 500
b = 250

a = a + b

print(a)
```

コードを実行して結果を確認します（図 2・11）.

```
750
>>> |
```

図 2・11　二つの変数の計算結果を変数に代入

さて，何が起こったのでしょうか？　まず，a，b という名前の変数を宣言し，その値を代入しました．次に，二つの変数の値を足して，その計算結果と変数 a の値とが等しくなるようにしました．そして，変数 a の値を表示して，新しい値が 750 であることを示しました．

a =とすると，変数aの値を等号=の右側にあるものに変更するよう，Pythonに指示したことになります．ゆえにPythonは，aとbを足して，その値をaに代入したのです．等号=は**代入演算子**とよばれています．

ところで，変数aの値を変更したくない場合は，全く新しい変数を定義することもできます．variable_change.pyのコードを次のように修正しましょう．

variable_change.py

```
a = 500
b = 250

c = a + b

print(c)
```

今度は変数aの値を変更するのではなく，新たに作成した変数cにa + bの値を代入し，その中身を表示しています．

スーパー・ヒーロー・ジェネレーター 3000

いまや私たちは，プログラミングの経験値を少々得たので，それを使って，本書の終わりまでに完成予定のプログラムの基礎部分を作ってみましょう．このプログラム，“スーパー・ヒーロー・ジェネレーター 3000”は，ランダムな名前とランダムに生成されたステータス値（能力値）もった“ヒーロー(または悪党)”を作成することができるというものです．

以下のコードには，3章で詳しく説明するテキストが加えられています．いまのところ，このテキストはラベルとして使用しているだけなので，コードを理解できなくなることはないはずです．

すべてのヒーローは物理属性や精神属性をもっています．もし以前にRPGをプレイしたことがあれば，この概念を聞いたことがあるでしょう．そうでなくても心配ありません！　自分のまわりにいる人たちを観察すればよいのです．たとえば，筋肉質で体格のよい体育の先生は，理科の先生よりも，“筋力”と“持久力”がより高いということになります．逆に，理科の先生はおそらく体育の先生よりも頭がよい，つまり“知力”と“判断力”がより高いということになります．最初は，これら四つの属性をステータス値とするところから始めましょう．後で追加することもできますよ．

それぞれの値を決めるには，最小から最大までの範囲を設定する必要があります．ひとまず，最小を0，最大を20としましょう．すると，たとえば“筋力”なら，0は非常に弱く，20は“ヘラクレス並”ということになります．平均は10です．同様に，“知力”についても，0は“救いようのないバカ”で，20は“アインシュタイン並”となります．10の人は平均的な“知力”とみなされます．

プレイヤーが自分でステータス値を設定できるようにすると，誰もがすべてを20に設定して，完璧な人間にしてしまうでしょう．私たち自身の定義としてはそれで正しいですが，他の人間はそれほど高いレベルに到達していません．その代わりに，ステータス値を**ランダム**に決めたいところです．Pythonでは，乱数を簡単に作ることができます．ご想像どおり，“乱数を生成する関数”を使えばよいのです．

乱数を生成する関数の使い方は他の関数とは少し違います．使う前に，**モジュール**をPythonにインポートする必要があります．これは簡単なコード1行でできます．

```
import random
```

random（ランダム）モジュールの関数も他の関数と同じように，括弧に引数（ひきすう）（パラメーター）をセットして使います．新しいファイル（.py）を作成し，次のコードを入力したら，random_generator.py という名前で保存します．

random_generator.py

```
import random

strength = random.randint(1, 20)

print(strength)
```

このコードでは，初めに random モジュールをインポートし，次に strength（筋力）という名前の変数を宣言しています．

ここで，変数について重要な注意点があります．プログラミングの世界には**命名規則**とよばれる，名前を付けるときに従うべき，ある種のルールが存在します．まず，変数の名前は，自分自身や将来のプログラマーにとって，どのようなデータが入っているのかが，わかりやすいものにしなくてはなりません．たとえば，a という変数名では，あまり情報を得られません．strength とすれば，どんなデータなのかが正確にわかります．

もし変数名に複数の単語を含めたい場合は，すべて小文字にし，単語をアンダースコア（_）でつなげます．たとえば，Hero Strength であれば，変数名を hero_strength とします．あるいは，Hero Strength Stats であれば，hero_strength_stats とします．

二つ目のルールは，変数の名前は常にできるだけ短くシンプルに保つ，というものです．変数はコードの入力時間を節約するためのものです．長い名前はその目的に反します．

先ほどのコードに戻りましょう．変数 strength を宣言したら，それに値を代入しなくてはなりません．コードの次の部分で，randint() という関数を使用しています．randint() 関数は random モジュールに含まれていて，これを使うとランダムな整数を生成できます．括弧内の値は数値の範囲です．ステータス値は 1 から 20 までの範囲なので，(1, 20) と入力します．random_generator.py のコードを何度か実行してみてください．そのたびに，違った数値が得られるはずです．

さて，乱数ジェネレーターを動かし，その使い方を理解したところで，さらにいくつかのステータス値を追加してみましょう．

random_generator.py

```
import random

strength = random.randint(1, 20)
brains = random.randint(1, 20)
stamina = random.randint(1, 20)
wisdom = random.randint(1, 20)
```

値を確認するには，画面に表示する必要があります．そこで，テキストをラベルとして使用し，それぞれのラベルの後に各変数の値を表示することにしましょう．変数の定義の後に，次のコードを追加します．

```
print("あなたの新しいステータス値:")
print("筋力:", strength)
print("知力:", brains)
print("持久力:", stamina)
print("判断力:", wisdom)
```

ここで，print() 関数の新しい使い方が出てきました．以前は print() を使って数値を表示していましたが，ここでは，**文字列**とよばれる新しいデータ型を使用しています．文字列は単なるテキストです．テキストには，任意の文字，特殊文字（!，@，#，$，%，^，&，*，-，+，= など），任意の数字を含めることができます．しかし，テキストとして扱われるようにするには，引用符 " " でくくる必要があります．そうしないと，Python は違う意味に解釈してしまいます．いまのところはあまり心配しなくても大丈夫です．この詳細は 3 章で説明します．では，次のコードを見てみましょう．

```
print("あなたの新しいステータス値:")
```

このコードは，文字どおり“あなたの新しいステータス値 :”と画面に表示するように，コンピュータに指示しています．その次のコードは少し違います．

```
print("筋力:", strength)
```

この print() 関数は二つのことをします．まず，括弧の間にあるテキスト“筋力:”を表示します．続けてカンマ , があるので，print() の引数がまだ続くことがわかります．次に，変数の名前が書かれているので，その内容を表示します．ここでは，変数 strength です．この変数の名前は引用符で囲まれていないことに注意してください．もし，囲ってしまうと，変数の中身ではなく，単に strength というテキストを表示してしまいます．

ここまでで，random_generator.py ファイルは次のようになったはずです．

random_generator.py

```
import random

strength = random.randint(1, 20)
brains = random.randint(1, 20)
stamina = random.randint(1, 20)
wisdom = random.randint(1, 20)

print("あなたの新しいステータス値:")
print("筋力:", strength)
print("知力:", brains)
print("持久力:", stamina)
print("判断力:", wisdom)
```

コードを何度も実行してみましょう．このプログラムはランダムな数値を生成するので，結果は実行するたびに変化することを確認してください．図 2・12 は，その結果の例を示しています．

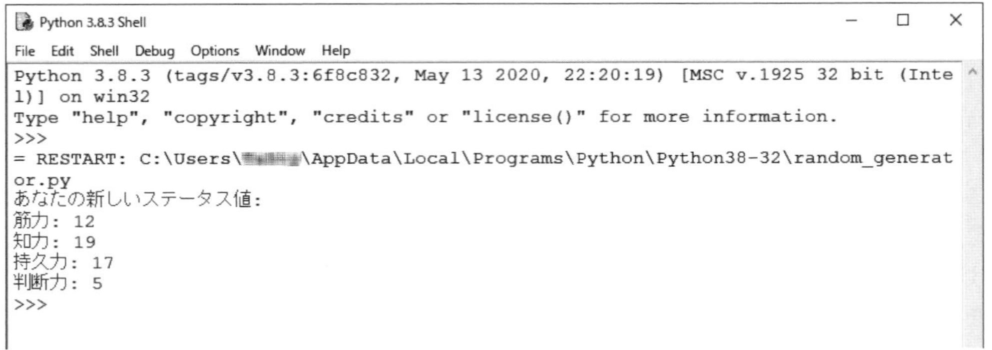

```
Python 3.8.3 (tags/v3.8.3:6f8c832, May 13 2020, 22:20:19) [MSC v.1925 32 bit (Intel)] on win32
Type "help", "copyright", "credits" or "license()" for more information.
>>>
= RESTART: C:\Users\[illegible]\AppData\Local\Programs\Python\Python38-32\random_generator.py
あなたの新しいステータス値:
筋力: 12
知力: 19
持久力: 17
判断力: 5
>>>
```

図 2・12　ランダムなステータス値の生成

おめでとうございます！　これで“スーパー・ヒーロー・ジェネレーター 3000”の最初の部分ができあがりました！

この章のまとめ

この章では，多くのことを学びました．若き“相棒”としてスタートしたあなたは，着実に実力をつけつつあります．ここで重要なのは，あなたが“スーパー・ヒーロー”のように，プログラミングの道への第一歩を踏み出したということです．

この先，どんな危険が待ち受けているのでしょうか？　次章では，テキストの扱い方を学び，引き続き“スーパー・ヒーロー・ジェネレーター 3000”を作っていきます．また，自分のプログラムにコメントを付けてドキュメント化することも始めます．これは，偉大なプログラマーになりたいなら，必ず身につけておきたい習慣です．それでは先に進む前に，この章で学んだことを振り返りましょう．

- データ型：データ型は多くのプログラミング言語に存在し，プログラムが扱うデータの種類を定義します．整数型（integer）は整数を表すデータ型で，浮動小数点数型（float）は小数点付きの数値を表すデータ型です．
- 演算子：一般的な演算子として，+（加算），-（減算），*（乗算），および / （除算）があります．
- 演算子の優先順位：ある演算子は他の演算子よりも優先的に計算され，またある演算子は後回しにされます．
- 演算順序：計算が行われる順番を演算順序とよびます．式の中のどの計算が最初に行われるかは，部分的に括弧で囲むことによって制御できます．（例：`(1+1) * 10`）
  乗算は加算よりも優先されますが，`1+1` は括弧で囲まれているので，乗算よりも先に行われます．
- データ型の変換：`int()` 関数や `float()` 関数を使うと，浮動小数点数を整数に，整数を浮動小数点数に変換することができます．
- 変数：変数はデータを格納する場所です．データの場所を示すラベルと考えることもできますが，情報を入れる箱と考えるほうが簡単です．変数は，名前を付け，代入演算子を使って値を代入する

ちょっとひといき竹内薫ラボ：宇宙とプログラムの関係 

ちょっと変な質問ですが，世の中にプログラムでないものはあるでしょうか？

いやいやいや，ちょっと待て．そんなのいくらだってあるではないか．そう思われるかもしれません．でも，たとえば地球上の生命だって，DNAという情報の観点からすると，広い意味でのプログラム内蔵型機械と考えることが可能です．細胞分裂をとってみても，*cdc2*という遺伝子が制御しており，タンパク質をつくるときも情報の流れがあります．

もっとも，“ではいったい誰が地球生命のプログラムしたのか”という問は，おそらく意味をなしません．その答えは，現代科学の視点からは“進化”だからです．

無機物はどうでしょう？　たとえば私の目の前にあるプラスチックの玩具．このプラスチックを作る際には，化学法則があり，その根底には物理法則があります．それってつまりは方程式があるわけで，さらにいえば，関数があるのです．

コンピュータのプログラムは，ある意味，すべて“関数”とみなすことができます．何かが入力され，何かが出力されるからです．だとしたら，そもそも物理法則に従うものすべてが関数で記述でき，それはある種のプログラムだといえなくもありません．ちなみにコンピュータの回路はさまざまな組み合わせになっていますが，実は，たった一つの関数で他のすべてを作ることができます（たとえばNOTとANDが一緒になったNAND）．

実際，理論物理学者の中には，この宇宙全体が壮大な計算プログラムだと考えている人もいます（誰か特定の物理学者というより，かなり多くの物理学者が，そういう認識をもっているように思います）．たとえば，ブラックホールを用いて“計算”をする方法を研究している物理学者は，当然，物理的な実体もコンピュータプログラムも同じ“情報の流れ”とみなしているわけで，要はプログラムとして扱っているのです．

もっとも，森羅万象がプログラムかどうかは，疑問の余地があります．一つには，コンピュータプログラムには“精度”の問題があるからです．計算できる桁の上限があるといってもいいでしょう．翻って，自然界には精度の限界があるのでしょうか？　これは議論が分かれるところで，いわゆる微分積分が本当にあらゆる物理現象に適用できるのであれば，精度の限界はないといえます．微分積分では“無限小”の数を扱うからです．でも，最近，この世界観に異を唱える物理学者が出てきました．宇宙や物理法則にも“桁”の上限があるのではないか？というのです．はたして宇宙全体がプログラムなのでしょうか，それとも……

ことによって宣言できます．（例：`a = 12`）

- 代入演算子：等号 = は代入演算子とよばれ，これを使うことで変数に値を代入することができます．
- 命名規則：命名規則とは，自分自身や将来のプログラマーにとってプログラミングが容易になるように設けられた，厳密ではないルールのことです．これはベストプラクティス（ならうべき慣習）です．変数に名前を付ける際は，すべて小文字にし，単語をアンダースコア（_）でつなげます．たとえば`social_security`はよいですが，`Social Security`は構文エラーとなるのでダメです．また，変数の名前は入っているデータの用途を表す短いものにします．
- `random`と`randint()`：`random`は乱数を生成するためのモジュールです．これをプログラムにインポートするには`import random`と書きます．指定した範囲の整数をランダムに生成するには，`random.randint(1, 20)`や，`random.randint(5, 100)`とします．それぞれ，1から20までの，あるいは5から100までの整数をランダムに生成します．0から20までの整数が必要なら，`random.randint(0, 20)`とします．

Superhero Bootcamp Lesson 3

コメントと文字列とリストをマスターしよう

おかえりなさい，勇敢なヒーロー！　この章を読めば，能力はさらに高まり，テキストやテキスト関連のさまざまなことを扱えるようになる新しい“スーパー・パワー”が得られます！

ここでは，一般的な文字列関数や文字列型の詳細など，テキスト処理の基本を学びます．また，テキストのフォーマットの仕方や，テキストを異なるデータ型に変換する方法についても学びます．最後に，適切なドキュメントを残すことの重要性と，自分のコードにコメントを付ける方法について説明します．これによって，自分自身や将来のプログラマーの頭痛を減らすことができます．

“スーパー・ヒーロー”の若き相棒役としてスタートしたあなたは，いうなれば“ワンダー・ボーイ”または“ワンダー・ガール”です！　それでは，鮮やかなグリーンのタイツと蛍光オレンジのマスクというコスチュームに身を包み，胸の“ワンダー・ボーイ”マークからケチャップの汚れを拭き取ったら，指をほぐしてプログラミングの準備にとりかかりましょう！

コメントを残しておく

プログラミング言語についてさらに掘り下げていく前に，これまでは詳しくふれずにいた**コメント**について取上げることは重要です．適切な命名規則と同じように，コードにコメントをつける，すなわちコードを**ドキュメント化**することは，優れたプログラマーが常に実践しているベストプラクティスの一つです．家を出る前にマントにアイロンをかけるようなものです．

自分のコードにコメントをつける理由はいくつかあります．まず，以前書いたプログラムを後々見直すことがよくあるためです．それは何日，何週間，何カ月，さらには何年も後かもしれません．何千行ものコードを見直すのは負担がかかりますし，特に各セクションが何をしているのかを特定しなければならない場合はなおさらです．セクションごとにラベルや簡単な説明を付けておけば，後から問題の箇所や変更が必要な部分にたどり着きやすくなります．

コードのドキュメント化を習慣として身につけるべきもう一つの理由は，しばしば，他のプログラマーによるコードレビュー（コードを読んでチェックすること）が行われるためです．レビューするのはあなたの上司や同僚かもしれませんし，今後新しく雇われるプログラマーが，雇われるずっと前に書かれたあなたのコードを修正しようと読むかもしれません．

最後の理由は，あるプログラムのコードを別のプログラムで再利用する場合があるためです．これを効率化といいます．このような場合，コメントを付けてドキュメント化しておけば，探しているコードスニペット（コードの断片）を見つけるのがはるかに早くなります．

プログラマーがコメントを残す方法にはさまざまなものがありますし，人それぞれです．企業によっては，非常に詳細な書式によるドキュメント化を要求する場合もありますが，プログラマー任せの場合もあります．

一方で，Python はコードに書かれたコメントをそっと無視します．つまり，まちがった構文で書かない限り，コメントはあなたのコードの動作に全く影響を与えないということです．

コメントするには，ハッシュ記号 # を使います．その行の残りの部分，# の後にあるものはすべてコメントとみなされます．以下にコメントの例を示します．

```
# このセクションのコードはランダムにヒーローのステータス値を計算する
```

このコードを実行しても何も起こりません．もう一度言いますが，Python はコメントを無視するからです．コメントはコンピュータではなく，人間のためだけに存在します．

コードにおいてコメントがどのように使われるかを見てみましょう．前章で作成した random_generator.py を覚えていますか？　それを開いて，次のコードを追加してください．

random_generator.py

```
import random

# このセクションのコードはランダムにヒーローのステータス値を計算する

strength = random.randint(1, 20)
brains = random.randint(1, 20)
stamina = random.randint(1, 20)
wisdom = random.randint(1, 20)

# ランダムな計算のコードの終わり

print("あなたの新しいステータス値:")
print("筋力:", strength)
print("知力:", brains)
print("持久力:", stamina)
print("判断力:", wisdom)
```

ここでは，コメントでセクションの始まりと終わりを示しました．このように書くと，そのセクションが何をするためのものなのかがわかりやすくなります．ご想像どおり，この種のドキュメント化は夢中になり過ぎてしまいがちですが，利点もあります．どのくらいの量のコメントをどのくらいの頻度で付けるのかは自分次第ではありますが，原則として，書かないよりはドキュメント化したほうがよいでしょう．

▶ブロックコメント◀

通常のコメントに加えて，**ブロックコメント**とよばれる形式のコメントもあります．これは，コードのセクションを説明するために 1 行以上必要な場合に使用されます．また，書いた日付や著者などをドキュメント化する必要がある場合にも使用できます．ブロックコメントの例は次のとおりです．

```
import random

# ‘13歳からのPython入門’の掲載用コード
# James Payne作
```

```
# このセクションのコードはランダムにヒーローのステータス値を計算する

strength = random.randint(1, 20)
brains = random.randint(1, 20)
```

ご覧のように，コメントにする各行の先頭にハッシュ記号 # を追加するだけで，ブロックコメントにすることができます．

▶インラインコメント◀

もう一つの方法は**インラインコメント**とよばれます．これはコードと同じ行にコメントを残すことを意味します．他の形式ほど一般的ではありませんが，コードの特定の行で何をしているのかをドキュメント化する必要がある場合は便利です．たとえば，random_generator.py は，random モジュールをインポートするところから始まります．これはプログラマーには明らかなのですが，その説明のためにインラインコメントを残すことができます．次のようになります．

```
import random     # randomモジュールのインポート
```

原則として，1 行のコードが何をするのかを説明する必要がある場合以外は，インラインコメントの使用は避けるようにしてください．

▶コメントの他の用途◀

最後のコメントの用途はエラーを見つけるというものです．これは一般的でないように思えるかもしれませんが，実際にはかなり実用的です．エラーが出ると，どの部分がエラーの原因なのかを絞り込まなくてはなりません．その際，プログラムを大きく削除するかわりに，単にその部分をコメントにしてしまえばよいのです．Python は # を見つけると，同じ行のそれ以降を無視するということを思い出してください．

以下のようにコメントアウトする（コードをコメントに変更し，実行させないようにする）と，いままでとは違った動作をするようになります．

```
# ランダムな計算のコードの終わり

print("あなたの新しいステータス値:")
# print("筋力:", strength)
# print("知力:", brains)
print("持久力:", stamina)
print("判断力:", wisdom)
```

このコードでは，キャラクターの筋力と知力が表示されません．その部分をコメントアウトしているからです．代わりに，耐久力と判断力だけが表示されます．

プログラムをもとの状態に戻すには，単に # を削除すればよいのです．自由にコメントを追加したり，コードの一部をコメントにしたりして，プログラムがどうなるかを確認してください．

テキストの扱い方

これでコードをドキュメント化するためのコメントの重要性とその作成方法が理解できたので，次は新しいデータ型，文字列型に進みましょう．

文字列型（の値）は，引用符（ダブルクォート）" "で囲まれている，入力可能な任意の文字から成り立ちます．基本的には，任意の文字，数字，特殊記号です．文字列は，1 文字だったり，1 文だったり，文字や数字，特殊記号が混ざったものだったりします．

新しいファイル（.py）を作成し，次のコードを入力したら，learning_text.py という名前で保存します．

learning_text.py

```
# どのようにテキストを表示するか

print("Holy smokes, it's the Grill Master!")
```

また，お好みであればシングルクォート' 'を使ってコードを書くこともできます．

```
# どのようにテキストを表示するか

print('Holy smokes, it's the Grill Master!')
```

ところが，二つ目のコードを実行すると，SyntaxError: invalid syntax が発生します．なぜこのようなエラーが発生するのでしょう？　コードをもう少し詳しく見てみましょう．print() 関数は，引用符の間に含まれるものをすべて画面に表示しようとします．このサンプルコードの文字列は始まりと終わりがシングルクォートですが，よく見ると，三つ目のシングルクォートが it's の中にあります．

print() 関数でシングルクォートを使う場合，注意しなければならないことがあります．それは，Python には，シングルクォートと短縮形のアポストロフィの区別がつかないということです．Python は Holy という単語の前にある最初の引用符を見ると，文字列の始まりであると考えます．そして，it's という単語の中にアポストロフィを見つけると，Python は容赦なく，それを文字列の終わりの引用符とみなしてしまいます．そして最終的に，三つ目の引用符を見つけて，エラーを返すのです．

この種の問題を避ける方法があります．一つ目は，原則として常にダブルクォートを使用することです．二つ目は，シングルクォートを使う必要がある場合，**エスケープ**することです．

Python はシングルクォートの直前に特殊な文字（¥ または *）があると，シングルクォートを通常の文字として扱います．この特殊な文字を**エスケープ文字**といいます．以下にコードを示します．

---

* 訳注：日本語キーボードの場合，［¥］キーで入力する．IDLE の設定によっては，そのまま ¥ と表示されたり，\(バックスラッシュ)が表示されたりする．

```
# どのようにテキストを表示するか

print('Holy smokes, it¥'s the Grill Master!') # エスケープ文字を使っていること
に注意
```

このコードの実行結果は次のとおりです（図3・1).

```
Holy smokes, it's the Grill Master!
>>>
```

図 3・1　エスケープ文字を使った文字列の表示

話を簡単にするために，いまのところは，コードの中ではダブルクォートを使うようにしましょう．それでは自分で変更してみてください．

もう少しテキストを追加しましょう．次のコードの目的はダブルクォートとシングルクォートを混ぜて使う方法を示すことです．

```
# どのようにテキストを表示するか

print("Holy smokes, it's the Grill Master!")
print("To quote a genius: 'Man Cannot Live On Bread and Water Alone!'")
```

この例では，シングルクォートをエスケープする必要はありません．これは，print() 関数の引数の文字列をダブルクォートで始めたからです．シングルクォートで始めたときだけは，文字列の終了の意味ではないシングルクォートをエスケープするように気をつける必要があります．

▶文字列と変数の操作◀

数値と同じように，文字列も変数に代入することができます．その方法は数値を代入するのと似ていますが，少しだけ違います．

```
name = "グリル・マスター"

print(name)
```

最初に変数 name を宣言し，そこにテキストを代入しています．数値の場合とは異なり，値を引用符で囲んでいることに注意してください．これは，変数に文字列をセットしていることを示しています．次に，print() 関数を使用して変数を画面に表示します．

ここからがおもしろいところです．新しいファイル（.py）を作成し，次のコードを試してみてください．

```
age = "42"
graduation = 27
```

```
print(age + graduation)
```

このコードを実行しようとすると，エラーが表示されます．なぜでしょうか？　理由は簡単です．宣言時に，変数 age には "42" という値が代入されました．しかし，値を引用符で囲んだため，Python はそのデータを文字列型の値として解釈したのです．一方，変数 graduation には数値型の値が代入されました．この二つの変数で計算しようにも，文字列と数値とでは計算できないので，動作しなかったのです．

興味深いことに，文字列に対して特定の算術演算子を使うことができます．Python や他の言語には，**連結**とよばれる演算があります．連結とは，ある文字列に別の文字列をつなげることです．文字列を連結する場合は，加算演算子（+），ここでは**結合演算子**を使用します．コードで説明します．

```
print("Wonder" + "Boy")
```

このコードの実行結果は次のとおりです．

```
WonderBoy
```

文字列を含む二つの変数に演算子 + を使っても同じことが起こります．

```
first_name = "Wonder"
last_name = "Boy"

print(first_name + last_name)
```

結果はどうなるでしょう？

```
WonderBoy
```

重要なポイントがあります．二つの文字列を連結するなら，間にスペースを入れたくなるでしょう．これは，連結する最初の文字列の終わりにスペースを追加するだけで実現できます．

```
print("Wonder " + "Boy")
```

または，結合する 2 番目の文字列の頭にスペースを追加します．

```
print("Wonder" + " Boy")
```

もちろん，空白を含む第三の文字列と連結しても何も問題はありません．

```
print("Wonder" + " " + "Boy")
```

Python は空白であっても文字列とみなすからです.

文字列で使用できるもう一つの算術演算子は乗算演算子（*）です．テキストを操作するときには，**複製演算子**ともよばれます．次のコードを Python シェルに入力してみてください．

```
print("WonderBoy" * 20)
```

図3・2に示すような結果になります．

```
>>> print("WonderBoy" * 20)
WonderBoyWonderBoyWonderBoyWonderBoyWonderBoyWonderBoyWonderBoyWonderBoyWonderBoyW
onderBoyWonderBoyWonderBoyWonderBoyWonderBoyWonderBoyWonderBoyWonderBoyWonderBoyWo
nderBoyWonderBoy
>>>
```

図 3・2　文字列の複製結果

▶ 長 い 文 字 列 ◀

もし1文字や1単語に限定されていたなら，文字列はそれほど強力ではありません．前述したように，文字列は文全体で構成されることがあり，1単語の場合と同じように変数として宣言できます．

```
joke = "どうしてスパイダーマンはメイおばさんとトラブルになったんだ？"
punchline = "ウェブに時間をとられすぎたからさ．"

print(joke)
print(punchline)
```

▶ 複数行の文字列 ◀

テキストを詩や歌の歌詞のように決まった方法や構成で表示したい場合もあるでしょう．そのような場合には，複数行の文字列を作成することができます．それには，三つのダブルクォート """，または三つのシングルクォート ''' を使用します．以下はコードがどのようになるのかを示した例です．自由に新しいファイルを作成して，自分でテストしてみてください．図3・3に示すような結果が得られるはずです．

```
print("""私の名前はグリル・マスター
破壊したくてたまらないぜ！
すべて焼き尽くすぞ！""")
```

```
私の名前はグリル・マスター
破壊したくてたまらないぜ！
すべて焼き尽くすぞ！
>>>
```

図 3・3　複数行の文字列の表示

三つのシングルクォートを使っても同じ結果が得られます．

```
print('''私の名前はグリル・マスター
破壊したくてたまらないぜ！
すべて焼き尽くすぞ！''')
```

▶文字列の書式設定◀

複数行の文字列はテキストの書式を整えるのにも役立ちますが，他にも，もっとよい方法があります．おそらく，友人を素敵な招待状でワンダーボーイ感謝祭に招待して感動させたいと思っていたり，新しいヒーローのテーマソングの歌詞を作るのに必死になっていたりすることでしょう．いずれにしても，適切な**文字列の書式設定**がなければ，あなたの文章は退屈なものになってしまいます．

先ほど，**エスケープ文字**（¥）について説明しました．これを使って Python に引用符を print() 関数の文字列の終わりではなく，アポストロフィとして認識させる方法を学びました．実は，**エスケープシーケンス**（エスケープ文字と別の 1 文字の並び）が他にもいくつかあり，それによってテキストの書式設定が可能なのです．次のようなものがあります．

- ¥〈改行〉　続く改行を無視して，次の行とつなげる．
- ¥¥　バックスラッシュそのものを表す．
- ¥n　改行（文字）を表す．
- ¥t　タブ文字（インデント）を表す．
- ¥' や ¥"　シングルクォートやダブルクォートを表す．

上記のエスケープシーケンスの使い方をよく理解するために，¥n，すなわち改行を表すエスケープシーケンスを見てみましょう．このエスケープシーケンスをテキストに挿入すると，その場所で改行することができます．新しいファイル（.py）を作成し，次のコードを入力したら，wonder_boy_theme.py という名前で保存します．

wonder_boy_theme.py

```
print("ぼくの名前は¥nワンダー・ボーイ¥nこのタイツがピッタリだって？¥n驚きだよ！")
```

一見すると，このコードは非常にごちゃごちゃしています．しかし，プログラムを実行すると，¥n がどのような効果をもたらすのかをはっきりと見ることができます（図 3・4）．

```
ぼくの名前は
ワンダー・ボーイ
このタイツがピッタリだって？
驚きだよ！
>>>
```

図 3・4　単一の print() 関数での文字列の書式設定

ふつうはこのコードを見ると，print() 関数の括弧の中身すべてが 1 行で表示されることを期待するかもしれません．しかし Python はエスケープシーケンス ¥n に遭遇するたびに強制的に改行し，文章を次の行に表示します．

エスケープシーケンス ¥t も同様の働きをしますが，新しい行を作るのではなく，タブ（インデント）を作ります．wonder_boy_theme.py にテキストを追加してみましょう．

wonder_boy_theme.py

```
print("ぼくの名前は¥nワンダー・ボーイ¥nこのタイツがピッタリだって？¥n驚きだよ！")
print("トランクスが¥tきついんだ")
print("きつい¥tきつい¥tきつい¥tめちゃくちゃきつい！")
```

このコードの実行結果は次のとおりです（図3・5）.

```
ぼくの名前は
ワンダー・ボーイ
このタイツがピッタリだって？
驚きだよ！
トランクスが	きついんだ
きつい	きつい	きつい	めちゃくちゃきつい！
>>>
```

図 3・5　エスケープシーケンス ¥t を使用したインデントの作成

出力結果において，“きつい　きつい　きつい　めちゃくちゃきつい！”という言葉がタブでインデントされている（隙間が空いている）ことに注目してください．これはすべて `¥t` のおかげです．

最後に，エスケープシーケンス `¥"` と `¥'` をもう一度見てみましょう．前述したように，画面に実際に表示するテキスト一部として引用符を使おうとする場合，Python はその意図がわからないために，問題が生じます．

Python に，プログラム的な意味ではなく，英文法的な意味で引用符を使うということを知らせるためには，引用符をエスケープします．`wonder_boy_theme.py` にテキストを追加してみましょう．自分のコードが以下のものと一致していることを確認してください．

wonder_boy_theme.py

```
print("ぼくの名前は¥nワンダー・ボーイ¥nこのタイツがピッタリだって？¥n驚きだよ！")
print("トランクスが¥tきついんだ")
print("きつい¥tきつい¥tきつい¥tめちゃくちゃきつい！")
print("¥n")
print("みんなぼくを見たらこう叫んで納得するんだ:")
print("¥"彼にあのタイツはきつすぎるよ！¥"")
```

このコードの実行結果は次のとおりです（図3・6）.

```
ぼくの名前は
ワンダー・ボーイ
このタイツがピッタリだって？
驚きだよ！
トランクスが	きついんだ
きつい	きつい	きつい	めちゃくちゃきつい！


みんなぼくを見たらこう叫んで納得するんだ:
"彼にあのタイツはきつすぎるよ！"
>>>
```

図 3・6　エスケープシーケンスの使用例

次の部分には特に注意してください．

```
print("¥"彼にあのタイツはきつすぎるよ！¥"")
```

Python は，最初のダブルクォート " によって，その後に続くのは文字列であるということを理解します．次に，バックスラッシュ ¥ に遭遇し，それに続く文字はただのテキストとして扱わなくてはならないということを知ります．そして，Python はもう一つのバックスラッシュ ¥ に遭遇し，それに続く文字を再びただのテキストとして扱います．最後に，終わりのダブルクォート " に遭遇し，その前にエスケープ文字がないので，これが表示したい文字列の終わり（という意図）であることを知ります．

このコードは，ダブルクォート " をすべてシングルクォート ' に置き換えても同じように動作することに注意してください．

新たな武器の導入：リスト

現実を直視しましょう．犯罪との戦いは厳しい仕事です．“スーパー・ヒーロー”は，勇気，テーマソング，そしてもともともっている“スーパー・パワー”以外の何かに，ときには頼る必要があります．

私たちの最初の武器となるのは**リスト**です．変数がデータを保持できるように，リストもまたデータを保持できます．しかし，変数とは異なり，リストは複数のデータを含むことができます．変数がラベルや箱として考えられるのに対し，リストは箱でいっぱいのクローゼットのようなものです．

リストには，文字列，整数，浮動小数点数など，変数に代入できるデータ型と同じ型の値を含めることができます．値を二つの角括弧 [] の間にカンマ , で区切って並べることによって，それらの値を要素として格納するリストを作ることができます．実際に，リストを生成してみましょう．

```
super_powers = ["飛行能力", "イケてるマント", "視力1.0", "コーディング・スキル"]
```

このコードでは，super_powers という名前の変数を宣言し，それに，四つの文字列（"飛行能力", "イケてるマント", "視力 1.0", "コーディング・スキル"）からなるリストを作り，代入しました．

もしこのリストを表示したくなったら，便利な print() 関数を使うだけです．

```
print(super_powers)
```

このリストを表示すると，興味深いことが起こります．単にリストの内容が表示されると思ったかもしれませんが，その代わりに，全体の構造が表示されます（図 3・7）．

```
['飛行能力', 'イケてるマント', '視力1.0', 'コーディング・スキル']
>>>
```

図 3・7　リストの表示

リストとは，格納された要素がグループになったものであることを覚えておいてください．リストの各要素は**インデックス番号**とよばれるものに対応づけられています．リストの要素はすべてインデックス 0 番から始まり，順に続きます．したがって，先ほどのリストでは，0 番が "飛行能力"，1

番が "イケてるマント", 2番が "視力1.0" となります.

たとえば, インデックス3番にある要素だけを表示したい場合は, 次のようにします.

```
super_powers = ["飛行能力", "イケてるマント", "視力1.0", "コーディング・スキル"]

print(super_powers[3])
```

"コーディング・スキル" が画面に表示されます. この要素がリストの3番目の位置にあるためです(リストは0番から始まります). より理解を深めるために, リストの各要素を個別に表示しましょう.

```
super_powers = ["飛行能力", "イケてるマント", "視力1.0", "コーディング・スキル"]

print(super_powers[0])
print(super_powers[1])
print(super_powers[2])
print(super_powers[3])
```

このコードの実行結果は次のとおりです (図3・8).

```
飛行能力
イケてるマント
視力1.0
コーディング・スキル
>>>
```

図 3・8 リストの値の表示

あるいは, print() 関数を1行にまとめて以下のようなコードにすることもできます.

```
super_powers = ["飛行能力", "イケてるマント", "視力1.0", "コーディング・スキル"]

print(super_powers[0], super_powers[1], super_powers[2], super_powers[3])
```

これでも同じ結果が得られます.

それでは新しいファイル (.py) を作成し, 次のコードを入力したら, list_example.py という名前で保存します. プログラムを実行します (図3・9).

list_example.py

```
super_powers = ["飛行能力", "イケてるマント", "視力1.0", "コーディング・スキル"]

print(super_powers[0], "はインデックス0番の場所にあります")
print(super_powers[1], "はインデックス1番の場所にあります")
print(super_powers[2], "はインデックス2番の場所にあります")
print(super_powers[3], "はインデックス3番の場所にあります")
```

```
飛行能力 はインデックス0番の場所にあります
イケてるマント はインデックス1番の場所にあります
視力1.0 はインデックス2番の場所にあります
コーディング・スキル はインデックス3番の場所にあります
>>>
```

図 3・9　リストの値を表示する別の方法

この例では，print() 関数の終わりにテキストを追加しています．print() 関数の最初の引数（パラメーター）の後にカンマを置いてから，2 番目の引数を渡していることに注目してください．また，リストの要素の前にテキストを表示したい場合にも，この方法が使えます．

```
print("インデックス0番の場所にある要素は", super_powers[0])
```

“インデックス 0 番の場所にある要素は 飛行能力” という結果が得られるはずです．

最後に，リストのすべての要素を表示する簡単で効率的な方法を説明します．別のファイル（.py）を作成し，次のコードを入力したら，powers_weaknesses.py という名前で保存します．

powers_weaknesses.py

```
super_powers = ["飛行能力", "イケてるマント", "視力1.0", "コーディング・スキル"]
super_weaknesses = ["ボロニアソーセージ", "乳糖不耐症", "社会生活", "キツキツのト⏎
ランクス"]

print("見よ！　われわれの新米ヒーロー／相棒，¥"ワンダー・ボーイ¥"だ！")
print("彼のスーパー・パワー:", *super_powers)
print("彼の弱点:", *super_weaknesses)
```

リスト名の前に記号 * をつけると，リスト全体を使うように Python に指示できます．たとえば，print(*super_powers) と入力すると，リスト super_powers のすべての要素が表示されます（図 3・10）．

```
見よ！　われわれの新米ヒーロー／相棒，"ワンダー・ボーイ"だ！
彼のスーパー・パワー: 飛行能力 イケてるマント 視力1.0 コーディング・スキル
彼の弱点: ボロニアソーセージ 乳糖不耐症 社会生活 キツキツのトランクス
>>>
```

図 3・10　リストの内容全体の表示

▶ リストの変更 ◀

リストは，変数のように変更することができます．リストに要素を追加したり，削除したり，並び替えたりできます．たとえば，powers_weaknesses.py には，“スーパー弱点” のリストがあり，そのうちの一つは，恐るべき “乳糖不耐症”（乳製品を飲んだり，アイスクリームを食べたりすることができない！）です．幸いなことに，その特定の弱点を解消する方法があります．牛乳に含まれる乳糖の消化を助けてくれる薬があるのです．これで，再びアイスクリームバーを口に詰込めます！

この知識を手にしたのなら，その特定の弱点をリスト super_weaknesses から削除しなければなりません．それには del 文を使用します．

```
super_weaknesses = ["ボロニアソーセージ", "乳糖不耐症", "社会生活", "キツキツのトランクス"]

del super_weaknesses[1]
print(*super_weaknesses)
```

これにより，インデックス1番の要素，この場合"乳糖不耐症"が削除されます．super_weaknessesの内容を表示してみると，今度は"ボロニアソーセージ"，"社会生活"，"キツキツのトランクス"となるでしょう．

リストから値を削除するためにremove()メソッド*を使うこともできます．要素の位置を指定する代わりに，削除したい値を指定するだけです．

```
super_weaknesses = ["ボロニアソーセージ", "乳糖不耐症", "社会生活", "キツキツのトランクス"]

super_weaknesses.remove("乳糖不耐症")
```

これにより，del文を使用した場合と同じ結果が得られます．

リストから要素を削除するだけでなく，追加することもできます．それにはいくつかの方法があります．最初の方法はappend()メソッドを使用することです．このメソッドはリストの最後に要素を追加します．

```
super_weaknesses = ["ボロニアソーセージ", "乳糖不耐症", "社会生活", "キツキツのトランクス"]

del super_weaknesses[1]

super_weaknesses.append("タコミート")

print(*super_weaknesses)
```

この例では，まずリストsuper_weaknessesを生成し，del文を使用して，先ほどと同様に1番目の位置にある要素を削除します（リストは0番目から始まることに注意してください）．それから，新しい敵，胃を締めつける"タコミート"に遭遇したので，append()メソッドを使ってリストに追加します．実行結果は次のようになります．

```
ボロニアソーセージ 社会生活 キツキツのトランクス タコミート
```

さらに，リストに要素を挿入することもできます．insert()メソッドはappend()とは少し異なります．append()はリストの最後に要素を入れることしかできませんが，insert()メソッドは位

* 訳注：メソッドはあるオブジェクトに付随する関数のこと．詳しくは8章を参照．

置を指定できます．以下がその使用例です．

```
super_weaknesses = ["ボロニアソーセージ", "乳糖不耐症", "社会生活", "キツキツのト⏎
ランクス"]

del super_weaknesses[1]
super_weaknesses.insert(1, "タコミート")

print(*super_weaknesses)
```

insert() メソッドは二つの引数をとります．最初の引数でリストのどの位置に（つまりどのインデックス番号に）要素を追加するのかを指定します．二つ目の引数でリストに追加したい値を指定します．上記のコードを実行すると，次のように出力されます．

```
ボロニアソーセージ タコミート 社会生活 キツキツのトランクス
```

▶リストのその他のメソッド◀

リストには全部で 11 のメソッドがあります．それぞれのメソッドでは，リストに格納されたデータに対してちょっとした魔法をかけることができます．かなりの数のリストメソッドを見てきましたが，この章では紙面の都合上，すべてを網羅することはできません．しかし，以下に，その他のリストメソッドとその使用例を示します．練習として，あなた自身で自由に試してみてください．

- list.pop(ポップ)()：このメソッドを使用すると，リストの最後，または指定した位置にある値を取得したうえで，リストから削除することができます．これにより，正しい要素を削除していることを確認することができます．
  例：
  print(super_weaknesses.pop(1))
  print(*super_weaknesses)
- list.reverse(リバース)()：リスト内の要素は並び替えることができます．その方法の一つが reverse() メソッドです．これにより最初の要素が最後に，最後の要素が最初に，といった具合に要素が移動し，実質的に順番が逆になります．
  例：
  super_weaknesses.reverse()
  print(*super_weaknesses)
- list.sort(ソート)()：要素の順序を変更する別の方法が sort() メソッドです．（リスト内に文字列のみが含まれている場合）このメソッドはリスト内の要素をアルファベット順にソートします．
  例：
  super_weaknesses.sort()
  print(*super_weaknesses)
- list.count(カウント)()：このメソッドは，与えられた値がリストに現れる回数を数えるために使われます．以下の例では，"タコミート" がリストに含まれる回数を返します．この場合は 1 回だけです．

例：

print(super_weaknesses.count("タコミート"))

- list.extend()（エクステンド）：このメソッドの使い方はとても簡単です．これはあるリストを別のリストに結合するために使用されます．たとえば，more_super_weaknesses というヒーローを倒せる弱点がさらにたくさんあるリストがあったとしたら，それを古いリストである super_weaknesses と組合わせることができます．そうすれば，対処すべきリストは一つだけになります．

  例：

  super_weaknesses.extend(more_super_weaknesses)

- list.copy()（コピー）：リストをコピーして複製を手元に置いておきたいことがあるかもしれません．これはテスト目的のためかもしれませんし，似たような名前のデータがある場合，もう一度リストを書くよりも，コピーしたリストを編集するほうが速いでしょう．どのような場合でも，copy() メソッドを使用すればリストをコピーすることができます．

  例：

  super_weaknesses2 = super_weaknesses.copy()

- list.index()（インデックス）：特定の要素がリストのどこにあるのかがわかれば，必要に応じてそれを呼び出すことができます．コードを見返す代わりに index() メソッドを使用して，リスト内での値の位置を求めることができます．

  例：

  print(super_weaknesses.index("タコミート"))

  "タコミート" はリストの 3 番目の位置にあるので，3 という数が返ってきます．（もしその他のメソッド，特に並び替えるメソッドを試した後なら，"タコミート" は別の位置にあるかもしれません．）

- list.clear()（クリア）：このメソッドは最後にとっておきました．もし試したら，まさに文字どおり，リストの中身をすべて消してしまうからです．ときには，リスト内のすべてのデータを消去する必要があるかもしれません．そのためのメソッドです．

  例：

  super_weaknesses.clear()

この章のまとめ

このエキサイティングな章では，多くのことを扱いました．いまごろ，あなたの力は，飛躍的に成長していることでしょう．もうすぐ，あなたは自分だけの“スーパー・ヒーロー・カー”に乗って走り出すことになるかもしれません．この章で学んだことを復習しましょう．

- コメントは，将来，自分自身やほかのプログラマーが参考になるように，コードをドキュメント化することを可能にします．
- ハッシュ記号 # を使ってコメントを作成します．これ以降のテキストは Python によって無視されます．
- さらに明確にする必要がある場合は，特定のコード行の後にインラインコメントを残すことができます．これは控えめに使用してください．
- コードをコメントアウトすることで，既存のコードを削除せずにエラーを見つけることができます．

ちょっとひといき竹内薫ラボ:文字列とリスト

文字列というのはプログラミングの中では異端児だと思います.なぜなら,そもそもコンピュータは“数字”しか認識しない生き物だから.実際には0か1の組み合わせですべてが動いているわけです.でも,それだと人間は解読できないから,0,1,2,3,4,5,6,7,8,9,A,B,C,D,E,Fという16の“数字”を使ったりもします.

つまり,いくら文字列,文字列といっても,それは人間にとっての文字列なのであり,コンピュータの内部処理としては,16進法の数字であり,さらに深い部分では0と1の羅列にすぎません.

文字列といえば,むかし私がプログラミングを学び始めてすぐに“真似”をして書いたプログラムがありました.有名な“心理セラピスト”(精神科医だったかもしれません)のプログラムで,まさに文章を打ち込んで悩みを相談すると,“なるほど……続けて”とか,“息子さんについてもう少し詳しく教えてください”などと,プログラムと会話ができるのです.

もちろん,打ち込まれた文字列の中からキーワードを抜きとって,あらかじめ用意された返答パターンの主語にキーワードをあてはめて返答するわけですが,不思議なことに,実際の心理セラピストや精神科医との会話に近いのですね.

リストといえば,こんなプログラムもおもしろいかと思います.

```
maxn = 101

prime = {i for i in range(2,maxn)}

print(prime)

for i in range(2,maxn):
  if i in prime:
    for j in range(i*2,maxn,i):
      if j in prime:
        prime.remove(j)

print(prime)
```

これは2から100までの素数を計算するプログラムです.最初に2から100までの数のリストを作ります(中身を確かめるために印刷しています).そして,5章で登場する“くりかえし”を用いて,2の倍数,3の倍数……という具合に順繰りと倍数をリストから取り除いていきます.そして,最後に残ったのが,どんな数の倍数でもない数,すなわち素数というわけです.

文字列もリストも,こんなふうにいろいろな使い道があるのです.

問題がないことを確認したら,コメントをもとに戻すだけです.

- エスケープ文字を使用すると,通常はテキストとして扱われないような特殊な文字を表示することができます.また,文字列の書式を設定することもできます.
- エスケープシーケンスには,`¥t`,`¥n`,`¥'`,`¥"`,`¥¥`などがあります.
- 文字列型は,文字,数字,記号で構成されるデータ型です.
- 演算子+を使用すると,一つ以上の文字列を連結することができます.
- 演算子*を使用すると,文字列を繰返すことができます.
- リストは箱でいっぱいのクローゼットのように振舞うデータ構造です.一つだけでなく,多くの要素を入れられます.リストは次のように生成します.
  `super_powers = ["飛行能力", "視力1.0"]`
- リストには要素(データ)が含まれ,インデックス番号が付けられています.要素は0番から始まり,順に続きます.
- リストを表示するにはいくつかの方法があります.`print(super_powers[1])`は一つの値を表示する場合,`print(*super_powers)`はリスト全体を表示したい場合です.

- del 文を使用すると，リストから要素を削除することができます.
- リストには，11 のメソッド insert()，append()，pop()，reverse()，sort()，count()，extend()，copy()，index()，clear()，remove() があります.

Superhero Bootcamp Lesson 4

判断（条件分岐）をマスターしよう

犯罪に立ち向かい，悪党と対峙しようとすると，私たち“スーパー・ヒーロー”はしばしば自分が岐路に立たされていることに気づきます．ビルから突き落とされようとしている無力な乙女を救うべきでしょうか？　それとも，彼女が地面に激突したとしても“悪党”を捕まえるべきでしょうか？“ヒーロー・マント”は今日洗うべきでしょうか？　あと1日くらいは大丈夫でしょうか？　結局のところ，悪との戦いとプログラミングの大部分は一つのこと，“判断”に帰結します．

“すべての行動には反応がある”という言葉を聞いたことがあるでしょうか？　プログラミングでは特にあてはまります．考えてみてください．コンピュータに触るたびに，あなたはコンピュータに“判断”を強いています．マウスを動かすとき，キーを押すとき，コードが動かないので1時間も画面に頭をぶつけているとき（最後は違うかもしれませんが…），コンピュータに対して，ユーザーの意図を解釈して，できればそれを実行するように要求しています．

ここに簡単な例があります．aキーやkキーが押された場合，コンピュータはそれぞれの場合で何をすべきかを知らなくてはなりません．ワープロを使用しているなら簡単です．どちらかの文字を画面に表示すればよいのです．

しかし，プログラミングに関する“判断”について話す場合は，たいてい“選択肢から選ぶ形式の問題”にたとえて考えます．プログラムはユーザーにいくつかの選択肢を提示します．たとえば，A, B, またはCという選択肢を示して，どのオプションが選択されたかに反応します．

プログラミングの中で最も強力な機能の一つを理解するために，次に身につける予定の“スーパー・パワー”である“判断”について掘り下げましょう．

判断（条件分岐）

あなたの人生はコンピュータプログラムだと想像してみてください．いまはお昼で，もうすぐヒーローになるあなたは，筋肉を鍛えるためのランチを必要としています．ランチの中身はパン2枚，ピーナッツバター2瓶，ジャム3瓶です．一覧にしましょう．

- パン（2枚）
- ざくざくピーナッツバター
- なめらかピーナッツバター
- アップルジャム
- グレープジャム
- ストロベリージャム

パンはよいとして，どちらのピーナッツバターを使ったらよいでしょう？　ジャムはどうしましょうか？　ランチを食べる前にはいくつかの“判断”が必要です．

このようなシナリオは判断ともよばれますが，より正しくは**条件文**といいます．つまり，ある条件が満たされたときに，プログラム（や私たち）はどう反応するのかを表しているのです．これをプログラム的にみるために，**疑似コード**とよばれるものに目を向けましょう．疑似コードとは，コードのようで実際にはそうではない言語を使って，プログラミングの計画を立てる方法です．疑似コードで先ほどのシナリオを表現すると，次のようになります．

```
もし，サンドイッチを作るならば：
  パンを取得．
次に，ピーナッツバターの種類を選択．
もし，ピーナッツバターのタイプ = "なめらか"ならば：
  "気持ち悪い．気持ち悪いからやめろよ．"と表示．
違うならば：
  "ざくざくは正しい選択だよ！　ウマい！"と表示．
次に，ジャムの種類を選択．
もし，ジャムの種類 = "グレープ"ならば：
  "選ぶのが苦手なのかい？"と表示．
違うならば，もし，ジャムの種類 = "ストロベリー"ならば：
  "ピーナッツバターを台無しにしたいなら，どうぞ．"と表示．
違うならば：
  "アップルジャムで決まりだね！　一番おいしいよ！　きみは賢いね！"と表示．
次に，パンにピーナッツバターとジャムを塗り，はさんで，耳をとって，食べる．
```

この"コード"を Python に入れると，たくさんのエラーが出ますが，これは動作するものではないからです．疑似（ぎじ）というのは，見かけは似ているが本物ではないという意味です．疑似コードを使えば，実際のプログラミングの前に計画を立てることができます．すなわち，論理的に考える手助けとなり，プログラミングでのエラーの回避につながるのです．友達が書いてくれた本屋への地図のようなものです．きれいではなかったとしても，どこに行けばいいのかを教えてくれます．

条 件 文

最も簡単な言葉で説明するなら，**条件文**とは，条件が満たされているかどうかによって，コードの一部が実行されるかどうかを決定するコードのことです．プログラミングの観点からは，条件文は以下のような簡単な例でも使えます．

- もし，ユーザーが"スーパー・ヒーロー"になることを選択したならば，そのユーザーを"ヒーロー"カテゴリに入れ，違うならば"悪党"カテゴリに入れてください．
- もし，"スーパー・ヒーロー"が有毒廃棄物に触れることで力を得たならば，"ミュータントのスーパー・パワー"に分類し，違うならば"ふつうのスーパー・パワー"に分類してください．
- もし，"スーパー・ヒーロー"が悲劇的なバックグラウンドをもっているならば，種別を"暗く陰鬱"にし，違うならば"明敏でユーモラス"にしてください．

これらは条件文の最も基本的な使い方です．現実世界では，プログラムのある部分が実行される（または実行されない）ためには，複数の条件が満たされなければならない場合があります．より高度な使い方についてもすぐに説明しますが，まずは，最も基本的な条件文である `if` 文を見てみましょう．

▶ if 文 ◀

前述の例はすべて if(イフ) 文とよばれるものです．if 文は基本的に，もし何かが起こったならば何々を実行する，ということの宣言です．また，もしその何かが起こらなければ，プログラムは何か別のことをするか，もしかしたら何もしないかもしれない，ということを暗に意味します．

疑問点を明確にするために，ちょっとしたコードを試してみましょう．新しいファイル（.py）を作成し，次のコードを入力したら，conditional_statements.py という名前で保存します．

conditional_statements.py

```
super_hero_type = "暗く陰鬱"

print("どのような種類のヒーローがいるのかを見てみよう……")

if super_hero_type == "暗く陰鬱":
    print("ああ，きみは‘暗く陰鬱’だということか．")
    print("きっときみの過去には悲しい出来事があったんだね！")
    print("ところで声がずいぶん荒れているようだ……")
    print("さあ，のど飴を一つ二つなめるといい．")
```

このコードにはいくつかのポイントがあります．初めに，super_hero_type という変数を宣言し，テキストを代入しています．この変数のテキストは，if 文でテストする際に使用します．

テキストをいくつか表示した後，if 文を次のように始めます．

```
if super_hero_type == "暗く陰鬱":
```

Python はこの行にくると，条件を表す式（if と行末の：の間）を評価（計算）して，その結果が True(トゥルー)（**真**(しん)）か False(フォールス)（**偽**(ぎ)）かを確認します．条件が満たされる場合，つまり評価結果が True（真）の場合，プログラムは**インデント**された（したがってその一部である）続きのコード，つまり if 文の中を実行します．

この場合，条件は満たされています．変数 super_hero_type の値は "暗く陰鬱" と等しいので，プログラムは if 文の中にある print() 関数を実行します．それゆえ，このコードの実行結果は次のとおりです（図 4・1）．

```
どのような種類のヒーローがいるのかをみてみよう……
ああ，きみは‘暗く陰鬱’だということか．
きっときみの過去には悲しい出来事があったんだね！
ところで声がずいぶん荒れているようだ……
さあ，のど飴を一つ二つなめるといい．
>>>
```

図 4・1　if 文の使用例

もう一つポイントがあります．記号 == は**等価演算子**とよばれます．この例では，比較される値が引用符（""）の値と正確に一致していなければならないことを意味しています．文字列や数値を評価する際には記号 == を使用します．

しかし，条件が満たされない場合はどうなるのでしょうか？　変数 super_hero_type の値が "暗く陰鬱" と等しくない場合です．確かめるには，コードを編集して値を変更し，再度プログラムを実行するだけです．

```
super_hero_type = "明敏でユーモラス"

print("どのような種類のヒーローがいるのかを見てみよう……")

if super_hero_type == "暗く陰鬱":
```

さて，コードを実行すると，返されるのは最初の print() 関数の結果だけです（図 4・2）．

```
どのような種類のヒーローがいるのかをみてみよう……
>>>
```

図 4・2 実行されない if 文

なぜこのようなことが起こるのでしょうか？ 変数 super_hero_type の値を変更したので，Python は if 文に遭遇すると式を評価して，それが満たされていないことを確認し，False を返します．条件が満たされていないので，Python は if 文の中（残りの部分）をスキップしてプログラムの次の部分に進みます．実際にはプログラムの次の部分がないので，プログラムは終了します．

もちろん，プログラム内に複数の if 文を作成することも可能です．そうすると Python は，それらの if 文の式をそれぞれ評価して，条件が満たされている限り，その中を実行します．conditional_statements.py を次のように修正しましょう．

conditional_statements.py

```
super_hero_type = "明敏でユーモラス"

print("どのような種類のヒーローがいるのかを見てみよう……")

if super_hero_type == "暗く陰鬱":
    print("ああ，きみは‘暗く陰鬱’だということか．")
    print("きっときみの過去には悲しい出来事があったんだね！")
    print("ところで声がずいぶん荒れているようだ……")
    print("さあ，のど飴を一つ二つなめるといい．")

if super_hero_type == "かなり礼儀正しい":
    print("きみは‘かなり礼儀正しい’ということか．")
    print("ドアを押さえたままで，どうやって犯罪者を捕まえるんだ？")
    print("ヤツに謝る必要はない．ヤツは悪党だ！")

if super_hero_type == "明敏でユーモラス":
    print("明敏でユーモラスだというのは冗談でわかるよ．")
    print("ジョークを言うよ．")
    print("指8本，親指2本，おもしろくないのは何だ？")
    print("きみだよ！")
```

この修正されたコードには，三つの if 文が含まれています．プログラムはテキストを1行表示することから始まり，最初の if 文に遭遇します．変数 super_hero_type が "暗く陰鬱" と等しいかを調べ，そうではないので，私たちのプログラムはインデントされた残りのコードの部分，中身を無視します．

Python は，インデントされている行は特定の文に所属すると考えます．インデントされたコードがなくなることによって，特定の文とその中身が終了したことが認識されます．コードのインデントについては，まだそれほど気にしないでください．近いうちに詳しく説明します．いまのところは，コードのセクションには階層（レベル）があり，インデント（スペース四つ）の深さによって決まるということ，インデントによってコードがどの文に所属しているのかが決まるということを知っておいてください．

次に，Python は二つ目の if 文に遭遇し，再び条件を表す式を評価します．変数 super_hero_type は "かなり礼儀正しい" と等しいでしょうか．この場合も違うので，Python はこの if 文（とその中身）の次に移動します．この3番目の if 文では，変数 super_hero_type の値が "明敏でユーモラス" と等しいかどうかを確認します．今回は結果が True なので，Python はその中にある print() 関数を実行します（図4・3）．

```
どのような種類のヒーローがいるのかをみてみよう……
明敏でユーモラスだというのは冗談でわかるよ．
ジョークを言うよ．
指8本，親指2本，おもしろくないのは何だ？
きみだよ！
>>>
```

図 4・3　True と評価される if 文の例

ブール論理と比較演算子

条件文をさらに掘り下げていく前に，定義しておかなければならない言葉があります．最初の単語は**ブール型**です．ブール型もデータ型の一つです．先ほどの conditional_statements.py のコードの説明に登場したのでお気づきかもしれませんが，このデータ型には二つの異なる値，True と False しかありません．

if 文のような条件文を使った処理が行われる場合，最終的にはある条件を表す式が True か False かを求めることになります．それらの条件や基準をどう表現したとしても，結局のところ，答えはその二つの選択肢のうちの一つにしかなりません．

Python（および他の言語）では比較演算子とよばれるものを使ってデータを比較し，最終的な結果が True か False かを判断しています．比較演算子の一つである等価演算子 == についてはすでに説明しました．この他にも，五つの比較演算子があります．比較演算子を以下にまとめます．

- == 値が他の値と等しいかどうかを判断するために使用します．
- != 値が別の値に対して等しくないかどうかを判断するために使用します．
- < 値が他の値より小さいかどうかを判断するために使用します．
- > 値が他の値より大きいかどうかを判断するために使用します．
- <= 他の値と等しい，またはより小さいかどうかを判断するために使用します．
- >= 他の値と等しい，またはより大きいかどうかを判断するために使用します．

これまでのところ，条件文の例では文字列を使って作業してきました．新しいツールである比較演算子をよりよく理解するために，代わりに数値を使った処理に切替えてみましょう．まず，新しいファイル（.py）を作成し，次のコードを入力したら，math_is_hard.pyという名前で保存します．

math_is_hard.py

```
wonder_boy_allowance = 10
new_cape = 20

print("新しいマントはピッカピカだよ．きみに買えるかな……")

if wonder_boy_allowance > new_cape:
    print("おめでとう！　きみは新しいマントを買うのに十分なだけもっているよ！")

if wonder_boy_allowance < new_cape:
    print("マントの代わりにタオルを着つづける必要がありそうだね……")
    print("多分うまくワンダー・パパにお願いすれば，お小遣いを増やしてもらえるよ……")
```

このコードをもう少し詳しく調べてみましょう．まず，wonder_boy_allowanceとnew_capeという二つの変数を宣言します．そして，“新しいマントはピッカピカだよ．きみに買えるかな……”というテキストを表示します．“ワンダー・ボーイ”がその新しいマントを買えるかどうかを知るためには，変数wonder_boy_allowanceの値（お小遣いの額）と変数new_capeの値（新しいマントの値段）を比較しなければなりません．

最初のif文では，wonder_boy_allowance > new_capeかどうかを調べます．もしそうならば“おめでとう！　きみは新しいマントを買うのに十分なだけもっているよ！”というテキストを表示します．しかし，お小遣いの額は新しいマントの値段よりも大きくないので，プログラムは次のif文までスキップします．

二つ目のif文では，お小遣いの額が新しいマントの値段を下回っているかどうかを調べます．if文の式が評価され，結果がTrueになるので，if文の中が実行されます（図4・4）．

```
新しいマントはピッカピカだよ．きみに買えるかな……
マントの代わりにタオルを着つづける必要がありそうだね……
多分うまくワンダー・パパにお願いすれば，お小遣いを増やしてもらえるよ……
>>>
```

図 4・4　複数のif文の評価

ブール論理が実際どのように動作するかを確認するには，新しいファイル（.py）を作成し，次のコードを入力したら，boolean_example.pyという名前で保存します．

boolean_example.py

```
# 値の異なる二つの変数を宣言

a = 10
b = 20
```

```
# 異なる比較演算子を使って値を比較

print("aの値はbの値と等しい？", a == b)
print("aの値はbの値と等しくない？", a != b)
print("aの値はbの値より大きい？", a > b)
print("aの値はbの値より小さい？", a < b)
print("aの値はbの値以上？", a >= b)
print("aの値はbの値以下？", a <= b)
```

このプログラムを実行すると，どの比較がTrueになり，どの比較がFalseになるのかがわかります．Trueは比較が正しいことを意味し，Falseは比較が正しくないことを意味します．

else 節

これで基本的なif文と比較演算子を理解できたので，より複雑なif文に必要となるelse節に進むことができます．これまでは，与えられた条件が満たされた場合にのみ，あるセクションを実行するという形でif文を使用してきました．しかし，結果がTrueのときとFalseのときとで別の動作にしたい場合はどうしたらよいのでしょうか？　理屈的には，複数のif文を使用してこの結果を得ることができますが，プログラムを書くためのよりよい，より効率的な方法があります．math_is_hard.pyを次のように変更しましょう．

math_is_hard.py

```
if wonder_boy_allowance > new_cape:
    print("おめでとう！　きみは新しいマントを買うのに十分なだけもっているよ！")

else:
    print("マントの代わりにタオルを着つづける必要がありそうだね……")
    print("多分うまくワンダー・パパにお願いすれば，お小遣いを増やしてもらえるよ……")
```

このバージョンでは，二つ目のif文をelse（エルス）節に置き換えています．else節の中はif文の条件が満たされていない場合にのみ実行されます．簡単に言うと，“こうならば，ああしなさい．違うならば，こうしなさい”と指示しているのです．

このプログラムの結果は以前と同じですが，関係するコードが少なくなり，二つ目のif文がないので，Pythonはもう一つの比較を行う必要がなくなりました．これにより，計算処理能力を節約することができます．ここでは大したことに思えないかもしれませんが，プログラムが何百何万行にもなり，if文が何百とあれば，どれだけの節約になるかを想像できるでしょう．

もう一つ注意すべきことがあります．else節を使う場合，Pythonは必ずifかelseのどちらかを実行します．どちらも実行しないということはありえません．しかし，もしifやelse以外の選択肢が必要になった場合はどうなるでしょうか？　三つや四つの選択肢があったとしたらどうでしょうか．そのためには，ifやelseよりもさらに強力なものが必要です．再びパワーを強化する準備はいいですか？　else ifを学ぶ準備をしましょう！

elif 節

else if は if 文の仲間で，汎用性が高く，効率的で，プログラマーの親友の一人になるでしょう．これを使えば，通常の if-else を一つ二つ退屈に組合わせたプログラムではなく，任意の数の条件付きのシナリオを作成することができます．いつものように，この新しい力を身につけるには，“ヒーロー・スーツ”を着て試してみるのが一番です！　新しいファイル（.py）を作成し，次のコードを入力したら，elif_example.py という名前で保存します．

elif_example.py

```
# お小遣いと新しいマントの値段を表す変数を宣言

wonder_boy_allowance = 20
new_cape = 20

print("新しいマントはピッカピカだよ．きみに買えるかな……")

if wonder_boy_allowance > new_cape:
    print("おめでとう！　きみは新しいマントを買うのに十分なだけもっているよ！")
    print("それにいくらかお金が余るようだね．")
    print("髪を切るってのはどうだい？　髪が顔にかかってしまっているから！")

elif wonder_boy_allowance == new_cape:
    print("マントを買うのにちょうど十分のお金をもっているよ！")
    print("おつりはないよ！")
    print("あ，チップももらえないのか……")

else:
    print("マントの代わりにタオルを着つづける必要がありそうだね……")
    print("多分うまくワンダー・パパにお願いすれば，お小遣いを増やしてもらえるよ……")
```

このコードは見覚えがあると思います．なぜなら，math_is_hard.py を修正したものだからです．手始めに，変数 wonder_boy_allowance の値を 20 に変更しました（昇給おめでとう！）．どうしてかはすぐにわかります．そして，最初の print() 関数でテキストを表示し，次に，最初の if 文に差し掛かります．この if 文は，お小遣いが新しいマントの値段より大きいかどうかを確認します．この比較は False を返すので，プログラムは print() 関数をスキップして次の節に移動します．

ちょっと待ってください！　この次の節は if でも else でもありません．実のところ else if ですらありません．なんということでしょう？　はい．Python を作った人は，else if 文として else と if のハイブリッド，elif（エルイフ）を使うことにしたのです．

Python は elif を見ると，また式を評価します．この場合，お小遣いが新しいマントの値段とちょうど同じかどうかを確認します．両方の変数が 20 という値を保持しているので，elif の中が実行され，つまりインデントされた print() 関数がその役目を果たします．elif の中が実行されると，Python は if 文全体の外に出ます．そして，その後にはコードがないので，プログラムが終了します．

ここからがおもしろいところです．if，elif，else をそれぞれ節とよんでいても，実際にはそれらはすべて同じ if 文の一部です．考えてみましょう．if や else がなければ，elif は使えないのでしょうか？　elif よりも前に if は必要ですが，elif の後に else はなくてもかまいません．ただし，else の後に elif がくることはできません．

前述のように，elif 節を使えば，任意の数の選択肢を作成することができます．コードに少しだけ elif 節を追加して，結果を見てみましょう．elif_example.py を次のように修正します．

elif_example.py

```
print("新しいマントはピッカピカだよ．きみに買えるかな……")

# お小遣いが新しいマントの値段より多いかどうかを確認
if wonder_boy_allowance > new_cape:
    print("おめでとう！　きみは新しいマントを買うのに十分なだけもっているよ！")
    print("それにいくらかお金が余るようだね．")
    print("髪を切るってのはどうだい？　髪が顔にかかってしまっているから！")

# お小遣いが新しいマントの値段とちょうど同じかどうかを確認
elif wonder_boy_allowance == new_cape:
    print("マントを買うのにちょうど十分のお金をもっているよ！")
    print("おつりはないよ！")
    print("あ，チップももらえないのか……")

# お小遣いが0ゴールドかどうかを確認
elif wonder_boy_allowance == 0:
    print("おいおい，一文無しか！")
    print("きっとマントやめてエプロンを着たほうがいいな！")
    print("バッグ・ボーイになるといいさ！")

# 他のすべての条件が満たされなかったとき，このelseが実行される
else:
    print("マントの代わりにタオルを着つづける必要がありそうだね……")
    print("多分うまくワンダー・パパにお願いすれば，お小遣いを増やしてもらえるよ……")
```

このバージョンでは，コードの各部分をより明確にするために，各セクションに # でコメントを追加しました．さらに，二つ目の elif を追加し，wonder_boy_allowance の値が 0 かどうかを調べ，もしそうならば新しい仕事に就くことを勧めるテキストを表示するようにしました．

理論的には，条件があるなら，この if 文に必要な数だけ elif 節を追加することができます．たとえば，wonder_boy_allowance の値を 1 刻みで 20 になるまで確認することもできます．その場合の例を紹介します．

```
print("新しいマントはピッカピカだよ．きみに買えるかな……")

if wonder_boy_allowance == 0:
```

```
    print("ダメだ．あと20ゴールド必要だ．")

elif wonder_boy_allowance == 1:
    print("ダメだ．あと19ゴールド必要だ．")

elif wonder_boy_allowance == 2:
    print("ダメだ．あと18ゴールド必要だ．")

elif wonder_boy_allowance == 3:
    print("ダメだ．あと17ゴールド必要だ．")

elif wonder_boy_allowance == 4:
    print("ダメだ．あと16ゴールド必要だ．")

elif wonder_boy_allowance == 5:
    print("ダメだ．あと15ゴールド必要だ．")

# 19までelifを追加し続ける
# そして，値が20以上のときにelse節を使う
else:
    print("ちょうど十分もっているようだね！")
```

この例では，お小遣いの最初の 5 ゴールドをカバーするために五つの elif を追加しました．さらに 14 の elif を追加して見せることもできますが，本書のページを増やすだけなので，自分で自由に追加してみてください．wonder_boy_allowance や new_cape の値を何度か変えると，条件によって結果がどのように変化するのかがわかります．

論理演算子

elif 節と同じくらい強力な，本当に条件文をマスターするために必要な能力がもう一つあります．それは**論理演算子（ブール演算子）**です．

これまでこの章では，比較演算子を含む，さまざまな種類の演算子について説明してきました．論理演算子は三つしかありませんが，プログラムに全く新しいレベルのパワーを与えてくれます．

比較演算子と同様に，論理演算子にも，値を他の値と比較するという目的があります．また，比較演算子と同様に，論理演算子は，True か False かというブール値の答えを求めます．これらはおもに，複数の比較が True か False かを判断するために使用されます．他の演算子とは異なり，論理演算子は特別な文字や記号で表されるのではなく，and や not，or という，文字どおりの意味を表す実際の単語で表されます．

これらのうち，最初の and は，おそらく最も意味をつかみやすいでしょう．これは単に "○○ and □□" のように書いて，両方とも True かどうかを判断します．両方の条件が満たされている場合は True と評価され，一つ以上の条件が満たされていない場合は False と評価されます．

コードでもう少し詳しく調べてみましょう．新しいファイル（.py）を作成し，次のコードを入力したら，logical_operators_example.py という名前で保存します．

logical_operators_example.py

```
# 評価するいくつかの変数を宣言

wonder_boy_allowance = 20
new_cape = 20
old_cape = "臭い"

# お小遣いが新しいマントの値段以上あるかどうか　かつ
# 古いマントが‘臭い’かどうか　を確認

if wonder_boy_allowance >= new_cape and old_cape == "臭い":
    print("おお，新しいマントを買う余裕があるようだね！")
    print("それにきみの古いマントは本当にくっさい！")
    print("自分へのご褒美に新しいマントはどうだい？")

# 他の条件が満たされなかったとき，このelse節の中が実行される
else:
    print("悪いね，きみ．また新しいマントは早いようだね．")
```

“ワンダー・ボーイ”が新しいマントを購入する前に，二つの条件を満たす必要があります．まず，彼は20ゴールドの費用を負担しなければなりません．次に，彼の古いマントは臭くなければなりません．それは彼が新しいマントのために貯金を費やすことを正当化できる唯一の方法なのです！

評価する変数を宣言した後，変数 wonder_boy_allowance が変数 new_cape の値以上か（>=）を確認する if 文に出会います．この例では両者は等しいので，Python は式の右側に進みます．すると演算子 and を見つけ，式の全体が True になるためには，演算子 and の次の部分も True でなければならないことがわかります．そこで，old_cape の値が "臭い" と等しいかどうかを調べます．そのとおりでした．結局，and の左側も右側も True だったので，if 文の中に進みます．どちらかの条件が True でなければ，代わりに else 節が実行されていたでしょう．このコードの実行結果は次のとおりです（図 4・5）．

```
おお，新しいマントを買う余裕があるようだね！
それにきみの古いマントは本当にくっさい！
自分へのご褒美に新しいマントはどうだい？
>>>
```

図 4・5　論理演算子の使用

次の論理演算子は or です．if 文の式で使用される場合，演算子 or は，少なくとも一つの条件が True であることを要求します．他の条件は False であっても構いませんが，一つでも True である限り，式全体が True になります．ここでは，演算子 or の例を示します．

```
# チェックする変数

wonder_boy_allowance = 20
```

```
new_cape = 20
new_shoes = 50

# 新しいマント　か　新しい靴を買えるかどうか　を確認

if wonder_boy_allowance >= new_cape or wonder_boy_allowance >= new_shoes:
    print("新しいマントか新しい靴のどちらかを買えるようだね．")
    print("いいだろう．どちらかは本当に臭いからな！")

# もし両方の条件が満たされなかったら，下のelse節の中が実行される
# 条件が一つでもtrueのときは実行されない
else:
    print("残念だな．どちらかは本当に臭いからな！")
```

この例は，どちらか一方，または両方の条件が True かどうかを確認するためのプログラムです．両方が True であれば，print() 関数は実行されます．条件が一つだけ True であっても，print() 関数は実行されます．演算子 or は，条件が一つでも True であればよいということを覚えておいてください．どちらの条件も満たされない場合にのみ，else 節が実行されます．

鋭い読者はこのプログラムの小さな問題に気づくかもしれません．私たちは“ワンダー・ボーイ”が新しいマントか新しい靴を買う余裕があることがわかっても，彼がどちらを選ぶのかはわからないのです．さらに，両方とも買えるのかどうかもわかりません．確認したのは，どちらか一方は買えるということだけです．

この問題を修正する方法はいくつかあります．状況の理解のために，if 文を追加することもできます．しかしいまは，**ネスティング（入れ子）**とよばれるものの出番です．

ネスティング（入れ子）

1 箇所で条件の一つや二つが True かどうかチェックするだけでは，不十分な場合があります．たとえば，最初の条件が True と評価された場合に，二つ目や三つ目（あるいは四つ目）の条件が満たされているかどうかを確認したい場合があります．“ワンダー・ボーイ”が新しいマントと靴を購入できるかどうかを判断するコードを考えましょう．“ワンダー・ボーイ”がどちらかを買えることはわかっていますが，両方とも買えるほどのお金があるかどうかはわかりません．また，マントと靴のどちらが必要なのかもわかりません．

私たちはプログラム的にこれらの質問に答えることができます．if 文の中に，さらに if 文を入れることを（より一般的には，文の中に別の文を入れることを），“ネストする（入れ子にする）”といいます．

これまでに，IDLE で if 文を入力したとき，どのように自動的にインデントされるのか，気づいていると思います．コロン（:）を挿入して Enter キーを押すと，カーソルは次の行にいき，スペース四つ分インデントされます．これは，インデントされたコードがその上の if 文の一部であることを，プログラマーである私たちに視覚的に伝えると同時に，Python にも同じことを伝えます．これはコード階層とよばれ，1)コードが実行される順序と，2)インデントされたコードがその上のコードに属することを表します．ネスティングがどのように機能するかをよりよく理解するために，先ほど

の例を作りかえてみましょう.

```
# チェックする変数

wonder_boy_allowance = 20
new_cape = 20
new_shoes = 50

# 新しいマントを買えるかどうか　を確認

if wonder_boy_allowance >= new_cape:
    print("新しいマントを買えるよ. ")
    print("では，新しい靴はどうだい？")

    # 上の新しいマントを買えるかの確認をパスしたら，次の確認をする
    if wonder_boy_allowance >= new_shoes:
        print("新しい靴も買えるようだね. ")
        print("いいだろう. 古い靴は本当に臭いからな！")
        print("でも，両方いっぺんに買えるのか？")

    # 靴を買う余裕はないがマントは買えるなら
    else:
        print("きみが買えるのは新しいマントだけだ. 悪いね. ")

# もし両方の条件が満たされなかったら，下のelse節の中が実行される
# 条件が一つでもtrueのときは実行されない
else:
    print("それは残念だ. 片方は本当に臭いからな！")
```

最初のポイントは if 文のインデントです．最初の if 文で，新しいマントを買えるかどうかを確認します．買えるので（変数 wonder_boy_allowance が変数 new_cape 以上なので），Python はインデントされた（ネストされた）if 文に進みます．そして，この if 文の条件を表す式が True か（変数 wonder_boy_allowance が変数 new_shoes 以上か）どうかを確認します．もしそうならば，さらにインデントされた print() 関数を実行します．

ネストされた if 文の下にある print() 関数も，同様にインデントされていることに注意してください．

この場合，入れ子になっている if 文は True と評価されないので，入れ子になっている else 節（インデントされているもの）が実行されます．一番初めの if 文の式が False と評価されたときだけ，一番終わりの else 節が実行されます．このプログラムの実行結果は次のとおりです．

```
新しいマントを買えるよ.
では，新しい靴はどうだい？
```

```
きみが買えるのは新しいマントだけだ．悪いね．
```

if 文が二つ以上あったらどうなるでしょうか．その場合は，追加した if 文それぞれに elif 節を使用しなければなりません．単純な計算の例を使って，入れ子になった if 文の威力を説明してみましょう．新しいファイル（.py）を作成し，次のコードを入力したら，super_hero_quiz.py という名前で保存します．

super_hero_quiz.py

```
# ワンダー・ボーイのテストの点を表す変数

wonder_boy_score = 100

# 導入テキスト

print("おめでとう．きみはスーパー・ヒーロー・クイズ知能推理試験を")
print("終えることができた．")
print("きみの試験の結果が合格だったか不合格だったかを確認しよう！")
print("合格点だったなら，きみは相棒になる資格を得たことになる！")

# ワンダー・ボーイが試験に合格したかどうか，点数を比較するセクション

if wonder_boy_score > 60:
    print("ここにきみの結果を示す．")

    if wonder_boy_score > 60 and wonder_boy_score < 70:
        print("いいだろう，ギリギリ合格だ！")

    elif wonder_boy_score >= 70 and wonder_boy_score < 80:
        print("合格だ．平均的なのも悪くない．不足分は後から頑張ろう．")

    elif wonder_boy_score >= 80 and wonder_boy_score < 90:
        print("おお，まったく悪くない！　きみはレギュラー選手だ！")

    elif wonder_boy_score >= 90:
        print("みてみろ！　クラスのトップだ！　どうみてもきみは試験のプロだな！")

else:
    print("よい頑張りだったが，残念ながら不合格だ．")
    print("ハンバーガー屋で警備員を募集しているそうだ．そこなら確実だ！")
```

このシナリオでは，“ワンダー・ボーイ”はまだ本格的な相棒にはなっていません．そのためには，“スーパー・ヒーロー・クイズ知能推理試験”に合格しなければならないのです．60 点を超えるスコアのみが合格となります．

“ワンダー・ボーイ”が合格したかどうかを示すだけでなく，試験の点数についても少しフィードバックしたかったので，10 点の範囲ごとに，スコアがどこにあるかに基づいてテキストを出力する

ifとelifを作成しました．“ワンダー・ボーイ”が試験に合格しなかった場合（60点以下），入れ子になっているelif節はすべてスキップされ，代わりにelse節が実行されます．

重要なポイントがあります．最初のif文の条件が満たされなかった場合，他のifとelifはどれも評価されず，代わりにプログラムは自動的に最後のelse節までスキップします．

Pythonが最初のif文に差し掛かると，変数wonder_boy_scoreの値を調べ，60より大きいかどうかを確かめます．Trueになるので，プログラムは次のifとelifに進みます．Trueと評価される式が見つかるまで，進み続けます．実行結果は次のとおりです．

```
おめでとう．きみはスーパー・ヒーロー・クイズ知能推理試験を
終えることができた．
きみの試験の結果が合格だったか不合格だったかを確認しよう！
合格点だったなら，きみは相棒になる資格を得たことになる！
ここにきみの結果を示す．
みてみろ！　クラスのトップだ！　どうみてもきみは試験のプロだな！
```

何度か変数wonder_boy_scoreの値を変えては実行して，結果がどう変わるのか，試してみてください．

この章のまとめ

このエキサイティングなエピソードはアクション満載でした．本書のこれまでの章と比べて，この章が最もあなたの力を高めたといえるでしょう．一つの章にたくさんのことが詰込まれていましたが，スーパー頭脳と鋭い洞察力があるあなたなら，この章の内容のすべてを吸収してくれているに違いありません．以下に要約を示します．

- 条件分岐とは，ある特定の定義された基準に基づいて，プログラムがどの進路をとるのかを決定するプロセスです．
- 疑似コードとは，プログラムを部分的に記述するために使用される独自の言語で，プログラムの構成を考えたり，ほかの要素を理解したりするために使われる，簡易的な表現のことです．
- if文を使うと，特定の条件が満たされた場合に，プログラムを別の部分に進めることができます．if文には，elif節，else節が含まれます．
- if文を使用すると，プログラムの中で判断を行うことができます．たとえば，もし○○が起こったならば，あるコードを実行させる，といったことができます．

  例：

  ```
  if 10 < 20:
      print("はい，10は20より小さい")
  ```

- else節はif文を強化します．たとえば，もし○○が起こったならば，あるコードを実行させ，○○が起こらなかったならば，別のコードを実行させる，といったことができるようになります．

  例：

  ```
  if 10 < 20:
      print("はい，10は20より小さい")
  ```

 ちょっとひといき竹内薫ラボ:アルゴリズム思考 

みなさんはアルゴリズムをどれくらい意識していますか？　プログラムは数学的には関数とみなすことができるわけですが，関数の“計算手順”をアルゴリズムといいます．もともと9世紀の数学者アル＝フワーリズミーの名前からきているそうです．

世界のしくみをどう捉えるかは，個々人によって異なるでしょうが，数学好きの人間にとって，自然法則や経済活動などを関数やアルゴリズムの視点から眺めることは，ごくふつうだと思います．

エピローグで少し詳しく書きますが，いま私は経営している小さな学校では，小学生から中学生にアルゴリズム思考を教えています．使っている教材は，みなさんご存じのルービック・キューブ．最近は，本家本元の他におもに中国企業がスピード・キューブという名称で競技用のキューブを作っており，世界大会も開催されています．

ルービック・キューブの解法にもいろいろありますが，よく使われるのがCFOP（シーフォップ）法です．最初に白面で十字を作り，四隅に柱を立てるようなイメージで徐々に完成させてゆきます．後半になると，ほぼ決まったアルゴリズムがあります．右面を90°回転させるのとR，逆回転をR' などと表記するのですが，たとえば，

F' U' F R2 u (R' U R U' R) u' R2'

という12手のアルゴリズム（これは上面のパーツの位置を交換します）．おもしろいことに，同じ結果に到達するには，全く異なるアルゴリズムでもかまわないのです．数学やアルゴリズムというと，みなさんは，なんとなく一つの決まった方法があると考えているかもしれません．実際には，学校で教わる計算手順なんて，たくさんのうちのたった一つにすぎないのです．

例をあげましょう．

掛け算にしても，たとえば英語圏では，同じ文章題に対して，日本とは逆さまの順番で式を書くことが多くなります．なぜなら，3 times 4というのは，4が3回ということなので，日本語の4×3に相当するからです．数学的には，（量子力学などの行列計算は別として，）ふつうの数の掛け算に順番は存在しません．

学校で教わる方法は，たくさんあるアルゴリズムや流儀のうちのたった一つ．それだけが正しいという思い込みは捨ててください．社会に出てから数学を使ったり，プログラミングをするときは，もっと自由にアルゴリズムの世界を冒険してみて！

```
else:
    print("数学はむずかしい！　数は頭によくない！")
```

- elif 節は if 文に条件を追加するために使用されます．

例：

```
if 10 < 20:
    print("はい，10は20より小さい")
elif 10 == 20:
    print("10は20と等しくないけど，きみが言うならね！")
else:
    print("裏の世界では，10は20より大きいのさ！")
```

- 比較演算子を使うと，値を比較することができます．等しい（==），等しくない（!=），より小さい（<），より大きい（>），以下（<=），以上（>=）があります．
- 論理演算子を使うと，複数の条件を組合わせることができます．and，not，or があります．

Superhero Bootcamp Lesson 5

ループとロジックを理解しよう

犯罪に立ち向かっていると，堂々巡りをしているような気分になります．毎日毎日，同じような問題に対処しなくてはならないのです．こっちでは銀行強盗，あっちでは木から降りられなくなったネコ，宇宙では侵略を企てる邪悪な天才といった具合です．まるで“ループ”の中で立ち往生しているかのようです．

一方，コンピュータプログラムでのループは素敵なものです．毎日毎日，同じ仕事を繰返すことがコンピュータプログラムの重要な目的の一つなのです．私たちがプログラムを操り，そういった退屈な仕事をさせるために使うしくみを**ループ**とよびます．

ループとは，もうおわかりだと思いますが，ある条件がTrueの間，コードの一部分を何度も何度も繰返させるものです．4章で説明した条件文と同じように，ループにも，満たされたり満たされなかったりする条件が必要となります．これによって，繰返す，繰返さないを決めるのです．

この章では，ループを種類ごとに取上げます．それでは，準備はいいですか？

ループとは？

コードを効率的に書くことは，プログラマーとしての全体的な目標となります．私たちはよいユーザー体験を提供し，計算処理能力の浪費を減らし，可能な限り最小限のコードでプログラムを作成することに集中しなくてはなりません．これを達成する方法の一つがループです．Pythonには2種類のループがあります．この章の最初で述べたように，ループは，定義した条件が満たされている限り，コードの一部分を何度でも繰返してくれる魔法の生き物です．

プログラミングでループがどのように機能するかの一つの例として，あなたの考えている数字を誰かに当てさせるアプリケーションを作ることにしましょう．正しい数字を当てるまでユーザーに数字を推測させ続け，正解するとループを抜け，残りの処理を行う，というコードになります．

いつものように，新しいコードを試してみましょう．まず，新しいファイル（.py）を作成し，次のコードを入力したら，sinister_loop.pyという名前で保存します．

sinister_loop.py

```
# 空文字列の入った変数を宣言．後でデータを入れる

number_guess = ""

# ユーザーが"42"を入力するまで続くwhile文を作成

while number_guess != "42":
    print("きみの前に，邪悪なループがいます！")
    print("おまえは私の思い浮かべる数を当てたときだけ私を捕まえることができる！")
```

```
    print("0から4兆までの数を一つ入力:")
    number_guess = input()    # ユーザーの入力を変数number_guessに代入

print("邪悪なループは苦悩に悲鳴を上げた！")
print("どうしてきみは彼の頭の中の数字" + number_guess + "を当てられたのですか？")
```

このコードのシナリオでは，悪党“邪悪なループ”は，心の中の邪悪な数字を推測させようと，“ワンダー・ボーイ”に迫っています．もし“ワンダー・ボーイ”が当てられたら，“邪悪なループ”を捕らえることができます.失敗したら？ 悪党に何度も数字を入力するように求められ続けるだけです.

このコード例では，いくつかの新しいことを学びます．まず，これまで行っていなかったこと，空文字列の代入された変数 number_guess を作ることから始まります．変数を空文字列にしておくのは，後でユーザーにデータを入力してもらうためです．

次に，while（ワイル）文とよばれる文を作成します．

```
while number_guess != "42":
```

この行は，変数 number_guess の値が "42" と等しくない間，while 文の中（インデントされた部分）を繰返すように言っています．while 文の式（while と行末の : の間）はループの**継続条件**を表します．

数行のテキストを表示してから，最終的にユーザーに数字の入力を求めます．入力を求めているのは，コードの次の部分です．

```
    number_guess = input()    # ユーザーの入力を変数number_guessに代入
```

input()（インプット）関数は print() 関数と似ていますが，ユーザーからの入力，データを受けつけるという点が異なります．ユーザーがキーボードを操作すると，それが入力として扱われます．キー操作の結果は文字列として，代入演算子（=）の左にある変数，この場合は number_guess に代入されます．

先にコードを実行し，最後に 42 という数字を入力するまで，何度か違う文字を入力して，プログラムの動作を確認してみてください．

ここで少々注意があります．この例では，while の継続条件を表す式に不等価演算子（!=）を使用しています．なぜ代わりに等価演算子（==）を使わなかったのかと疑問に思うかもしれません．その理由は，値が等しくない間，ループさせたいからです．

代わりに == を使用して，変数 number_guess の値が "42" と等しい間繰返すようにすると，ループは一度も実行されなかったでしょう．なぜでしょうか？ number_guess に設定していたのは空文字列です．したがって，Python は値が "42" であるかどうかをチェックすると，そうではないと判断して，ループから抜けてしまうのです．"42" のときだけループするのですから．

もし，これをトリッキーに思うのでしたら，次はどうでしょうか？ number_guess の値を "42" に設定し，while 文の継続条件を number_guess == "42" にするのです．この場合，プログラムは永遠にループします．なぜでしょうか？ それは，“number_guess の値が "42" である間，ループしてください”と言っているからです．これが恐ろしい**無限ループ**とよばれるもので，プログラマーの悩みの種です．お遊びで試してみましょう．新しいファイル（.py）を作成し，次のコードを入力したら，infinite_loop.py という名前で保存します．

このプログラムを実行すると，無限ループが発生します．停止させるには，IDLE ウィンドウを閉じて IDLE を再起動する必要があります．

infinite_loop.py

```
# 42という文字列のセットされた変数を宣言

number_guess = "42"

print("きみの前に，邪悪なループがいます！")
print("見よ！　私の無限ループを！")

# 変数number_guessが"42"の間繰返すwhile文を作成

while number_guess == "42":
    print("ループ！")
```

コードを実行して，何が起こるかを確認しましょう．おめでとうございます．初めて無限ループを作成しました！　さあ，もう二度としないようにしましょう．

少し違ったことをしてみましょう．数字の代わりに，アルファベットを使うのです．新しいファイル（.py）を作成し，次のコードを入力したら，wonder_boy_password.py という名前で保存します．

wonder_boy_password.py

```
# ワンダー・ボーイのパスワードを保持する変数を宣言

password = ""

print("オプティマル・ダッドのガジェット保管庫にようこそ！")

while password != "wonderboyiscool2018":
    print("楽しい道具にアクセスするには，パスワードを入力してください！")
    password = input()

print("あなたは正しいパスワード", password, "を入力しました．")
print("どれでも好きなガジェットをおもちください！")
print("ですがドゥーム・キャノンには触らないでください．オプティマル・ダッドのものです！")
```

このコードは期待どおりに動作します．数字 "42" を使った例と同じように，このプログラムも，空文字列の変数を宣言し，いくつかのテキストを出力します．そして，while 文に差し掛かると，変数 password の値が "wonderboyiscool2018" と等しくない間，その中を繰返します．ユーザーが特定の値を入力すると，プログラムはループ（while 文）を抜けて，続きの print 関数の実行に移ります．

ここで注意すべき点は，入力される値は条件で指定した値と全く同じでなければならないということです．つまり，パスワードには正確に "wonderboyiscool2018" というテキストでなければなりません．大文字は大文字，小文字は小文字である必要があります．

それはなぜでしょうか？　あまりに退屈なので詳細には触れませんが，プログラムのすべての文字には，特定の値が割り当てられていることを知っておいてください．コンピュータはテキストそのものを見ているのではなく，機械語に変換された後の 0 と 1 の並びを見ています．したがって，コンピュータは大文字の H と小文字の h を別のものとして認識するのです．

プログラムを実行し，プロンプトが表示されたら，WonderBoyIsCool2018 または WONDERBOYISCOOL2018 と入力して，どうなるかを観察しましょう．おわかりのとおり，プログラムは while 文を抜けることなく，パスワードを求め続けます．wonderboyiscool2018 と入力したときだけ，ループを抜けます．

実際にパスワードやセキュアな情報を扱う際には，まさにプログラムはこうあるべきなのですが，大文字・小文字を気にする必要がないとき，大文字・小文字がどうなっていても動作するようにしたいときは，どうしたらよいでしょうか？　これを実現する方法がいくつかあります．その一つは，テキストを小文字に変換することです．それには，str.lower() という新しい関数を使用します．wonder_boy_password.py を次のように変更します．

wonder_boy_password.py

```
while password != "wonderboyiscool2018":
    print("楽しい道具にアクセスするには，パスワードを入力してください！")
    password = input()
    password = password.lower()

print("あなたは正しいパスワード", password, "を入力しました．")
print("どれでも好きなガジェットをおもちください！")
print("ですがドゥーム・キャノンには触らないでください．オプティマル・ダッドのものです！")
```

新しく追加した行では，変数 password の中の文字列をすべて小文字に変換しています．このようにすると，while 文の継続条件の部分でパスワードが正しいかどうかをチェックするときに，ユーザーがどれかの文字を大文字にしていても関係なくなります．

文字列のすべての文字を小文字にするには str.lower() を使用します．

例：password.lower()

すべての文字を大文字にするには str.upper() を使います．

例：password.upper()

▶ループ回数の制限◀

ループをいつまでも繰返させることもできますが，繰返す回数を制限したい場合もあります．たとえば，wonder_boy_password.py では，正解のパスワードが与えられて初めてプログラムが終了するので，ユーザーは何度でもパスワードを推測することができます．しかしそれは，この種のプログラムではよくありません．

パスワードを扱うような場合，つまりループの繰返し回数を制限する必要がある場合には，条件文を作るなどして，ある条件を満たしたときにループを**中断**（break）させることができます．プログラムでの break（ブレイク）文の使い方を見るには，wonder_boy_password.py を次のように変更します．

wonder_boy_password.py

```
# ワンダー・ボーイのパスワードを保持する変数を宣言

password = ""
password_attempt = 0

print("オプティマル・ダッドのガジェット保管庫にようこそ！")

while password != "wonderboyiscool2018":
    print("楽しい道具にアクセスするには，パスワードを入力してください！")
    password = input()
    password = password.lower()
    password_attempt = password_attempt + 1

    if password == "wonderboyiscool2018":
        print("あなたは正しいパスワード", password, "を入力しました．")
        print("どれでも好きなガジェットをおもちください！")
        print("ですがドゥーム・キャノンには触らないでください．オプティマル・ダッドの⏎
ものです！")

    elif password_attempt == 3:
        print("申し訳ありません．回数制限に到達しました！")
        break
```

この新しい wonder_boy_password.py には，コードが数行追加されています．まず，新しい変数 password_attempt を宣言し，値を 0 にしています．この変数は，パスワードの推測の試行回数を数えるために使用されます．ユーザーがまちがった推測をするたびにループが繰返されます．そして，次のコードによって，変数 password_attempt に 1 が追加されます．

```
    password_attempt = password_attempt + 1
```

さらに，if 文を追加しています．最初に，ユーザーが正しいパスワードを推測したかどうかをチェックし，その場合はテキストを表示します．elif 節では，password_attempt の値が 3 かどうかをチェックし，その場合は（3 回試行を繰返した後ならば），謝罪のテキストを表示し，break 文で，while 文を抜けます．

コードを何度も実行し，少なくとも 3 回はまちがったパスワードを，少なくとも 1 回は正しいパスワードを入力してみてください．

for 文

ループを確実に一定の回数だけ繰返すようにする別の方法が for（フォー）文です．一般的に for 文は何回繰返したいのかがわかっている場合に使用されます．for 文の導入でよく行われるのは，たとえば 1 から 10 まで，数字をカウントするようなプログラムを作成することです．しかし，私たちはふつうのプログラマーではなく，プログラミングする“スーパー・ヒーロー”ですから，スペシャルなプログラムが必要です．卑劣な悪党ども！ count10.py を見るがよい！

count10.py

```
print("邪悪なループ，お前がそこにいるのはわかっているんだ！")
print("10数えるうちにカフェの冷凍庫から出てこなければ……")
print("8角形の旨いピザは食べられなくなるぜ！")

for x in range(1, 11):
    print(x)

print("警告はしたからな！　さあピザはすべてワンダー・ボーイの物だ！")
```

このコードで重要なのは，次の部分です．

```
for x in range(1, 11):
    print(x)
```

for で文を始めます．x は反復の回数を保持する変数です．この変数には好きな名前を付けることができますが，伝統的にプログラマーは i や x と名づけます．このような変数は**反復変数**とよばれます．次に，使用する**シーケンス**（数字の連なり）をループに渡すために range（レンジ）関数を使用します．シーケンスは，数値の範囲を指定して作られたり，文字列そのものもシーケンスだったりします（詳細はのちほど）．

range に続く括弧内の数字は，開始値と終了値を表す引数です．この例では，10 まで数えたいので，開始値を 1，終了値を 11 とします．ここで範囲を 10 までとしたいのに終了値を 11 にしたのは，range は終了の直前で止まるからです．開始値を 0，終了値を 10 にすることもできますし，もし“邪悪なループ”を冷凍庫に長時間入れておきたいのであれば，開始値を 12，終了値を 1000000 にすることもできます（しかし，その場合，彼はおそらく凍死してしまいます…）．

そして，print(x) で繰返しの回数を表示します．10 に達すると，プログラムは for 文から抜けて，コードの次の部分に移り，最後の台詞を表示します．実行結果は次のとおりです．

```
邪悪なループ，お前がそこにいるのはわかっているんだ！
10 数えるうちにカフェの冷凍庫から出てこなければ……
8 角形の旨いピザは食べられなくなるぜ！
1
2
3
4
5
```

```
6
7
8
9
10
警告はしたからな！　さあピザはすべてワンダー・ボーイの物だ！
```

range() はカウントアップに加えて，カウントダウンする機能ももっています．これを実現するには，増分値を設定する必要があります．増分値は range() のオプションの引数で，数値を段階的に増やしたり減らしたりするために使用します．たとえば，10 から 1 にカウントダウンするなら，次のような for 文にします．

```
for x in range(10, 0, -1):
    print(x)
```

range() の -1 の部分が増分値で，毎回 1 ずつ引くように指示しています．このコードの実行結果は次のとおりです．

```
10
9
8
7
6
5
4
3
2
1
```

もし，2 ずつカウントアップしたいのであれば，記号 + を追加する必要はありません．

```
for x in range(1, 10, 2):
    print(x)
```

実行結果は次のとおりです

```
1
3
5
7
9
```

▶ for 文でもっと楽しく ◀

もちろん，for 文の使い道は数字を表示することだけではありません．前に言ったとおり，コードを繰返す回数がわかっているなら，for 文を使うのが最善です．たとえば，同じテキストを画面に何度も表示したいとします．私たちの友人である for 文がそれを助けてくれます．

```
for x in range(1, 10):
    print("ワンダー")

print("ボーイ！")
```

この小さなプログラムは，ループを終えて“ボーイ！”を表示する前に，“ワンダー”という文字列を 9 回表示します．これにクールなテーマ音楽を付ければ，テレビ番組のオープニングが完成ですね！

for 文を使ってできるもう一つのことは，リストの反復処理です．極悪非道な悪党のリストがあって，その名前を表示したいとします．次のようなコードで実現できます．

```
nefarious_villains = ["邪悪なループ", "非情の処刑人", "ジャック・ハンマー", "フ⏎
ロスト・バイト", "スパンコール・ドリーム"]

print("ここにヒーロー建設会社―あなたが破壊した街をまるで新しく創造します―")
print("が提供する今日の悪党リストがある．")
print("もっとも卑劣な悪党たち:")

for villain in nefarious_villains:
    print(villain)
```

まず，リスト（3 章参照）nefarious_villains を生成し，さまざまな悪党をリストに追加します．続いて，いくつかのテキストを表示すると，for 文に差し掛かります．

```
for villain in nefarious_villains:
    print(villain)
```

今回の for は，villain という名前の変数を宣言することから始まります．この変数はリストのそれぞれの要素を一時的に保持する役割を果たします．範囲を設定していないので，for 文の中は nefarious_villains の要素ごとに 1 回ずつ実行されます．繰返すたびに，変数 villain には異なる値が代入されます．たとえば，ループの最初の実行では，"邪悪なループ" が変数 villain に代入され，表示されます．その後，2 回目になると "非情の処刑人" が変数 villain に代入され，再び表示されます．これは，for 文の中がリスト内のすべての値に対して実行されるまで続きます．変数 villain の最後の値は，"スパンコール・ドリーム" になります．この値は変数のデータを変更するまでそのままです．このコードの実行結果は次のとおりです．

```
ここにヒーロー建設会社―あなたが破壊した街をまるで新しく創造します―
が提供する今日の悪党リストがある．
```

```
もっとも卑劣な悪党たち:
邪悪なループ
非情の処刑人
ジャック・ハンマー
フロスト・バイト
スパンコール・ドリーム
```

break 文，continue 文，pass 文

ループはコードの一部を反復処理するために使用されますが，ループを早く終わらせる方法，ループの中をスキップする方法，ループの中身として，仮に何もしないコードを書く方法が必要であることに気づくことがあります．このような場合に役立つのは，特に break 文，continue(コンティニュー) 文，pass(パス) 文の三つです．

break 文については以前にも説明しましたが，この文を使うと，（特定の条件が発生した場合などに）ループを早期に終了させることができます．たとえば，wonder_boy_password.py プログラムでは，3 回パスワードの入力が試みられた後でプログラムを終了するために break 文を使用しました．すでに説明済みなので，次に移りましょう．

continue 文を使うと，break 文のように完全にループから抜け出すことなく，ループの中の一部を飛ばすことができます．たとえば，10 からカウントダウンするプログラムがあって，中間で何かテキストを表示したいとしたらどうでしょうか．continue 文を使うと実現できます．

新しいプログラムを作成しましょう．このプログラムでは，“邪悪なループ” がカウントダウンタイマーを開始しました．これはヒーローの破滅を告げるものです！　しかし，悪党はいつでも長台詞なものなので，カウントダウンの途中に何か言ったとしても驚くことではありません．

新しいファイル（.py）を作成し，次のコードを入力したら，doomsday_clock.py という名前で保存します．

doomsday_clock.py

```
print("邪悪なループがあなたの前に立って，強欲に彼の手をこすり合わせている！")
print("彼は手をレバーに乗せて，にっこり笑っている．")
print("邪悪なループは口を開けるとこう言った:")
print("‘お前はもう終わりだ，ワンダー・ボーイ！’")
print("‘あと10秒だ！　カウントダウンを聞くんだ！’")

for x in range(10, 0, -1):
    # xが5と等しくなったとき，テキスト表示して，カウントダウンを継続
    if x == 5:
        print("‘ワンダー・ボーイ，最後に言っておきたいことは？’")
        continue

    print(x)

print("カウントが0になり，避けられない運命を待っていると……")
```

```
print("何も起こらない！")
print("邪悪なループは叫んだ．‘またしくじった！’")
```

実行して結果を観察してください．次のようになるはずです．

```
邪悪なループがあなたの前に立って，強欲に彼の手をこすり合わせている！
彼は手をレバーに乗せて，にっこり笑っている．
邪悪なループは口を開けるとこう言った:
‘お前はもう終わりだ，ワンダー・ボーイ！’
‘あと 10 秒だ！　カウントダウンを聞くんだ！’
10
9
8
7
6
‘ワンダー・ボーイ，最後に言っておきたいことは？’
4
3
2
1
カウントが 0 になり，避けられない運命を待っていると……
何も起こらない！
邪悪なループは叫んだ．‘またしくじった！’
```

このコードは他の for 文と同じように動作しますが，小さな例外があります．プログラムが if 文に到達すると，x が 5 に等しいかどうかをチェックします．10 から 0 まで -1 の増分でカウントダウンするように範囲を設定しているので，コードが繰返される 6 回目には x が 5 に等しくなることがわかります．そうすると，条件が満たされたことになり，“ワンダー・ボーイ，最後に言っておきたいことは？” というテキストが表示され，ループの中の残りの部分がスキップされます．continue 文の後，通常の繰返しサイクルに戻り，ふつうにプログラムは終了します．

結果を見ると，5 という行が印刷されていないことに気づきます．これは，continue 文の続きの部分を飛ばしたために，その行が表示されなかったということです．

これまでに，ある条件が適用された場合にループを抜ける方法や，ループの反復を飛ばす方法を見てきました（それぞれ break 文と continue 文を使います）．次の文はそれほど有用には思えないかもしれませんが，実際には長い目で見れば役立ちます．

pass 文は何かコード（文）を書く必要がある部分（if 文や while 文，for 文の中身の部分など）に置いて，コードを書くつもりでも，まだ何を書いたらよいのか決められないときに，プレースホルダ（穴埋めのために借りに入れるもの）として使用します．

たとえば，doomsday_clock.py のプログラムでは，変数に 5 が代入されていたらテキストを表示しようと，ループ内に if 文を置きました．しかし，そのテキストを何にしたいのか，あるいはカウントダウンのどこにテキストを表示させたいのかが決められなかったとしたらどうでしょうか？　もしかしたら，同僚からのフィードバックを待っていて，後からコードのそのセクションの内容を決める必要があるのかもしれません．

ちょっとひといき竹内薫ラボ：繰り返しと論理

プログラミングの要は何かと問われれば，すぐに“繰り返しと論理”だと答えることができます．コンピュータに何かをやらせたほうが速いのは，繰り返しの命令があるからだし，コンピュータが厳密なのは，論理の命令がしっかりしているからです．

繰り返しと論理がなくなったら，そもそもプログラムを組んで実行する意味がない．それほど，この二つの要素は大事なのです．

繰り返しについては，数学の観点から“2種類”あります．本章で紹介しているforループとwhileループですね．この二つは本質的に異なります．実用上，あらかじめ計算回数がわかっているからforループを使い，計算回数がわからないときにwhileループを使うわけですが，では，どちらでもいいのかといわれれば，そんなことはないのです．

この二つのループについてじっくり考え始めると，“計算可能性”という，数学的かつ哲学的な問題にぶちあたります．forループは，上限が決まっていることからもわかるように，必ず停止します．ところが，whileループは，停止しない可能性があるのです．

これが，コンピュータの始祖といわれることもあるアラン・チューリングの有名な“停止性問題”です．

停止性問題：誰か書いたかわからないプログラムが目の前にあるとして，そのプログラムが停止するかどうかを判定するプログラムは必ず書けるか？

もっと正確に言うと，どのようなプログラムを与えられても，それが停まるかどうかを判定することは可能か？という問なのです．

ここではその証明には触れませんが，答えは“不可能”．whileループは，計算開始時点で計算回数がわからなくてもいい，きわめて便利で強力な命令ですが，その代わり，計算不可能性というパンドラの匣(はこ)を開けてしまったのです．

なお，この停止性問題は，論理学の“ゲーデルの不完全性定理”と同じ内容であることがわかっています．こちらは，“真であるにもかかわらず証明できないことがある”という内容です．

楽しいプログラミングの背後には，このような数学の魔物が棲んでいるのです……．

pass文を使用することで，条件が満たされた場合に何が起こるのかを決めずに条件文を書けるので，コードが不完全なことによるエラーを心配しなくてもすみます．そして，後になってその部分で何をしたいのかがわかったときに，足りないコードを書き足すことができます．

これをdoomsday_clock.pyプログラムに入れると，次のようになります．

```
for x in range(10, 0, -1):
    # xが5と等しくなったとき，テキスト表示して，カウントダウンを継続
    if x == 5:
        pass

    print(x)
```

このコードを実行すると，if文に到達しても何も起こらないことがわかるでしょう．プログラムはふつうに実行されます．しかし，もしif文の中からpass文を削除すると，エラーが発生します．Pythonはif文が終わるためには何かコードがあるはずだと期待するからです．自分で試して確かめてください．

この章のまとめ

この章では広い範囲を扱ったので，少々クレイジーに感じたり，これまでで最も理解するのがむずかしかったりしたかもしれません．しかし，よい知らせがあります．ループを使いこなせるようになれば，実際のプログラムを作成するのに必要なすべてのツールを手に入れたことになるのです．

確かに，企業に入ってクリエイティブなプログラマーとして高給取りの仕事を得ることはまだできないかもしれませんが，あなたはまだきっと若いはずですし，すでに競争相手のはるか先を行っています．しかも，まだ九つの章が残っていることを忘れてはいけません．

本書のこの時点で，あなたは自分でコード片や小さなプログラムをたやすく書けるようになったと感じているはずです．人生，何事もそうですが，練習は嘘をつきません．新しい“スーパー・パワー”を身につけたら，頻繁に試すようにしてください．コードを書けば書くほど，プログラミングを理解できるようになります．

ところで，次章では，これまで学んだことを活かして，初めての本格的なプログラム，“スーパー・ヒーロー・ジェネレーター 3000”を作ります．そこでは，ループ，変数，`if` 文，文字列や数学の関数などたくさんのものを使います．このまとめで，本章で学んだことを復習しておきましょう．

- ループを使うと，与えられた条件が満たされている間，コードの一部を繰返す（反復する）ことができます．
- `for` 文は，`range()` 関数を用いて反復処理を行うときに使います．
  例：
  ```
  for x in range(1, 10):
      print("ワンダー・ボーイ参上！")
  ```
- `range()` 関数は一定回数の反復処理を行うときに使います．三つの引数をとり，次のように使用します．
  ```
  range(1, 10, 1)
  ```
  最初の数字が開始値，2 番目の数値が終了値となります．オプションの 3 番目の数値は増分値を表し，`range()` がカウントする際に数値をどれだけ増やすのかを制御します．たとえば，増分値に 2 を指定すると，ループを繰返すごとに 2 ずつ数値が増えていきます．
- `while` 文は，条件が満たされている，すなわち，条件を表す式が `True` と評価されている間，繰返されます．
  例：
  ```
  salary = 0
  while salary < 10:
      print("借金，借金，だから仕事に行くのさ．")
      salary = salary + 1
  ```
- 無限ループはいやらしく，ほとんどの場合，避けるべきものです．たいてい，考え方をまちがえていたときに発生します．決して終わらず，永遠に続きます．
  例：
  ```
  x = 0
  while x == 0:
      print("‘ループ’は終わったはずだって？")
  ```

```
    print("私を知っているだろ！ ")
```

変数 x は 0 に等しく，x が 0 に等しい間ループは継続するので，このループは永遠に続きます．

- str.lower() は文字列の文字をすべて小文字に変換する関数です．

  例：

  ```
  name = "Wonder Boy"
  print(name.lower())
  ```

  すべて小文字で "wonder boy" と表示されます．

- str.upper() は文字列の文字をすべて大文字に変換する関数です．

  例：

  ```
  name = "wonder boy"
  print(name.upper())
  ```

  すべて大文字で "WONDER BOY" と表示されます．

- break 文を使うと，（特定の条件が満たされ）ループを早期に終了させたい場合に，ループを強制的に終了させることができます．
- continue 文を使うと，ループ内の処理を完全に終わらせることなく，繰返しを一つ飛ばすことができます．
- pass 文はプレースホルダのようなもので，これを使うと中身を定義しなくても if 文や while 文，for 文を作成することができます．そうすることによって，コードをテストする際にエラーの発生がなくなり，後から中身を決定することができます．

Superhero Bootcamp Lesson 6

相棒を卒業して真のヒーローになろう

あなたはここまで長い道のりを歩んできました．そして能力が開花し，“相棒”としての価値を証明しました．しかしいま，あなたの知識と凄腕プログラマーのスキルが本当に試されるときが来たのです．意気込みは十分ですね！　この章では，これまでに学んだことを復習し，それを活用して，あなた自身で完全なプログラムを作成します．さらに，いくつかの新しい技を学ぶことによって，この章が終わるころには，あなたは忠実な“相棒”を卒業し，本格的なヒーローになっていることでしょう．

初めて作るリアルプログラム

初めての完全な機能をもつアプリケーション“スーパー・ヒーロー・ジェネレーター 3000”を作り始める前に，まず，このプログラムは何をするのか，正確には私たちが何をしたいのかを理解しなければなりません．基本的なコンセプトは簡単です．ランダムに“スーパー・ヒーロー”のキャラクターを生成してくれるアプリケーションが欲しいのです．

それがスタートですが，明らかにそれ以上の詳細が必要です．たとえば，ヒーローに必要なものは何でしょう？　彼らはどんな属性をもっているでしょうか？　“スーパー・パワー”は？　名前は？　すべて必要となります．

善良なヒーローのプログラマーとして，いつでも，プログラムの計画を練っておく必要があります．私たちは，プログラムの目的，それがどのように機能するのか，そして，プログラミングの手助けとなるどんな詳細であっても，知っておかなくてはなりません．

たとえば，このプログラムでは，次のようなものが必要になることがわかっています．

- スーパー・ヒーローのファーストネーム（ランダム生成）
- スーパー・ヒーローのラストネーム（ランダム生成）
- スーパー・ヒーローのファーストネームとラストネームを一つの文字列につなげるコード
- ステータス値を決められた範囲内でランダムに生成するコード
- ランダムなスーパー・パワー生成器

さらに，すべてのステータス値，ファーストネームとラストネーム，フルネーム，そして“スーパー・パワー”を保持するための変数が必要になります．また，ヒーローの名前や“スーパー・パワー”（の名前）を保持するためのデータ構造（この場合は**リスト**）も必要です．ここからランダムに選択して，ヒーローに設定するのです．

複雑に思えるかもしれませんが，心配ご無用です．私たちはプログラムの各セクションを一歩ずつ，すでに学んだ内容を復習しながら進めていきます．それでは，“マント”と“マスク”をかぶり，“スーパー・ヒーロー・ジェネレーター 3000”の最初の部分を作り始めましょう！

モジュールのインポート

私たちのプログラムは二つの**モジュール**を使用します．モジュールは一般的な処理を行うための既存のコード集であり，使用することによって，時間を節約し，ヒューマン・エラーを減らすことができます．最初のモジュールはすでに扱ったことのある random です．記憶をリフレッシュしましょう．random を使えば，数値をランダムに生成することができます．さらに，リストの要素をランダムに選択することもできます．私たちのプログラムでは，この両方の目的のために使用します．

2番目にインポートするモジュール time は，これまで扱っていなかったものです．このモジュールの機能の一つは，プログラムを実行中に一時停止することです．コードの実行を部分的に遅らせたい理由はたくさんあります．ここでは time を使って，サスペンスを生み出し，プログラムが何か複雑な計算をしているように見せかけます．

新しいファイル（.py）を作成し，次のコードを入力したら，super_hero_generator3000.py という名前で保存します．

super_hero_generator3000.py

```
# 後でランダムな数値や文字列を得るためにrandomモジュールをインポートする
import random

# ディレイ（遅延）を生み出すためにtimeモジュールをインポートする
import time
```

変数の作成

前に述べたように，このプログラムではデータを保持するために，かなりの数の変数とリストを使用します．変数を使ってステータス値を保持しましょう．変数の宣言の仕方や使い方はおわかりだと思います．次のコードを super_hero_generator3000.py の random モジュールと time モジュールをインポートしたすぐ下に追加しましょう．

super_hero_generator3000.py

```
import time

# キャラクターのステータス値を保持する変数を宣言（初期化）する

strength = 0
brains = 0
stamina = 0
wisdom = 0
constitution = 0
dexterity = 0
speed = 0

answer = ""
```

最初の変数はそれぞれ，キャラクターにどれくらい筋力があるか，どれくらい知力があるかなどのステータス値を保持するために使用されます．初期値はすべて 0 に設定されていることに注意してください．アプリケーションの後半では，random を使用してこれらの値を変更します．しかし，いまのうちは，何か値を代入しておく必要があるので，0 にしておきます．

ステータス値の変数の下に，answer という変数があることに気づくでしょう．プログラムを実行すると，ユーザーは続けるかどうかを聞かれます．その返答を保持するために，変数 answer を使用します．いまのところ，変数には空文字列を代入しておきます．ユーザーの入力が後ほど入ります．

リストの定義

リストは複数のデータを保持するために使用されます．super_hero_generator3000.py アプリは三つのリストを使用します．一つはとりうる“スーパー・パワー”のリスト（super_powers という名前）で，他の二つはとりうるファーストネームとラストネームのリストです．

プログラムの後半では，random を使用してこれらのリストから値を選択し，ヒーローにフルネームと“スーパー・パワー”を授けます．ここでは，リストを生成し，いくつかの値を入れておきます．

いまのところ，書いてあるとおりの値を使用してください．しかし，プログラムを何度か試した後は，あなた自身で，奇抜な名前の組合わせや“スーパー・パワー”をリストに自由に追加してください．クリエイティブになって，楽しんでください！

リストを定義するコードを次に示します．プログラムの変数定義の並びの下に追加します．

super_hero_generator3000.py

```
answer = ""

# とりうるスーパー・パワーのリストを生成

super_powers = ["飛行能力", "超筋力", "テレパシー", "超スピード", "ホットドッグ大食い", "縄跳び上手"]

# とりうるファーストネームとラストネームのリストを生成

super_first_names = ["ワンダー", "何たる", "狂気の", "インクレディブル", "驚異の", "いいひと", "巨大な", "並外れた", "奴は", "ありえない"]

super_last_names = ["ボーイ", "マン", "犬", "筋肉", "ガール", "ウーマン", "ガイ", "ヒーロー", "マックス", "ドリーム", "マッチョ", "スタリオン"]
```

これでデータ構造がそろいました．コードの次の部分に移りましょう．

導入テキストの表示と入力の受付

コードの次のセクションでは，メッセージを表示して，ユーザーからの入力を受けつけます．5 章で学んだように，input() 関数を使うと，ユーザーからの入力を受けつけることができます．新しく作成したリストのすぐ下に，次のコードを追加します．

super_hero_generator3000.py

```
super_last_names = ["ボーイ", "マン", "犬", "筋肉", "ガール", "ウーマン", "ガ⏎
イ", "ヒーロー", "マックス", "ドリーム", "マッチョ", "スタリオン"]

# 導入テキスト

print("スーパー・ヒーロー・ジェネレーター3000でスーパー・ヒーローを作る用意はできまし⏎
たか？")

# ユーザーに質問をして，答えるようにメッセージを出す
# input()関数でユーザーの入力を受けつける
# そしてupper()関数でユーザーの回答をすべて大文字に変える

print("YかNを入力:")

answer = input()
answer = answer.upper()
```

後で楽なように，ユーザーからの入力を受けつけた後，それをすべて大文字に変換しています．なぜこのようなことをするのでしょうか？　ユーザーの回答に対して，小文字と大文字の両方の組合わせをチェックする必要がないようにするためです．もしテキストをすべて大文字に変換しなかった場合，“yes”，“Yes”，“yEs”，“yeS” などをチェックしなければなりません．文字列を変換して，単純に “YES” だけをチェックするほうがはるかに簡単で効率的です（ただし，このプログラムでは “Y” という 1 文字の入力を求めています）．

変数 answer の値が “Y” と**等しくない**間，while 文の中を繰返して，ユーザーに回答を求め続けます．条件が満たされてループが終了すると，プログラムの続きが実行され，本当に楽しいことが始まります．メッセージの表示と input() のセクションのすぐ下に while 文を追加します．

super_hero_generator3000.py

```
answer = answer.upper()

# 回答‘Y’をチェックするwhileループ
# このループは変数answerの値が‘Y’でない間，続く
# ユーザーが‘Y’を入力したときだけ，ループを抜け，続きのプログラムが実行される

while answer != "Y":
    print("申し訳ありません．続けるにはYを入力してください！")
    print("YかNを選択:")
    answer = input()
    answer = answer.upper()
```

```
print("素晴らしい. では始めましょう！")
```

スリルとサスペンス

実際の文章を書くときと同じように，コンピュータのプログラミングでも，時にはサスペンスを加えたり，ドラマチックな間合を入れたりして，ユーザーに何かとてもクールなことが起きていると思わせたいことがあります．あるいは，画面上のテキストがすばやくスクロールしていってしまわないように，プログラムを合間に一時停止させて，ユーザーに読む時間を与えたい場合もあります．いずれにしても，まだ学習していない新しいモジュール time を使うことで，このドラマチックな効果を得ることができます．

コードの中で time モジュールを使いますが，モジュール全体を押さえるつもりはありません．いまのところ，この便利な新しいツールの一つの側面，sleep()（スリープ）関数だけを使用したいと思います．

他のモジュールと同様に，time には複数の関数（六つの一般的なものと，その他あまり一般的ではないもの）が含まれます．sleep() 関数はプログラムに秒単位の一時停止を作り出します．次のように書きます．

```
time.sleep(3)
```

括弧内の数字は一時停止したい秒数です．これだけで終わりにすることもできますが，前述したように，私たちはドラマチックな派手さを求めています．それゆえ，time.sleep() を単独で使うのではなく，画面にいくつかの“..........”を表示して，待ち時間をシミュレートしたいのです．そのほうがクールですよね！

そこで，sleep() 関数を 3 回繰返す for 文の中に置きます．ループを繰返すたびに，画面に“..........”が表示されます．

次のコードをファイルに追加します．

super_hero_generator3000.py

```
print("素晴らしい. では始めましょう！")

print("名前をランダム化しています……")

# time.sleep()関数でサスペンスを生み出す

for i in range(3):
    print("..........")
    time.sleep(3)

print("（すごくドキドキしますよね？）")
print("")
```

理論上は，この時点でプログラムを実行すると，次のように表示されます．

```
スーパー・ヒーロー・ジェネレーター 3000 でスーパー・ヒーローを作る用意はできましたか？
Y か N を選択:
y
素晴らしい．では始めましょう！
名前をランダム化しています……
...........
...........
...........
(すごくドキドキしますよね？)
```

sleep() 関数が呼び出されると，“...........”の各行の表示ごとにちょうど3秒間停止し，ドラマチックな間合が生み出されます．

さて，モジュールをインポートして，メッセージを表示し，変数やリストを所定の場所に並べ，プログラムの一時停止の仕方を理解しました．いよいよアプリケーションの本体にとりかかるときです！　次の項では，生成される“スーパー・ヒーロー”のすべてのステータス値をランダム化する部分を作成します．それには，古きよき random モジュールを使用します．

ランダムなスーパー・ヒーローの名前

すべての“スーパー・ヒーロー”は，次の五つを必要とします．

- クールな装い
- スーパー・パワー
- 日雇いの仕事をしている姿を見られないようにする無難な収入源
- 寂しい電子レンジでの夕食の涙を拭くティッシュ（スーパー・ヒーローはデートする時間がない！）
- もちろん，イケてる名前

super_hero_generator3000.py の次のステップは，名前生成のセクションをプログラミングすることです．前に，“スーパー・ヒーロー”のファーストネームとラストネームのリストをそれぞれ生成したことを思い出してください．次のリストです．

```
super_first_names = ["ワンダー", "何たる", "狂気の", "インクレディブル", "驚異の",⏎
"いいひと", "巨大な", "並外れた", "奴は", "ありえない"]

super_last_names = ["ボーイ", "マン", "犬", "筋肉", "ガール", "ウーマン", "ガイ",⏎
"ヒーロー", "マックス", "ドリーム", "マッチョ", "スタリオン"]
```

名前生成セクションの裏にあるアイデアは，これら二つのリストから一つずつ名前を取出し，一つにつなげることによって，フルネームを作成するというものです．これを実現するにはさまざまな方法がありますが，今回は二つの値をランダムに選択しようと考えています．こうすると，プログラムを実行するたびにユニークな名前の組合わせが作られることになります．

深く掘り下げる前に，これを実現するためのコードを見てみましょう．次のコードをプログラムのtime.sleep() の下の print() のさらに下に追加してください．

super_hero_generator3000.py

```
print("")

# スーパー・ヒーローの名前のランダム化
# 二つの名前リストからそれぞれ一つずつ選ぶことによって行う
# それらをつなげて変数super_nameに代入

super_name = random.choice(super_first_names) + " " + random.choice(super
_last_names)

print("スーパー・ヒーローの名前:")
print(super_name)
```

コードのこの部分は理解しやすいと思います．まず，super_name という名前の変数を宣言します．この変数の役割は，ファーストネームとラストネーム（リスト super_first_names とリスト super_last_names から取出したもの）を組合わせたフルネームを保持することです．

次に，random モジュール，具体的には random.choice() 関数を使用して，リストの super_first_names と super_last_names からランダムに要素を取出します．

コードの＋ " " ＋の部分は，わかりにくいと思われるかもしれませんが，その目的は単純です．この例では，記号＋は二つ文字列を**連結**するために使われています．ファーストネームとラストネームの間にスペースを入れたいので，間に " "（スペース）を連結する必要があったのです．そうでなければ，単に random.choice(super_first_names) + random.choice(super_last_names) と書いていたはずです．最後に，新しく作成された super_name の値を print() 関数で表示して，プログラムのこの部分は完成です．

さて，プログラムを実行すると，次のような結果になります．名前はランダムに生成されるので，あなたの“スーパー・ヒーロー”の名前は，毎回異なるものになるでしょう．

```
スーパー・ヒーロー・ジェネレーター 3000 でスーパー・ヒーローを作る用意はできましたか？
Y か N を選択：
y
素晴らしい．では始めましょう！
名前をランダム化しています……
...........
...........
...........
（すごくドキドキしますよね？）

スーパー・ヒーローの名前：
ありえない マックス
```

ランダムなスーパー・パワー

さあ，楽しい部分を作りましょう．ヒーローの“スーパー・パワー”をランダムに生成するのです．結局のところ，特殊能力がなかったら，“スーパー”ではないですよね？

super_first_names と super_last_names のリストと同様に，“スーパー・パワー”を保持するためのリスト super_powers をすでに生成していたことを思い出してください．このリストから，私たちの“スーパー・ヒーロー”がもつパワーを選択します．

プログラムを完全に完成させ，何度か試してみたら，リスト super_powers に，あなた自身の“スーパー・パワー”を自由に追加してください．できるだけ楽しんでクリエイティブになってください！

次のコードを super_hero_generator3000.py の中の，ヒーローの名前をランダムに生成するコードのすぐ下に追加します．

super_hero_generator3000.py

```
print(super_name)
print("")
print("さあ，どんなスーパー・パワーをもっているか，いまにわかりますよ！")
print("(スーパー・ヒーロー・パワーを生成しています……)")

# ドラマチックな効果を再び生成

for i in range(2):
    print("..........")
    time.sleep(3)

print("(うーん，これは気に入らないだろうなぁ……)")

for i in range(2):
    print("..........")
    time.sleep(3)

print("(もう少しです……)")

# リストsuper_powersからランダムにスーパー・パワーを選択
# そして変数powerに代入

power = random.choice(super_powers)

# 変数powerとテキストを表示
```

```
print("スーパー・パワー:")
print(power)
print("")
```

おわかりのように，このコードは，“スーパー・パワー”が生み出されようとしていることをユーザーに知らせるメッセージを画面に表示することから始まります．この後，time.sleep() を 2 箇所で使用して，よりドラマチックな効果を生み出し，プログラムの動作を遅くしています．今回は，for 文を使って 2 行ずつ“...........”を表示するだけですが，それぞれ 3 秒間続きます．

コードの次の部分では，power という名前の新しい変数を宣言し，リスト super_powers の中からランダムに選んだ要素を代入しています．

```
power = random.choice(super_powers)
```

最後に，ユーザーがどのような“スーパー・パワー”が選ばれたのかを確認できるように，power の値を表示することで，コードのこのセクションは終了します．

この時点でプログラムを実行すると，次のような結果が得られるはずです．

```
スーパー・ヒーロー・ジェネレーター 3000 でスーパー・ヒーローを作る用意はできましたか？
Y か N を選択：
y
素晴らしい．では始めましょう！
名前をランダム化しています……
...........
...........
...........
（すごくドキドキしますよね？）

スーパー・ヒーローの名前:
驚異の　マッチョ

さあ，どんなスーパー・パワーをもっているか，いまにわかりますよ！
（スーパー・ヒーロー・パワーを生成しています……）
...........
...........
（うーん，これは気に入らないだろうなぁ……）
...........
...........
（もう少しです……）
スーパー・パワー:
飛行能力
```

“スーパー・パワー”と“スーパー・ヒーロー”のフルネームはランダムに生成されるため，ここに示した結果とは違う結果になることがあるということを忘れないでください．

プログラムの完成

初めての本格的なプログラムがもうすぐ完成しますよ！　アプリケーションの最後の部分では，ヒーローのステータス値をランダムに生成します．コードの冒頭の部分で七つの変数（筋力，知力，持久力，判断力，耐久力，敏捷力，スピード）を宣言し，それぞれに0を代入していたことを思い出してください．

コードの次のセクションでは，ステータス値を表す変数それぞれに1から20のランダムな整数値を代入します．それには2章で説明したrandom.randint()関数を使います．

super_hero_generator3000.pyに次を追加します．

super_hero_generator3000.py

```
print("")

print("最後だからといって侮れない，ステータス値を生成しましょう！")
print("スーパー・スマート？　スーパー・ストロング？　スーパー・イケメン？")
print("それが判明します！")

# プログラムの動作を遅くして，ドラマチックな効果を生成

for i in range(3):
    print("..........")
    time.sleep(3)

# 以下の変数にランダムに新しい値を代入
# 新しい値は1から20の範囲とする

strength = random.randint(1, 20)
brains = random.randint(1, 20)
stamina = random.randint(1, 20)
wisdom = random.randint(1, 20)
constitution = random.randint(1, 20)
dexterity = random.randint(1, 20)
speed = random.randint(1, 20)

# ステータス値を表示

print("スーパー・ヒーローのステータス値:")
print("")
print("筋力:", strength)
print("知力:", brains)
print("持久力:", stamina)
print("判断力:", wisdom)
print("耐久力:", constitution)
print("敏捷力:", dexterity)
```

```
print("スピード:", speed)
print("")

# 生成されたスーパー・ヒーローのすべての情報を表示
# ヒーローの名前，スーパー・パワー，ステータス値を含む

print("これがあなたの新しいスーパー・ヒーローのまとめです！")
print("スーパー・ヒーロー・ジェネレーター3000をお使いいただきありがとうございます！")
print("友達に教えてあげてください！")
print("")
print("")
print("キャラクターまとめ:")
print("")
print("スーパー・ヒーローの名前:", super_name)
print("スーパー・パワー:", power)
print("")
print("筋力:", strength)
print("知力:", brains)
print("持久力:", stamina)
print("判断力:", wisdom)
print("耐久力:", constitution)
print("敏捷力:", dexterity)
print("スピード:", speed)
```

コードの下の部分を見ると，変数にランダムな整数値を代入することがいかに簡単であるかがわかります．括弧内の数字は許容範囲の最小値と最大値を表しています．ここでは，範囲は常に1から20です．

super_hero_generator3000.py

```
strength = random.randint(1, 20)
brains = random.randint(1, 20)
stamina = random.randint(1, 20)
wisdom = random.randint(1, 20)
constitution = random.randint(1, 20)
dexterity = random.randint(1, 20)
speed = random.randint(1, 20)
```

この章のまとめ

さあ，完成した初めてのプログラムの栄光の余韻に浸るときが来ました！　しかし最後にすべきことは，あなたのコードが本書に書かれている内容と正確に一致しているかどうかを確認することです．これができたら，プログラムを何度も何度も実行することも，リストの値を変更することも，友達や先生を招待して“スーパー・ヒーロー”を作ってもらうこともできます！

ここに，super_hero_generator3000.py のコード全体があります．自分のコードを比較して，

一致していることを確認してください．

super_hero_generator3000.py

```
# 後でランダムな数値や文字列を得るためにrandomモジュールをインポート
import random

# ディレイ（遅延）を生み出すためにtimeモジュールをインポート
import time

# キャラクターのステータス値を保持する変数を宣言（初期化）

strength = 0
brains = 0
stamina = 0
wisdom = 0
constitution = 0
dexterity = 0
speed = 0

answer = ""

# とりうるスーパー・パワーのリストを生成

super_powers = ["飛行能力", "超筋力", "テレパシー", "超スピード", "ホットドッグ大⏎
食い", "縄跳び上手"]

# とりうるファーストネームとラストネームのリストを生成

super_first_names = ["ワンダー", "何たる", "狂気の", "インクレディブル", "驚異の",⏎
"いいひと", "巨大な", "並外れた", "奴は", "ありえない"]

super_last_names = ["ボーイ", "マン", "犬", "筋肉", "ガール", "ウーマン", "ガイ",⏎
"ヒーロー", "マックス", "ドリーム", "マッチョ", "スタリオン"]

# 導入テキスト

print("スーパー・ヒーロー・ジェネレーター3000でスーパー・ヒーローを作る用意はできました⏎
か？")

# ユーザーに質問をして，答えるようにメッセージを出す
# input()関数でユーザーの入力を受けつける
# そしてupper()関数でユーザーの回答をすべて大文字に変える

print("YかNを入力:")

answer = input()
```

```
answer = answer.upper()

# 回答‘Y’をチェックするwhileループ
# このループは変数answerの値が‘Y’でない間，続く
# ユーザーが‘Y’を入力したときだけ，ループを抜け，続きのプログラムが実行される

while answer != "Y":
    print("申し訳ありません．続けるにはYを入力してください！")
    print("YかNを選択:")
    answer = input()
    answer = answer.upper()

print("素晴らしい．では始めましょう！")

print("名前をランダム化しています……")

# time.sleep()関数でサスペンスを生み出す

for i in range(3):
    print("...........")
    time.sleep(3)

print("(すごくドキドキしますよね？)")
print("")

# スーパー・ヒーローの名前のランダム化
# 二つの名前リストからそれぞれ一つずつ選ぶことによって行う
# それらをつなげて変数super_nameに代入

super_name = random.choice(super_first_names) + " " + random.choice(super⏎
_last_names)

print("スーパー・ヒーローの名前:")
print(super_name)
print("")
print("さあ，どんなスーパー・パワーをもっているか，いまにわかりますよ！")
print("(スーパー・ヒーロー・パワーを生成しています……)")

# ドラマチックな効果を再び生成

for i in range(2):
    print("..........")
    time.sleep(3)

print("(うーん，これは気に入らないだろうなぁ……)")
```

```
for i in range(2):
    print("...........")
    time.sleep(3)

print("(もう少しです……)")

# リストsuper_powersからランダムにスーパー・パワーを選択
# そして変数powerに代入

power = random.choice(super_powers)

# 変数powerとテキストを表示

print("スーパー・パワー:")
print(power)
print("")

print("最後だからといって侮れない，ステータス値を生成しましょう！")
print("スーパー・スマート？　スーパー・ストロング？　スーパー・イケメン？")
print("それが判明します！")

# プログラムの動作を遅くして，ドラマチックな効果を生成

for i in range(3):
    print("...........")
    time.sleep(3)

# 以下の変数にランダムに新しい値を代入
# 新しい値は1から20の範囲とする

strength = random.randint(1, 20)
brains = random.randint(1, 20)
stamina = random.randint(1, 20)
wisdom = random.randint(1, 20)
constitution = random.randint(1, 20)
dexterity = random.randint(1, 20)
speed = random.randint(1, 20)

# ステータス値を表示

print("スーパー・ヒーローのステータス値:")
print("")
print("筋力:", strength)
print("知力:", brains)
```

```
print("持久力:", stamina)
print("判断力:", wisdom)
print("耐久力:", constitution)
print("敏捷力:", dexterity)
print("スピード:", speed)
print("")

# 生成されたスーパー・ヒーローのすべての情報を表示
# ヒーローの名前，スーパー・パワー，ステータス値を含む

print("これがあなたの新しいスーパー・ヒーローのまとめです！")
print("スーパー・ヒーロー・ジェネレーター3000をお使いいただきありがとうございます！")
print("友達に教えてあげてください！")
print("")
print("")
print("キャラクターまとめ:")
print("")
print("スーパー・ヒーローの名前:", super_name)
print("スーパー・パワー:", power)
print("")
print("筋力:", strength)
print("知力:", brains)
print("持久力:", stamina)
print("判断力:", wisdom)
print("耐久力:", constitution)
print("敏捷力:", dexterity)
print("スピード:", speed)
```

このプログラムを実行すると，以下のような結果が表示されるはずです．“スーパー・ヒーロー”のフルネーム，“スーパー・パワー”，ステータス値はランダムに生成されるということに注意してください．

```
スーパー・ヒーロー・ジェネレーター 3000 でスーパー・ヒーローを作る用意はできましたか？
Y か N を選択:
y
素晴らしい．では始めましょう！
名前をランダム化しています……
...........
...........
...........
（すごくドキドキしますよね？）

スーパー・ヒーローの名前:
ワンダー マン
```

```
さあ，どんなスーパー・パワーをもっているか，いまにわかりますよ！
(スーパー・ヒーロー・パワーを生成しています……)
...........
...........
(うーん，これは気に入らないだろうなぁ……)
...........
...........
(もう少しです……)
スーパー・パワー：
縄跳び上手

最後だからといって侮れない，ステータス値を生成しましょう！
スーパー・スマート？　スーパー・ストロング？　スーパー・イケメン？
それが判明します！
...........
...........
...........
スーパー・ヒーローのステータス値:

筋力: 13
知力: 8
持久力: 5
判断力: 15
耐久力: 20
敏捷力: 11
スピード: 9

これがあなたの新しいスーパー・ヒーローのまとめです！
スーパー・ヒーロー・ジェネレーター 3000 をお使いいただきありがとうございます！
友達に教えてあげてください！


キャラクターまとめ:


スーパー・ヒーローの名前: ワンダー マン
スーパー・パワー: 縄跳び上手

筋力: 13
知力: 8
持久力: 5
判断力: 15
耐久力: 20
敏捷力: 11
スピード: 9
```

Superhero Bootcamp Lesson 7

モジュールや組込み関数を使いこなそう

私たちはこれまでに，初めての本格的な Python アプリケーションを実際に作成しました（もしあなたが読み飛ばしているのであれば，6 章に戻ってください！）．それではここで，プログラミングの力を真に活用し，最高のプログラマーになるための方法を学び始めましょう．

これまで本書では，コードをできるだけ効率的に書くことの重要性について触れてきました．効率的なプログラミングには，1 日にこなせる作業量が増える以外にも，いくつかの利点があります．第一に，プログラムが使用するメモリや計算処理能力をできるだけ少なくすることができます．第二に，コードのエラーを減らすことができます．後者は当然のことながら，入力する量が減れば減るほど，何かをまちがって入力したり，プログラミングロジックのミスや構文エラーを起こしたりする可能性が低くなるからです．

効率的な作業のなかには，新しいプログラムを作成する際に，テスト済みで実績のあるコードを何度も再利用することが含まれます．これらのコードはしばしば一般的な処理を行うために書かれ，数行の単純なコードから数千行に及ぶものまであります．しかし，重要なのは，それらが（確実に）動作することがわかっているという点です．何度も何度もコードを入力する代わりに，ファイルとして保存されているライブラリを必要に応じてプログラムにインポートするだけで，時間とミスを大幅に削減できます．

このように使用される場合，これらのコードの集まりをモジュールとよびます．簡単に言えば，**モジュール**はコードを含むファイル，それだけのことです．いくつかのモジュールをまとめたものを**パッケージ**とよびます．さらに広く，いくつかのモジュールやパッケージをまとめたものを**ライブラリ**とよびます．モジュールやパッケージ，ライブラリは，Python に初めから組込まれている（組込み○○や標準○○などとよばれる）ものもあれば，それ以外の，コミュニティなどによって開発された（外部○○などとよばれる）ものもあります．

これまで本書をとおして，`time` や `random` を含むいくつかのモジュールを使用してきました．この章では，独自のモジュールを作成する方法を学ぶだけでなく，Python が提供している，より人気のある，最も一般的に使用されているモジュールのいくつかを見ていきます．結局のところ，Python をこれほど強力で重要なプログラミング言語にしているのは，組込まれている多くの実証済みモジュールや，大規模なコミュニティによって開発されたさまざまなモジュールなのです．

さあ，食べかけのポテトチップスを置いて，新しいマントを汚さないように手を洗ったら，“スーパー・ヒーロー・プログラマー”の究極の武器モジュールを学んで，プログラミングの力をさらに伸ばしましょう！

モジュールの定義

モジュールとは何かがわかったところで，具体的には，どのようなものを含むことができるのかと疑問に思われるかもしれません．先ほどの定義をもとにすると，モジュールにはどんなコードでも含められることになります．関数のセットをもっていたり，画面にテキストを表示するプログラムだったり，たくさんの変数を含んでいたり，他のモジュールをプログラムにインポートする数行のコードだったりするかもしれません．Python ファイル（.py）であり，コードが含まれている限り，それはモジュールです．

Python には大まかに次の 3 種類のモジュールがあります．

- 組込みモジュール
- 外部モジュール
- 独自のモジュール

▶組込みモジュール◀

組込みモジュール，**組込み関数**とは，Python の標準ライブラリとして提供されるモジュールや関数のことを指します．これらのモジュールは Python のインストール時に初めから導入されています．datetime（日付と時刻のデータ型を扱うために使用），random（数字をランダムに生成するために使用），socketserver（ネットワークサーバーを作成するために使用）などの便利な機能が含まれています．

本書のこれまでの例の中でいくつか使用しているので，すでにそれらの組込みモジュールには詳しくなっていると思います．Python には標準で搭載されている組込みモジュールが非常に多くあります．完全な一覧表を見るには，https://docs.python.org/ja/3.8/py-modindex.html を参照してください．ただし，この一覧表はバージョンごとに変更されますので，Python.org のウェブサイトにアクセスする際には，あなたが使用している Python のバージョンを必ず確認してください．

組込みモジュールの一覧を見るための簡単な方法は，以下の短いコードを実行することです．

```
# Pythonの組込みモジュールの表示

help("modules")
```

このコードを実行すると，Python は現在インストールされているすべての組込みモジュールの一覧を次のように表示します．

```
Please wait a moment while I gather a list of all available modules...

boolean_examples          _testmultiphase  gettext      reprlib
boolean_logic             _thread          glob         rlcompleter
conditional_statements    _threading_local grep         rpc
count10                   _tkinter         gzip         rstrip
doomsday_clock            _tracemalloc     hashlib      run
example1                  _warnings        heapq        runpy
infinite_loop             _weakref         help         runscript
learning_text             _weakrefset      help_about   sched
list_example              _winapi          history      scrolledlist
logical_operators_example abc              hmac         search
```

```
math_is_hard            aifc          html          searchbase
multiple_elifs          antigravity   http          searchengine
or_example              argparse      hyperparser   secrets
powers_weaknesses       array         idle          select
random_generator        ast           idle_test     selectors
...
```

もちろん，組込みモジュールの一覧を見るだけでも素敵ですが，インターネットで調べることなしに，実際には何をするものなのかを知ることができたほうがよいでしょう．幸いなことに，Python にはそれを手助けしてくれる二つの標準的な方法があります．

最初のものは，**ドキュメンテーション文字列**（docstring）とよばれる .__doc__（ドック）です．あなたが出会うすべてのモジュールは基本的に，その定義の一部として，モジュールや関数の目的を示すドキュメントをもっています．モジュールのドキュメントを読むには，ドキュメンテーション文字列を次のように表示します．

```
# 最初に必ずモジュールをインポート

import time

# そうすると，そのドキュメントを表示できる

print(time.__doc__)
```

.__doc__ の前にあるのが，表示したいドキュメントのモジュール名です．このコードをファイルに書いて実行すると，結果は次のようになります．

```
This module provides various functions to manipulate time values.

There are two standard representations of time. One is the number
of seconds since the Epoch, in UTC (a.k.a. GMT). It may be an integer
or a floating point number (to represent fractions of seconds).
The Epoch is system-defined; on Unix, it is generally January 1st, 1970.
The actual value can be retrieved by calling gmtime(0).

The other representation is a tuple of 9 integers giving local time.
The tuple items are:
  year (including century, e.g. 1998)
  month (1-12)
  day (1-31)
  hours (0-23)
  minutes (0-59)
  seconds (0-59)
  weekday (0-6, Monday is 0)
```

```
  Julian day (day in the year, 1-366)
  DST (Daylight Savings Time) flag (-1, 0 or 1)
If the DST flag is 0, the time is given in the regular time zone;
if it is 1, the time is given in the DST time zone;
if it is -1, mktime() should guess based on the date and time.
```

ドキュメントを見るための方法がもう一つあります．実際には，二つの方法でドキュメントが異なる場合があるので，両方の方法を使用することをお勧めします．たとえば，次のようなコードを入力したとします．

```
# 最初に必ずモジュールをインポート

import time

# そうすると，そのドキュメントを二つ目の方法で表示できる

help(time)
```

.__doc__ を使ったときとはまた違った，言葉数の多い回答が返ってきます．

```
Help on built-in module time:

NAME
    time - This module provides various functions to manipulate time values.

DESCRIPTION
    There are two standard representations of time. One is the number
    of seconds since the Epoch, in UTC (a.k.a. GMT). It may be an integer
    or a floating point number (to represent fractions of seconds).
    The Epoch is system-defined; on Unix, it is generally January 1st, 1970.
    The actual value can be retrieved by calling gmtime(0).

    The other representation is a tuple of 9 integers giving local time.
    The tuple items are:
      year (including century, e.g. 1998)
      month (1-12)
      day (1-31)
      hours (0-23)
      minutes (0-59)
      seconds (0-59)
      weekday (0-6, Monday is 0)
      Julian day (day in the year, 1-366)
      DST (Daylight Savings Time) flag (-1, 0 or 1)
```

```
If the DST flag is 0, the time is given in the regular time zone;
if it is 1, the time is given in the DST time zone;
if it is -1, mktime() should guess based on the date and time.
```

この結果は，実際に表示されるドキュメント全体のごく一部に過ぎません．

違いを確認するには，両方を同時に使ってみてください．新しいファイル（.py）を作成し，次のコードを入力したら，print_documentation.py という名前で保存します．実行し結果を調べて，違いを確認します．

print_documentation.py

```
# 最初にドキュメントを表示したいモジュールをインポート

import time

# ドキュメントを.__doc__ (docstring) を使って表示

print(time.__doc__)

# 次のドキュメントの始まりがわかるように区切り線を表示

print("helpを使った場合の表示……")
print("#######################################")

# help()関数を使ってドキュメントを表示

help(time)
```

このコードの表示結果は大きすぎて本書には掲載できませんが，自分でプログラムを実行すれば，すべてのドキュメントを見ることができます．どのドキュメントがどの方法によるものかにも注目してください．

▶外部モジュール◀

使いたいモジュールが Python のインストールに含まれていなかった場合は，インポートする前にまず自分でインストールする必要があります．モジュールのインストールはパッケージ単位で行います．コミュニティなどによって開発されたパッケージをインストールする方法の一つは，pip という Python に付属のツールを使用することです．pip は現在のバージョンの Python では自動的にインストールされますので，古いバージョンを使用していない限り，すべての設定は完了しているはずです．

pip は Python のバージョン 3.4 以降に付属しているインストーラープログラムです．プログラムを使用するには，コマンドプロンプトを起動しなければなりません（[スタートメニュー]を右クリックして，[ファイル名を指定して実行]を選択し，cmd と入力することで可能です）．コマンドプロンプトで pip と入力し Enter を押すだけで，pip で実行可能なコマンドの一覧を見ることができます．

いまのところ，理解する必要がある pip コマンドは簡単な install（インストール）だけです．しかし，その前に，パッケージがすでにインストールされていないかどうかを確認しなければなりません．

そのためには，いったん IDLE に戻ります．そして，たとえば，time モジュールがインストールされているかどうかを確認したい場合は，次のように入力します．

```
import time
```

エラーが発生した場合，そのモジュールはインストールされていないことがわかりますので，コマンドプロンプトに戻ってモジュールをインストールします．ここでは例として，ゲーム開発に役立つ人気のパッケージ，Pygame パッケージをインストールしてみましょう（詳しくは 11 章で説明します）．コマンドプロンプトで次のとおり入力し，Enter を押します*．

```
python -m pip install pygame
```

数秒後，パッケージのダウンロードとインストールの処理が開始されます．完了すると，メッセージが表示されます（図 7・1）．

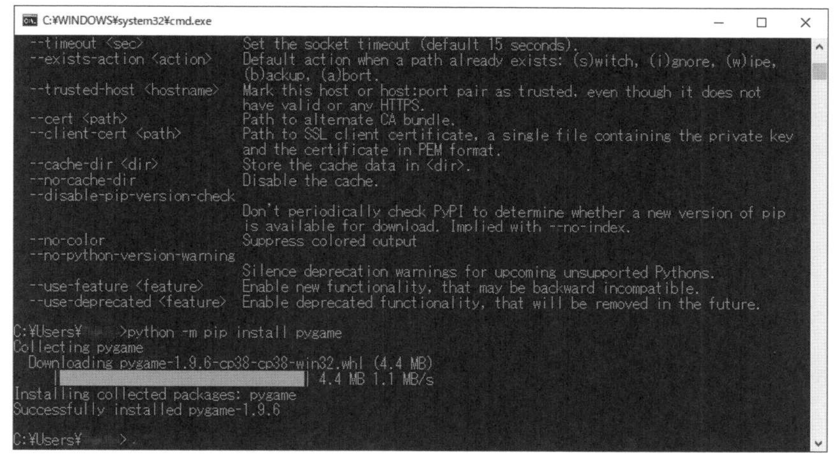

図 7・1　おめでとうございます！　これで最初の **Python** パッケージがインストールされました！

▶独自のモジュールの作成◀

既存の組込みモジュールやパッケージを使うのは，プログラムをより効率的にしてエラーの発生を減らす素晴らしい方法です．時間を節約し，キーボードに頭を打ちつける回数を減らすための別の方法は，何度も使える自分独自のモジュールを作成することです．

モジュール作成の最初のステップは，別のプログラム内から呼び出せる，つまり参照できる関数を作成することです．この演習では，二つの Python ファイルが必要です．まず，モジュールを実際に作成します．これをメインのプログラムから使用するのです．

新しいファイル（.py）を作成し，次のコードを入力したら，our_first_module.py という名前で保存します．

---

*　訳注：macOS の場合は，ターミナルを開き，python3 -m pip install pygame==2.0.0-.dev10 と入力する．macOS にはバージョンにもよるが Python 2 が含まれているので，インストールした Python 3 を使うには，コマンドを python3 とする必要がある．また，本書翻訳の時点で Pygame の現行版は macOS に対応していないので，開発版を入れるよう指示する必要がある．

our_first_module.py

```
# 自分の関数の定義

def first_function():
    print("これが最初の関数です！")
```

実行してみます．プログラムが実行されたことはわかっても，実際には何も起きなかったようです．これは，関数を定義しただけで，関数を呼び出す，つまり何かをするように指示していないからです．

関数を定義するには，def 文を使い，def の後に関数名を書きます．もし必要であれば関数名の後の括弧 () の間に引数を書きます（この例では引数がありませんが，括弧 () は必ず必要です）．

実際にこの関数を使うには，別のファイルから呼び出す必要があります．別のファイルを作成し，次のコードを入力したら，testing_module.py という名前で保存します．

testing_module.py

```
# 最初に自分のモジュールをインポートする必要がある
# ファイル名から拡張子.pyを除いた名前を使って，モジュールをインポート

import our_first_module

# ここで，モジュールの関数を呼び出す

our_first_module.first_function()
```

このファイルを実行すると，以下のような結果が表示されるはずです．

```
これが最初の関数です！
```

おめでとうございます．最初のモジュールを作成し，別のプログラムから呼び出すことに成功しました！ もちろん，モジュールは複数の関数をもつことができるので，いくつかの関数を追加して，ファイル内でそれらを呼び出す練習をしてみましょう．our_first_module.py を再び開き，次のようにコードを編集します．

our_first_module.py

```
# 自分の関数の定義

def first_function():
    print("これが最初の関数です！")

# 二つ目の関数を定義

def second_function():
    print("二つ目の関数です！")

# 変数を定義
```

```
a = 2 + 3
```

新しく定義した関数と変数を利用するには，testing_module.py を編集する必要があります．次のようにコードを修正します．

testing_module.py

```
our_first_module.first_function()

# 二つ目の関数の呼び出し

our_first_module.second_function()

# モジュール内の変数の参照と表示

print(our_first_module.a)
```

二つの関数を呼び出すだけでなく，このコードでは a という名前の変数の値を表示しています．これは print(our_first_module.a) というコードで実現しています．our_first_module の部分は our_first_module.py を表し，関数をどこから探してくるのかを Python に伝えています．一方，.a はどの変数を表示するのかを伝えています．たとえば，もし変数の名前が last_name だったとすると，print(our_first_module.last_name) になります．

最後に，これまで作成したコードと同様に，作業内容を必ずドキュメント化するようにします．以前は .__doc__ と help() を使ってモジュールのドキュメントを表示しました．ここでは，複数行の文字列（三つの "）を使って，独自のドキュメントを作成しましょう．our_first_module.py を開き，最初の first_function() 関数のコードを修正し，次のようにコメントを追加します．

our_first_module.py

```
# 自分の関数の定義

def first_function():
    """これはfirst_function()のドキュメント（docstring）です.
ここに使用例を記載したり，何のための関数なのかをドキュメント化したりできます.
そうすれば将来のプログラマーや自分自身が，後にこの関数の‘ヘルプファイル’を読み，
どういう意図だったかを知ることができます.
    """

    print("これが最初の関数です！")
```

3 章で説明したように，インデントされた最初の """ から最後の """ までの間は，すべて複数行の文字列となり，ここではドキュメントとみなされます．

それでは，testing_module.py を開いて，以下のコードを追加して，ドキュメントを表示してみましょう．

testing_module.py

```
our_first_module.first_function()

# first_function()のヘルプファイルを表示

help(our_first_module)

# 二つ目の関数の呼び出し
```

このコードはファイルのどこにでも書けますが，first_function() 関数の呼び出しのすぐ下にしましょう．プログラムを実行すると，次のような結果が表示されるはずです．

```
これが最初の関数です！
Help on module our_first_module:

NAME
    our_first_module - # 自分の関数の定義

FUNCTIONS
    first_function()
        これは first_function() のドキュメント（docstring）です．
        ここに使用例を記載したり，何のための関数なのかをドキュメント化したりできます．
        そうすれば将来のプログラマーや自分自身が，後にこの関数の‘ヘルプファイル’を読み，
        どういう意図だったかを知ることができます．

    second_function()

DATA
    a = 5

FILE
    〈モジュールの置いてある場所を表すファイルパス〉

二つ目の関数です！
5
```

一般的な組込み関数

Python には数多くの素晴らしい組込み関数があり，本書ではその多くを取上げてきました．しかし，手元にあるツールが多すぎて困ることはありません．70 近くの組込み関数がありますが，そのほとんどをプログラマーとしての生活の中で使うことになります．いまのところ，これまでに見落として

いた，より一般的なものをいくつか取上げます．文字列関数から始めて，カテゴリ別に取上げます．

▶ 文字列関数 ◀

文字列関数とは，おそらくお察しのとおり，文字列を扱う関数のことです．文字列を大文字と小文字に変換する str.upper() や str.lower() など，すでにいくつかの関数を取上げました．

文字列を大文字や小文字に変換することだけでなく，文字列がどのような文字なのかを調べることもできます．たとえば，ユーザーがすべての大文字を入力したかどうかを知りたいとします．調べるには，次のようなコードを使用します．

```
# すべて大文字の文字列を作成

test_string = "I AM YELLING!"

print("叫んでますか？")

# 変数test_stringの値がすべて大文字かどうかを確認

print(test_string.isupper())
```

ここでは，文字列が大文字かどうかを確認するために，str.isupper()（イズアッパー）関数を使用しています．このコードを実行すると，ブール値（True か False）が返ってきます．

```
叫んでますか？
True
```

この関数は文字列全体が大文字かどうかをチェックしているため，含まれる文字のどれかが小文字だと，代わりに False を返すことに注意してください．

小文字かどうかを確認したい場合は，次のように str.islower()（イズロウアー）関数を使用します．

```
# すべて大文字の文字列を作成

test_string = "I AM YELLING!"

print("叫んでますか？")

# 変数test_stringの値がすべて小文字かどうかを確認

print(test_string.islower())
```

もちろん，この例では False を返します．

ユーザーが入力した文字の種類を確認したい場合があります．たとえば，ユーザーに名前を入力させているとき，ユーザーがロボットやエイリアンでない限り，数値を入力してほしくはありません．文字列に文字だけが含まれているかどうか（数字が含まれていないかどうか）をチェックするには，

str.isalpha()（イズアルファ）関数を使用します．

```
# 変数に文字だけが含まれているかをチェックするための文字列を作成

first_name = "James8"

# 変数first_nameの値に数字（文字以外）が含まれているかをチェック

print("名前に数字が含まれていますか？")

if first_name.isalpha() == False:
    print("あなたは，ロボットですか？")
```

変数 first_name の値は文字だけでないため（数字も含まれています），str.isalpha() 関数は False を返し（すなわち，if 文の条件式が True になり），print() 関数によってメッセージが表示されます．

```
名前に数字が含まれていますか？
あなたは，ロボットですか？
```

もし first_name にアルファベット（A～Z と a～z）のみが含まれていた場合，first_name.isalpha() は True となり，何も表示されません．

また，値が数字のみであるかを調べることもできます．たとえば，保険番号や電話番号の欄に文字が入力されていないことを確認したい場合などです．文字列の中に数字だけが含まれているかどうかをチェックするには，str.isnumeric()（イズヌメリック）関数を使用します．

```
# 変数に数字だけが含まれているかをチェックするための文字列を作成

user_iq = "2000"

# 変数user_iqの値に数字だけが含まれ，文字が含まれていないかをチェック

if user_iq.isnumeric() == False:
    print("数字だけをお願いします！")
else:
    print("おめでとう！　数字と文字の違いがわかるようですね！")
```

ここでも，変数 user_iq の値が数字だけを含むかどうか，True か False かを確認しています．user_iq には数字だけが含まれており，文字は含まれていないので，判定は True となり，次の結果が得られます．

```
おめでとう！　数字と文字の違いがわかるようですね！
```

また，文字列にスペース（空白）だけが含まれているかどうかを調べることもできます．str.

isspace() 関数を使用します.

```
# 変数user_iqの値がすべてスペースやホワイトスペース文字かをチェック

if user_iq.isspace() == True:
    print("スペース以外を入力してください！")
```

変数 user_iq の値はすべてスペースというわけではないので，何も起こりません．もしスペースだけだったら，Python は print() 関数を実行していたでしょう．

もう一つの便利な関数に len() があります．これは，文字列の文字数（長さ）を数えます．いったいなぜそんなことをしたいのだろうと思われるかもしれません．答えは簡単です．パスワードのような文字列の文字数を制限したり，十分な文字数があることを確認したりしたいからです．

文字列の文字数を数えるには，次のようなコードにします．

```
# len()を使って保持している文字数をカウントするための変数を宣言

test_password = "MyPasswordIsPassword!"
print(len(test_password))
```

このコードを実行すると，次の結果になります．

```
21
```

▶ 数値関数 ◀

いくつかの新しい文字列関数を学んだので，次は数値を扱うことにしましょう．これまでにも，数値を扱うのに役立ついくつかの関数や，頭痛にならずに数式を計算できる便利な演算子について調べてきました．より上手に数値を扱えるように，さらにいくつかの関数を見てみましょう．

数値を扱う仕事をしていると，上司にどの数値が一番大きいのかを教えてほしいと言われることがあります．複数の数値の中でどの数値が最大であるかを調べるには，max() 関数を使います．

```
# 数値のグループを含むリストを生成

student_grades = [100, 90, 80, 70, 60, 50, 0]

# リストstudent_grades内での最大値を探すためにmax()を使用

print("リストstudent_grades内での最高成績は何点ですか？")
print("答え:")
print(max(student_grades))
```

このコードを実行すると，次の結果が得られます．

```
リスト student_grades 内での最高成績は何点ですか？
答え:
100
```

なぜなら，100 はリスト student_grades の中で最も大きな値だからです．数値のリストの最小値を求めたい場合は，min() 関数を使用します．

```
# 数値のグループを含むリストを生成

student_grades = [100, 90, 80, 70, 60, 50, 0]

# リストstudent_grades内での最大値を探すためにmax()を使用

print("リストstudent_grades内での最高成績は何点ですか？")
print("答え:")
print(max(student_grades))

# リストstudent_grades内での最小値を探すためにmin()を使用

print("リストstudent_grades内での最低成績は何点ですか？")
print("答え:")
print(min(student_grades))
```

このコードを実行すると，次の結果が得られます．

```
リスト student_grades 内での最高成績は何点ですか？
答え:
100
リスト student_grades 内での最低成績は何点ですか？
答え:
0
```

また，リストを生成せずに min() と max() を使用することもできます．次のように入力します．

```
print(min(100, 90, 80, 70, 60, 50, 0))

print(max(100, 90, 80, 70, 60, 50, 0))
```

文字列に対して min() と max() を使用することもできます．たとえば，アルファベットを a から z まで並べたものに対して min() を使用すると "a" を返し，max() を使用すると "z" を返します．

他によく行われることは，与えられたリスト内のすべての数値を合計することです．会社の給与や労働時間の合計を計算する必要があるかもしれません．そのときは sum() 関数を使用します．以下のコードで合計してみましょう．

```
# 給与を表す数値を含む別のリストを生成

payrolls = [500, 600, 200, 400, 1000]

# リスト内の数値の合計を計算するためにsum()関数を使用

print("今週は従業員にどれだけ払いましたか？")
print("給与の合計:")
print(sum(payrolls))
```

この例の結果は次のようになります．

```
今週は従業員にどれだけ払いましたか？
給与の合計：
2700
```

新登場した関数の実践

いまこそ，あなたのスキルを磨くために学んだ“スーパー・パワー”を練習するときです．この節では，この章で学んだ新しい文字列関数と新しい数値関数の一覧を紹介します．このコードを自由に入力して，シンプルでありながら強力な関数の新しいエキサイティングな使い方を考えてみてください．

▶文字列関数の例◀

```
# すべて大文字の文字列を作成

test_string = "I AM YELLING!"

# 変数に文字だけが含まれているかをチェックするための文字列を作成

first_name = "James8"

# 変数に数字だけが含まれているかをチェックするための文字列を作成

user_iq = "2000"

# len()を使って保持している文字数をカウントするための変数を宣言

test_password = "MyPasswordIsPassword!"

# 一連の関数のテスト
```

```
print("叫んでますか？")

# 変数test_stringの値がすべて大文字かどうかを確認

print(test_string.isupper())

# 変数first_nameの値に数字（文字以外）が含まれているかを確認

print("名前に数字が含まれていますか？")

if first_name.isalpha() == False:
    print("あなたは，ロボットですか？")

# 変数user_iqの値に数字だけが含まれ，文字が含まれていないかを確認

if user_iq.isnumeric() == False:
    print("数字だけをお願いします！")
else:
    print("おめでとう！　数字と文字の違いがわかるようですね！")

# 変数user_iqの値がすべてスペースやホワイトスペース文字かを確認

if user_iq.isspace() == True:
    print("スペース以外を入力してください！")

# パスワードに含まれる文字数を数える

print("変数test_passwordに何文字含まれているかを確認しましょう！")
print("文字数:")
print(len(test_password))
```

▶ 数値関数の例 ◀

```
# 数値のグループを含むリストを生成

student_grades = [100, 90, 80, 70, 60, 50, 0]

# 給与を表す数値を含む別のリストを生成

payrolls = [500, 600, 200, 400, 1000]

# リストstudent_grades内での最大値を探すためにmax()を使用
```

```
print("リストstudent_grades内での最高成績は何点ですか？")
print("答え:")
print(max(student_grades))

# リストstudent_grades内での最小値を探すためにmin()を使用

print("リストstudent_grades内での最低成績は何点ですか？")
print("答え:")
print(min(student_grades))

# min()関数やmax()関数を，リストを定義せずに使用

print(min(100, 90, 80, 70, 60, 50, 0))
print(max(100, 90, 80, 70, 60, 50, 0))

# リスト内の数値の合計を計算するためにsum()関数を使用

print("今週は従業員にどれだけ払いましたか？")
print("給与の合計:")
print(sum(payrolls))
```

この章のまとめ

この章では，独自のモジュールや関数を作成する方法を学び，プログラミングの力を飛躍的に向上させました．さらにPythonの最も強力な要素の一つであるコミュニティが開発したパッケージを使用できるようになり，いくつかの組込み関数も学びました．多くの素晴らしい内容を扱ったので，いつものようにまとめてみましょう．

- モジュールには，組込みモジュール，外部モジュール，独自のモジュールの3種類があります．
- 組込みモジュールはPythonに初めからインストールされているモジュール，外部モジュールはPythonコミュニティなどによって作成されたモジュール，独自のモジュールは自分で作成したものです．
- `help()` と `.__doc__` は，ヘルプファイルやモジュールのドキュメントを表示するのに役立ちます．
  例：`help(time)` と `print(time.__doc__)`
- `help("modules")` はインストールされている現在利用可能なモジュールの一覧を表示します．
- `import` はモジュールをプログラムにインポートします．
  例：`import time`
- コマンドラインで `pip` を使うことによって，パッケージをインストールすることができます．
  `python -m pip install <name of module>`
- `def` 文は関数を定義するために使用されます．
  例：

```
def first_function():
    print("Hello!")
```

ちょっとひといき竹内薫ラボ:AIとうまく付き合う方法 

AI社会がやってくるのだそうです．いや，もうすでにやってきていて，ある生命保険会社などは，外回りの営業職を全員，正規雇用し，配置転換に踏み切りました．この会社には，まだAIが入ってきているというよりは，その前の段階のRPA（Robotic Process Automationの略．パソコンによる事務作業などの自動化のこと）が導入され，顧客もインターネット経由で契約を結ぶことが増えてきたため，人員整理をしたのです．

すでにパターン化された仕事の多くが自動化されているので，今後，本格的にAIが導入されれば，さらに多くの人が仕事を失ったり配置転換されたりするはずです．では，みなさんの仕事がAIにもっていかれないようにするには，どうすればいいのでしょう？

AIが増えるということは，AIの開発やメンテナンスの仕事が激増する，ということを意味します．ですから，プログラミング技能を高めて，そういった仕事に就くことができれば，みなさんの未来は安泰でしょう．

でも，プログラミングは好きだけれど，そこまで高度な専門技能まで身につける気がない人はどうすればいいか．

実は，学校の先生，保育士，看護師，芸術家，ベンチャー企業経営者といった仕事は，AI時代になっても人間がやり続けると予想されています．なぜなら，AIは，心（意識）をもっておらず，また，過去データがないと機能しないからです．いまあげたような仕事は，接する相手の心のケアや，臨機応変さや決断が必要とされるので，AIで代替することができません．

ところで，将来，AIがみなさんの職場に本格導入されたとき，一つ気をつけていただきたいことがあります．それは，どこまでが人間の責任で，どこまでがAIの責任なのかを明確に決めておくこと．

大きなミスが発生したときに，人間とAIが責任のなすりつけあいをしても意味がありません．ですから，“ここまではAIで自動化するけれど，ここから先は人間がやる”と決めておく必要があります．もしも，この線引きが明確でないなら，絶対にAIと一緒に仕事をしてはいけません．いざというときに，会社が人間のあなたに一方的に責任をおっかぶせるかもしれないからです！　くわばら，くわばら．

- `str.upper()` と `str.lower()` はそれぞれ文字列を大文字と小文字に変換します．
- `str.isalpha()`，`str.isnumeric()`，および `str.isspace()` はすべて，正しい種類の文字が使用されているかどうかを調べます．
- `len()` は文字列の文字数（長さ）を数えます．
- `min()` および `max()` は，数値または文字列のリストから最小値と最大値を見つけます．
- `sum()` はリスト内の値の合計を計算します．

Superhero Bootcamp Lesson 8

クラスとオブジェクトを使いこなそう

ここまでは，かなり標準的なプログラミング言語の機能と実践を取上げてきました．この章でもこの流れを引き継いでいきますが，一見すると少しむずかしい内容になるかもしれません．ですが心配ご無用です．ここまで来て，あなたがつまずきがちな相棒から完全なヒーローに変身するのを見てきましたから．

この章では，**オブジェクト指向プログラミング（OOP）**とよばれる概念に焦点を当てます．クラスやオブジェクト，コンストラクター，スーパークラス，サブクラス，継承とよばれる強力なツールについて学び，これらの新しい強力な概念と手法を使って，6章で作成したプログラムの新バージョンを作成します．

わかります．古き良きスーパー・ヒーロー・ジェネレーター3000はこれ以上改良できないと思っていたら，足をすくわれましたね！

オブジェクト指向プログラミングとは何か

実を言うと，Pythonはオブジェクト指向プログラミング言語（OOP）です．しかし，誰もがPythonをOOPとして使っているわけでも，誰もがOOPの真の力を理解しているわけでもありません．OOPのメソッド，クラス，オブジェクトによって，Pythonの読みやすさや使い勝手のよさが損なわれると言う人もいます．

そういった主張にも一理あるかもしれませんが，全般的に見ると，多少読みやすさを失ったとしても，効率化とエラーの削減によって，そして率直に言うとプログラミングのよい習慣を身につけることで，補うことができます．また，これまで何度も議論してきたドキュメント化というベストプラクティスに従えば，コードを非常に読みやすくできます．プログラムのあちこちにプログラマーの意図がはっきりと書かれるのですから．

オブジェクト指向プログラミングとは，要するに再利用可能なコードを作成することです．関数やモジュールの利点について説明したことを覚えていますか？　OOPの実践にも同じルールが適用されます．OOPなら，コードの断片を再利用したり，さまざまなものをきっちりとまとめておいたりできるので，より複雑なプログラムや長いプログラムに最適なのです．

ここまでのところ，私たちはほとんどの場合，手続き型プログラミングとよばれるものを行ってきました．手続き型のコードとは，基本的には連続した順序で書かれ，ほとんどの場合，その並びで使用されるコードのことです．この章では，それをすべて変えていきます．

オブジェクト指向プログラミングの核となる概念は，他の多くのプログラミング言語にも存在する，**クラス**や**オブジェクト**とよばれるものです．

▶クラスとは何か◀

心配しないでください．“クラス”と聞くと学校のクラスを思い出し，先生が数学の楽しさを延々と語る恐ろしい授業をイメージすることは知っています！　一方，Python におけるクラスはもっとおもしろいものです．

クラスはオブジェクト（もの）の DNA と表現するのが一番よいでしょう．設計図やテンプレートとみなすこともできます．次のように考えてみましょう．もしあなたが車を作ろうとしていたとしても，鉄板とゴムタイヤを一緒にハンマーで無造作に叩けば，最高のものができるなどとは思いませんよね？　そんなことをしても，大して走らないでしょうし，素晴らしい見た目にもなりません．

その代わりに，あなたは車が備えるべき機能が書かれた設計図（クラス）を作成するはずです．さらに，私たち“ヒーロー・プログラマー”は効率を重視しているので，どんな車を組立てるときにも使用できる設計図（クラス）を作成したいと考えるでしょう．そうすれば，車の別のモデルを作ろうとするときに，計画をもう一度立て直す必要がなくなります．

たとえば，車のクラスを作るとしたら，どの車にも 4 本のタイヤ，フロントガラス，ドア，エンジンなどがあります．これらはすべての車がもっている共通のものです．色，塗装，ドアの数，タイヤの大きさなどは違うかもしれませんが，基本的な特徴はどの車にも当はまります．

要約すると，クラスとは基本的に設計図のようなものなのです．これを使うことによって，同じ基本機能をもつ複数のオブジェクト（もの）を生成することができるようになります．新しいオブジェクトを生成するたびに，それらの機能をコード化したり定義したりする代わりに，クラスをもとにオブジェクトを生成するだけで，すべての作業はすでに完了済みとなるのです．

もし，この概念をまだしっかりとは理解できなくても，心配しないでください．実際のコードで使い始めるとはっきりします．いまは，基本的なコンセプトを意識してください．クラスは設計図です．

▶ オブジェクトとは何か ◀

クラスが設計図だとしたら，オブジェクトとは，そこから作られるもののことです．プログラミング用語では，オブジェクトを生成することをクラスの**インスタンス**を生成するといいます．また，生成されたオブジェクト自体をインスタンスとよびます．

オブジェクトはプログラム内のさまざまなものを表現するために使用できます．前述したように，たとえば，乗り物を表現するためにオブジェクトを使用することができます．また，犬の種類や従業員の種類を表すこともできます．

もちろん，これは“スーパー・ヒーロー”のプログラミング本なので，クラスやオブジェクトの概念や使い方を紹介するのには，“スーパー・ヒーロー”（オブジェクト）の設計図（クラス）を自分たちで作るのがよいでしょう．

▶ 初めて作るクラス ◀

クラスの作成は比較的簡単です．実際，関数を定義するのと非常に似ています．関数の場合と同様に，クラスを作成することを，クラスを定義するといいます．`class`（クラス）文を使用します．

```
class SuperHero:
      ...〈コードを書く〉
      ...〈さらにコードを書く〉
```

この例では，`SuperHero` という名前のクラスを定義する方法を示しています．クラスの命名規則は最初の単語の最初の文字を大文字にするというものです．名前の中に二つ以上の単語がある場合は，それぞれの単語の最初の文字を大文字にします．たとえば，“アメリカン・スーパー・ヒーロー”を表すクラスを定義したい場合は，次のようにします．

```
class AmericanSuperHero:
    ...〈コードを書く〉
    ...〈さらにコードを書く〉
```

もちろん，これらのクラスは技術的には何もしません．これらのクラスが便利な機能を果たすようになるためには，コードを追加してどう振舞うべきかを教える必要があります．

クラスに追加された関数を**メソッド**とよびます．メソッドは，それが属するクラス（定義）の下にインデントして書く必要があります．

```
class SuperHero:
    def fly(self):
        print("見て！　ぶっ飛んでいるだろ！")
```

このコードはSuperHeroという名前のクラスにflyという名前のメソッドを定義しています．このメソッドは，“見て！　ぶっ飛んでいるだろ！”というテキストを表示します．

メソッドの定義にはdef文を使います．defの後にメソッドの名前を書きます．メソッドは括弧()で囲まれた引数をとります．クラスのすべてのメソッドは，最低でもself（セルフ）という引数を含まなければなりません．ほかにはいくつでも引数をとることができます．selfは生成したオブジェクト（クラスのインスタンス）を参照するために使用されます．繰返しになりますが，これは実際にクラスを定義して動作させていくうちに理解が深まるでしょう．また，メソッド定義の下にあるコード(メソッドの中身）は，さらにインデントされている必要があることに注意してください．一つのクラスの中にいくつものメソッドを置くことができ，変数なども含めて，あらゆる種類のコードを追加することができます．

たとえば，SuperHeroクラスに二つのメソッドを定義したい場合は次のようにします．一つは空を飛べるようにするメソッド，もう一つはホットドッグをたくさん食べられるようにするメソッドです．

```
class SuperHero:
    def fly(self):
        print("見て！　ぶっ飛んでいるだろ！")

    def hot_dog(self):
        print("ホットドッグが本当に大好き！")
```

SuperHeroクラスを定義しただけなので，このコードを実行しても何も起こりません．実際にクラスを使用するには，オブジェクト（クラスのインスタンス）を生成しなければなりません．

▶初めて作るオブジェクト◀

SuperHeroクラスによって，“スーパー・ヒーロー”の基本的な設計図ができたので，最初のヒーロー，より適切に言うと最初のヒーロー・オブジェクトを生成できるようになりました．オブジェクト（クラスのインスタンス）を作るには，変数を宣言して値をセットするのと同様に，クラスのインスタンスを初期化（生成）しなければなりません．

```
hot_dog_man = SuperHero()
```

オブジェクトの生成はとても単純です．hot_dog_man は SuperHero クラスの特徴をすべてもっています．すなわち，SuperHero クラスのインスタンス（オブジェクト）は，クラスを定義したときに定義したメソッドとデータ属性をすべて含み，変数 hot_dog_man に保持されています．

SuperHero クラスで定義した二つのメソッドを呼び出して，動作を確認することができます．呼び出すとは，コードの一部（関数）を実行することを意味します．

```
hot_dog_man.fly()
hot_dog_man.hot_dog()
```

このコードの最初の行は，Python に hot_dog_man オブジェクトにアクセスして fly() という名前のメソッドを探し，見つかったらそれを実行するように指示しています．2 行目も同じことをしていますが，hot_dog() メソッドを探してコードのその部分を実行するように言っています．

これまでに説明したことをよりよく理解するために，新しいファイル（.py）を作成し，次のコードを入力したら，sample_class_and_object.py という名前で保存します（このコードはこの章でこれまでに説明したコードを一つのファイルにまとめたものです）．

sample_class_and_object.py

```
class SuperHero:
    def fly(self):
        print("見て！　ぶっ飛んでいるだろ！")

    def hot_dog(self):
        print("ホットドッグが本当に大好き！")

hot_dog_man = SuperHero()
hot_dog_man.fly()
hot_dog_man.hot_dog()
```

このコードを実行すると，以下のような結果が得られます．

```
見て！　ぶっ飛んでいるだろ！
ホットドッグが本当に大好き！
```

これはこれでよいのですが，実際には，これらの例はクラスとオブジェクト，そしてオブジェクト指向プログラミングが提供する真の力を示すものではありません．クラスとオブジェクトの基本的な概念を理解したところで，より実践的で現実的な使い方をしてみましょう．

スーパー・ヒーロー・ジェネレーター 3000 の改良

6章では，“スーパー・ヒーロー”をランダムに生成するプログラムを作成しました．具体的には，“スーパー・ヒーロー”のフルネーム，パワー，ステータス値をランダムに生成するというものです．そのために，ユーザーにプログラムを実行してもらい，結果を表示する前にいくつかの簡単な質問に答えてもらいました．

私たちはそのプログラムを非常に直線的に作成しました．つまり，私たちが書いたコードは，Python に1行ずつ実行されました．プログラムは完璧に動作しましたが，もし2人目や1000人目の“スーパー・ヒーロー”を作成したくなったらどうなるでしょうか？　現在のプログラムでは，ユーザーは何度も何度もプログラムを実行しなければなりません．あまり効率的ではありません．

ユーザーが複数のヒーローを作りたい場合，“スーパー・ヒーロー”を選択させ続けるようにループを作成することもできましたし，より多くの“スーパー・ヒーロー”を使用できるようにコードを追加し続けることもできたでしょう．しかし，繰返しになりますが，プログラムをよりよく実行し，エラーの可能性を減らすためには，できるだけ少ない行数のコードにしたいのです．

このように考えてください．私たちの古い“スーパー・ヒーロー・ジェネレーター 3000”は，ヒーローを1人1人手作りするシステムでした．クラスとオブジェクトを代わりに使えば，何千人ものヒーローを出力できるハイテク工場にすることができて，ヒューマンエラーの心配もありません．さらに，それほど多くのコードを書く必要もないので，時間の節約にもなるのです．

以上のことを踏まえて，クラスとオブジェクトを使って“スーパー・ヒーロー・ジェネレーター 3000”を作り直してみましょう．

プログラムのオリジナルバージョンでは，各ヒーローは，次に示す彼らの物理的および精神的属性を定義するステータス値をもっていました．

- 筋力：どれだけ強いか
- 知力：どれだけ頭がよいか
- 持久力：どれだけエネルギーをもっているか
- 判断力：どれだけ賢くてどれだけ経験があるか
- 耐久力：どれだけ怪我から回復し，病気に抵抗できるか
- 敏捷力：どれだけアクロバティックで軽快か
- スピード：どれだけ速いか

これらの属性のそれぞれを SuperHero クラスに割り当てることができます．そうすると，そのクラスからオブジェクトを生成すれば，すべてのヒーローは同じステータスをもつことになります．これを行うのは，すべてのヒーローが少なくとも筋力，知力，持久力などをもっているべきであることを知っているからです．これらは，一般的なヒーローに共通の属性なので，私たちのヒーローの設計図の一部となるのです．

新しいファイル（.py）を作成し，次のコードを入力したら，super_hero_class.py という名前で保存します．

super_hero_class.py

```
# ランダムな数を生成できるようにrandomモジュールをインポート
import random
```

```
# これから作るヒーローたちのテンプレートとなるSuperHeroクラスを定義
class SuperHero:
    # クラスのインスタンスを初期化し，属性をセット
    def __init__(self):
        self.super_name = super_name
        self.power = power
        self.strength = strength
        self.brains = brains
        self.stamina = stamina
        self.wisdom = wisdom
        self.constitution = constitution
        self.dexterity = dexterity
        self.speed = speed

super_name = ""
power = ""

# random.randint()関数を使ってステータス値にそれぞれランダムな値を代入
strength = random.randint(1, 20)
brains = random.randint(1, 20)
stamina = random.randint(1, 20)
wisdom = random.randint(1, 20)
constitution = random.randint(1, 20)
dexterity = random.randint(1, 20)
speed = random.randint(1, 20)
```

このコードでは，**コンストラクターメソッド**とよばれる新しいメソッドが導入されています．クラスのインスタンスに属する新しいデータを初期化するために，このメソッドを使用しています．コンストラクターメソッドは __init__ メソッドともよばれ，データの設定が必要な場合，クラス内で最初に作成されます．

__init__ メソッドの括弧の中に引数として self（インスタンスの参照）を置いて，メソッドの中で，self 参照を通じて，各データ属性（インスタンスがもつ変数）の値を設定します．たとえば，以下のようにして，self.brains に brains の値を設定します．

```
self.brains = brains
```

このようにすることによって，後にプログラムの中でオブジェクトを生成した際に，異なるデータ属性（この場合はヒーローのステータス値）を参照して，プログラムの中でそれらを使用することができます．

次に，各ヒーローの能力をランダムにしたいので，ヒーローの状態を表す各ステータス値に random モジュールの関数を使用します．たとえば，次のように，1 から 20 までの範囲のランダムな値を strength にセットします．

```
strength = random.randint(1, 20)
```

繰返しになりますが，クラス，オブジェクト，メソッドは初心者にとって理解するのがむずかしいテーマです．そのため，完全にはわからなくても，辛抱強く，コードの動作を確認して，どのような意図で書かれているのかをしっかり押さえるようにしてください．

SuperHero クラスを定義し，作成する“スーパー・ヒーロー”のテンプレートがどのようなものになるかを決めたので，オブジェクト（クラスのインスタンス）を生成してみましょう．そして，ヒーローのステータス値を表示します．super_hero_class.py に以下のコードを追加します．

super_hero_class.py

```
speed = random.randint(1, 20)

# SuperHeroオブジェクトの生成
hero = SuperHero()

print("スーパー・ヒーローの名前を入力してください:")

# ユーザーの入力をsuper_nameに代入
hero.super_name = input(">")

# 生成したオブジェクトとその属性を表示
print("スーパー・ヒーローの名前: %s" % hero.super_name)
print("スーパー・ヒーローのステータス値:")
print("")
print("筋力:", hero.strength)
print("知力:", hero.brains)
print("持久力:", hero.stamina)
print("判断力:", hero.wisdom)
print("耐久力:", hero.constitution)
print("敏捷力:", hero.dexterity)
print("スピード:", hero.speed)
print("")
```

このバージョンのプログラムでは，オリジナルの“スーパー・ヒーロー・ジェネレーター 3000”プログラムとは違い，ユーザーに“スーパー・ヒーロー”の名前を入力してもらいます．心配しないでください．私たちはすぐに名前の生成をランダムにします．いまのところは，シンプルに input() 関数を使って，ユーザーに自分の名前を入力させることにします．input() 関数の値は hero オブジェクトの super_name 属性に代入されます．これはすべて次の行で達成されています．

```
hero.super_name = input(">")
```

ここでは input() 関数の使い方がいままでと少し違っていることに気がついたかもしれません．括弧内の ">" は，ユーザーがどこに入力すればよいかわかるように，単に > を画面上に表示するだけです.

次に，hero オブジェクトのランダムに生成された各属性の値を，たとえば次のように表示しています.

```
print("筋力:", hero.strength)
```

hero.strength の部分は Python に hero オブジェクトの strength 属性に格納された値を表示するように指示しています．変数の使い方と似ています.

このプログラムを実行すると，次のような結果が得られます.

```
スーパー・ヒーローの名前を入力してください:
>SuperPowerAwesomeManofAction
スーパー・ヒーローの名前: SuperPowerAwesomeManofAction
スーパー・ヒーローのステータス値:

筋力: 10
知力: 10
持久力: 5
判断力: 17
耐久力: 1
敏捷力: 19
スピード: 15
```

ここまでは完璧です．では，ヒーローのフルネームと“スーパー・パワー”をランダムに生成するコードを追加してみましょう．以下の行を，ステータス値の変数を宣言したところのすぐ下に追加します.

super_hero_class.py

```
speed = random.randint(1, 20)

# とりうるスーパー・パワーのリストを生成

super_powers = ["飛行能力", "超筋力", "テレパシー", "超スピード", "ホットドッグ⏎
大食い", "縄跳び上手"]

# リストsuper_powersからランダムにスーパー・パワーを選択してpowerに代入

power = random.choice(super_powers)

# とりうるファーストネームとラストネームのリストを生成

super_first_names = ["ワンダー", "何たる", "狂気の", "インクレディブル", "驚異⏎
の", "いいひと", "巨大な", "並外れた", "奴は", "ありえない"]
```

```
super_last_names = ["ボーイ", "マン", "犬", "筋肉", "ガール", "ウーマン", "ガ⏎
イ", "ヒーロー", "マックス", "ドリーム", "マッチョ", "スタリオン"]

# スーパー・ヒーローの名前のランダム化
# 二つの名前リストからそれぞれ一つずつ選ぶことによって行う
# それらをつなげて変数super_nameに代入

super_name = random.choice(super_first_names) + " " + random.choice(super⏎
_last_names)
```

“スーパー・ヒーロー”のフルネームをランダムに生成しているので，ユーザーの入力は必要ありません．次の行を削除します．

```
print("スーパー・ヒーローの名前を入力してください:")

# ユーザーの入力をsuper_nameに代入
hero.super_name = input(">")
```

もとのバージョンのプログラムで行ったように，super_first_name と super_last_name のリストからランダムに super_name を生成しているので，これらのコードはもう必要ないのです．

それでは，自分のコードが次のコードと一致しているかどうかを確かめてください．もしそうでない場合は，この節をもう一度見直して，一致するように変更してください．

super_hero_class.py

```
# ランダムな数を生成できるようにrandomモジュールをインポート
import random

# これから作るヒーローたちのテンプレートとなるSuperHeroクラスを定義
class SuperHero:
    # クラスのインスタンスを初期化し，属性をセット
    def __init__(self):
        self.super_name = super_name
        self.power = power
        self.strength = strength
        self.brains = brains
        self.stamina = stamina
        self.wisdom = wisdom
        self.constitution = constitution
        self.dexterity = dexterity
        self.speed = speed

super_name = ""
power = ""
```

```
# random.randint()関数を使ってステータス値にそれぞれランダムな値を代入
strength = random.randint(1, 20)
brains = random.randint(1, 20)
stamina = random.randint(1, 20)
wisdom = random.randint(1, 20)
constitution = random.randint(1, 20)
dexterity = random.randint(1, 20)
speed = random.randint(1, 20)

# とりうるスーパー・パワーのリストを生成

super_powers = ["飛行能力", "超筋力", "テレパシー", "超スピード", "ホットドッグ⏎
大食い", "縄跳び上手"]

# リストsuper_powersからランダムにスーパー・パワーを選択してpowerに代入

power = random.choice(super_powers)

# とりうるファーストネームとラストネームのリストを生成

super_first_names = ["ワンダー", "何たる", "狂気の", "インクレディブル", "驚異⏎
の", "いいひと", "巨大な", "並外れた", "奴は", "ありえない"]

super_last_names = ["ボーイ", "マン", "犬", "筋肉", "ガール", "ウーマン", "ガ⏎
イ", "ヒーロー", "マックス", "ドリーム", "マッチョ", "スタリオン"]

# スーパー・ヒーローの名前のランダム化
# 二つの名前リストからそれぞれ一つずつ選ぶことによって行う
# それらをつなげて変数super_nameに代入

super_name = random.choice(super_first_names) + " " + random.choice(super⏎
_last_names)

# SuperHeroオブジェクトの生成
hero = SuperHero()

# 生成したオブジェクトとその属性を表示
print("スーパー・ヒーローの名前: %s" % hero.super_name)
print("スーパー・パワー:", hero.power)
print("スーパー・ヒーローのステータス値:")
print("")
print("筋力:", hero.strength)
print("知力:", hero.brains)
print("持久力:", hero.stamina)
```

```
print("判断力:", hero.wisdom)
print("耐久力:", hero.constitution)
print("敏捷力:", hero.dexterity)
print("スピード:", hero.speed)
print("")
```

このプログラムを実行すると，次のような結果が得られます（ここでも，ランダムに生成されるため，値は異なります）．

```
スーパー・ヒーローの名前: インクレディブル ドリーム
スーパー・パワー: 縄跳び上手
スーパー・ヒーローのステータス値:

筋力: 1
知力: 1
持久力: 5
判断力: 11
耐久力: 6
敏捷力: 9
スピード: 13
```

いまや私たちのプログラムは“スーパー・ヒーロー・ジェネレーター 3000”のオリジナルバージョンとほとんど同じように動作しますが，コードの行数は少なくなり，エラーが発生する可能性も少なくなりました．ほかにも違いがあります．たとえば，ヒーローを作成したいかどうかをユーザーに尋ねたり，値が生成されている間にドラマチックな間合い効果を挿入したりはしていません．とはいえ，基本的な部分はそろっています．この次の節では，クラスやオブジェクトの真の力を発揮する新しく本当にクールな機能だけでなく，オリジナルバージョンにあったオプション機能のいくつかを追加していきます．

継承，サブクラス，その他

クラスの素晴らしい点の一つは，クラスを使って他のクラスを定義したり，**継承**とよばれる方法で，長いコードを使わなくても，その属性を新しく定義されたクラスに引き継いだりできることです．これはあなたの両親があなたに遺伝子を伝えるのと似ていますが，Python では，クラスによって何が継承されるのかが正確にわかります．

他のクラスに基づいてクラスを定義する場合，新しく定義されたクラスを**サブクラス**，または子クラスとよびます．標準では，これらのサブクラスは基づくクラスのメソッドとデータ属性を継承します．このもととなるクラスを**スーパークラス**，または親クラスとよびます．他と同様に，この概念がどのように機能するのかは実際のプログラムで示すのがよいでしょう．

これまでのところ，“スーパー・ヒーロー・ジェネレーター 3000”は，ふつうの“スーパー・ヒーロー”を作ることしかできません．しかし，ご存知のように，すべてのヒーローの“生い立ち”が同じわけではありません．

私たちのプログラムをもう少しリアルにするために，“スーパー・ヒーロー”に新しくヒーローの“種類”を導入します．私たちが作成する各種類には，ある種のボーナスを与えます．いまのところ，ヒーローの新しい種類を表す二つのサブクラスを定義することに焦点を当ててみましょう．一つはロボットのヒーロー，もう一つはミュータントのヒーローです．コードでは次のようになります．

super_hero_class.py

```
super_name = random.choice(super_first_names) + " " + random.choice(super_
last_names)

# Mutantという名前のSuperHeroクラスのサブクラスを定義
# ミュータント・ヒーローはスピードに10ポイントのボーナスを得る

class Mutant(SuperHero):
    def __init__(self):
        SuperHero.__init__(self)
        print("ミュータントを生成しました！")
        self.speed = self.speed + 10

# Robotという名前のSuperHeroクラスのサブクラスを定義
# ロボット・ヒーローは筋力に10ポイントのボーナスを得る

class Robot(SuperHero):
    def __init__(self):
        SuperHero.__init__(self)
        print("ロボットを生成しました！")
        self.strength = self.strength + 10
```

ここでは，二つの新しいクラスを定義しましたが，どちらも実際にはSuperHeroクラスのサブクラスです．これを実現するには，新しいクラス定義の括弧内に，スーパークラスの名前を入れればよいのです．（例：class Mutant(SuperHero) はPython にSuperHeroのサブクラスであるクラスを定義し，そのメソッドとデータ属性を継承するように指示しています．）

次に，def __init__(self) を使用して新しいサブクラスを初期化し，SuperHero.__init__(self) を使用してSuperHeroクラス（スーパークラス）を初期化します．これは，私たちが作ろうとしているオブジェクトがクラスとサブクラスから成り立つためです．

最後に，ヒーローの種類に応じたボーナスを与えたいと思います．ミュータントには，次のコードのようにスピードのボーナスが与えられます．

```
self.speed = self.speed + 10
```

ロボットには，コードの次の行によって，筋力にボーナスが与えられます．

```
self.strength = self.strength + 10
```

他のすべてのヒーローのステータス値はもともとのSuperHeroクラスで設定されたものと同じです．もし，それらの値を再び変更したい場合は，新しく定義したサブクラスで明示的に変更する必要があります．

二つの新しいクラスを定義しましたが，動作を確認するには，それらのオブジェクトを生成する必要があります．サブクラスのインスタンスを生成するコードはクラスのインスタンスを生成するものと同じです．次のコードを使用すると，新しいミュータント・ヒーローと新しいロボット・ヒーローを生成できます．

```
hero2 = Mutant()
hero3 = Robot()
```

ふつうのヒーロー，ミュータント，ロボットのステータス値を表示するコードを作成しましょう．

super_hero_class.py

```
        self.strength = self.strength + 10

# SuperHeroオブジェクトの生成
hero = SuperHero()

# 生成したオブジェクトとその属性を表示
print("スーパー・ヒーローの名前: %s" % hero.super_name)
print("スーパー・パワー:", hero.power)
print("スーパー・ヒーローのステータス値:")
print("")
print("筋力:", hero.strength)
print("知力:", hero.brains)
print("持久力:", hero.stamina)
print("判断力:", hero.wisdom)
print("耐久力:", hero.constitution)
print("敏捷力:", hero.dexterity)
print("スピード:", hero.speed)
print("")

# Mutantオブジェクトの生成

hero2 = Mutant()
print("スーパー・ヒーローの名前: %s" % hero2.super_name)
print("スーパー・パワー:", hero2.power)
print("スーパー・ヒーローのステータス値:")
print("")
print("筋力:", hero2.strength)
print("知力:", hero2.brains)
print("持久力:", hero2.stamina)
```

```
print("判断力:", hero2.wisdom)
print("耐久力:", hero2.constitution)
print("敏捷力:", hero2.dexterity)
print("スピード:", hero2.speed)
print("")

# Robotオブジェクトの生成

hero3 = Robot()
print("スーパー・ヒーローの名前: %s" % hero3.super_name)
print("スーパー・パワー:", hero3.power)
print("スーパー・ヒーローのステータス値:")
print("")
print("筋力:", hero3.strength)
print("知力:", hero3.brains)
print("持久力:", hero3.stamina)
print("判断力:", hero3.wisdom)
print("耐久力:", hero3.constitution)
print("敏捷力:", hero3.dexterity)
print("スピード:", hero3.speed)
print("")
```

この新しいコードをすべてファイルに追加して実行すると，結果は次のようになります．

```
スーパー・ヒーローの名前: 並外れた ボーイ
スーパー・パワー: 飛行能力
スーパー・ヒーローのステータス値:

筋力: 4
知力: 16
持久力: 4
判断力: 18
耐久力: 16
敏捷力: 12
スピード: 2

ミュータントを生成しました！
スーパー・ヒーローの名前: 並外れた ボーイ
スーパー・パワー: 飛行能力
スーパー・ヒーローのステータス値:

筋力: 4
知力: 16
持久力: 4
```

```
判断力: 18
耐久力: 16
敏捷力: 12
スピード: 12

ロボットを生成しました!
スーパー・ヒーローの名前: 並外れた ボーイ
スーパー・パワー: 飛行能力
スーパー・ヒーローのステータス値:

筋力: 14
知力: 16
持久力: 4
判断力: 18
耐久力: 16
敏捷力: 12
スピード: 2
```

通常のヒーローのスピードはロボットと同様に 2 であることに注意してください．しかしミュータントのスピードは 12 です．同様に，通常のヒーローとミュータントの筋力は 4 ですが，ロボットの筋力は 14 です．

この時点までのコードをすべて追加すると，super_hero_class.py は次のようになるはずです．もしそうでない場合は，時間をかけて確認してください．

super_hero_class.py

```
# ランダムな数を生成できるようにrandomモジュールをインポート
import random

# これから作るヒーローたちのテンプレートとなるSuperHeroクラスを定義
class SuperHero:
    # クラスのインスタンスを初期化し，属性をセット
    def __init__(self):
        self.super_name = super_name
        self.power = power
        self.strength = strength
        self.brains = brains
        self.stamina = stamina
        self.wisdom = wisdom
        self.constitution = constitution
        self.dexterity = dexterity
        self.speed = speed

super_name = ""
power = ""
```

```
# random.randint()関数を使ってステータス値にそれぞれランダムな値を代入
strength = random.randint(1, 20)
brains = random.randint(1, 20)
stamina = random.randint(1, 20)
wisdom = random.randint(1, 20)
constitution = random.randint(1, 20)
dexterity = random.randint(1, 20)
speed = random.randint(1, 20)

# とりうるスーパー・パワーのリストを生成

super_powers = ["飛行能力", "超筋力", "テレパシー", "超スピード", "ホットドッグ⏎
大食い", "縄跳び上手"]

# リストsuper_powersからランダムにスーパー・パワーを選択してpowerに代入

power = random.choice(super_powers)

# とりうるファーストネームとラストネームのリストを生成

super_first_names = ["ワンダー", "何たる", "狂気の", "インクレディブル", "驚異⏎
の", "いいひと", "巨大な", "並外れた", "奴は", "ありえない"]

super_last_names = ["ボーイ", "マン", "犬", "筋肉", "ガール", "ウーマン", "ガ⏎
イ", "ヒーロー", "マックス", "ドリーム", "マッチョ", "スタリオン"]

# スーパー・ヒーローの名前のランダム化
# 二つの名前リストからそれぞれ一つずつ選ぶことによって行う
# それらをつなげて変数super_nameに代入

super_name = random.choice(super_first_names) + " " + random.choice(super⏎
_last_names)

# Mutantという名前のSuperHeroクラスのサブクラスを定義
# ミュータント・ヒーローはスピードに10ポイントのボーナスを得る

class Mutant(SuperHero):
    def __init__(self):
        SuperHero.__init__(self)
        print("ミュータントを生成しました！")
        self.speed = self.speed + 10

# Robotという名前のSuperHeroクラスのサブクラスを定義
# ロボット・ヒーローは筋力に10ポイントのボーナスを得る
```

```
class Robot(SuperHero):
    def __init__(self):
        SuperHero.__init__(self)
        print("ロボットを生成しました！")
        self.strength = self.strength + 10

# SuperHeroオブジェクトの生成
hero = SuperHero()

# 生成したオブジェクトとその属性を表示
print("スーパー・ヒーローの名前: %s" % hero.super_name)
print("スーパー・パワー:", hero.power)
print("スーパー・ヒーローのステータス値:")
print("")
print("筋力:", hero.strength)
print("知力:", hero.brains)
print("持久力:", hero.stamina)
print("判断力:", hero.wisdom)
print("耐久力:", hero.constitution)
print("敏捷力:", hero.dexterity)
print("スピード:", hero.speed)
print("")

# Mutantオブジェクトの生成

hero2 = Mutant()
print("スーパー・ヒーローの名前: %s" % hero2.super_name)
print("スーパー・パワー:", hero2.power)
print("スーパー・ヒーローのステータス値:")
print("")
print("筋力:", hero2.strength)
print("知力:", hero2.brains)
print("持久力:", hero2.stamina)
print("判断力:", hero2.wisdom)
print("耐久力:", hero2.constitution)
print("敏捷力:", hero2.dexterity)
print("スピード:", hero2.speed)
print("")

# Robotオブジェクトの生成

hero3 = Robot()
print("スーパー・ヒーローの名前: %s" % hero3.super_name)
print("スーパー・パワー:", hero3.power)
```

```
print("スーパー・ヒーローのステータス値:")
print("")
print("筋力:", hero3.strength)
print("知力:", hero3.brains)
print("持久力:", hero3.stamina)
print("判断力:", hero3.wisdom)
print("耐久力:", hero3.constitution)
print("敏捷力:", hero3.dexterity)
print("スピード:", hero3.speed)
print("")
```

オプション機能の追加

最後にすべきことは，このプログラムにいくつかのオプション機能を追加することです．この章の目的は，“スーパー・ヒーロー・ジェネレーター 3000”のプログラムのリメイクを通じて，オブジェクト指向プログラミング（OOP）を学ぶことでした．オリジナルバージョンでは，ドラマチックな間合を入れたり，ユーザーにいくつか質問をしたりしました．ここでは，そういった機能をすべてプログラムに追加し，ヒーローの種類を選択できるようにします．if 文，random モジュール，time モジュール，input() 関数，そしてもちろん，この章で学んだ OOP の原則も含めて，これまでに本書で学んだ内容を使用します．

練習として，コードの各ステップをひとつひとつ再び説明するのではなく，いまから追加するコードのおもな機能のいくつかを強調して示しますので，自分で調べて，プログラム全体を入力してください．

手始めに，オリジナルのプログラムで行ったように，ユーザーに選択肢を提供したいと思います．“スーパー・ヒーロー・ジェネレーター 3000”を使用するかどうかを尋ねます．Y を入力するとプログラムは続行し，入力しないとループが継続し，先に進みたいか尋ね続けます．

super_hero_class.py

```
        print ("ロボットを生成しました")
        self.strength = self.strength + 10

# 導入テキスト

print("スーパー・ヒーロー・ジェネレーター3000でスーパー・ヒーローを作る用意はできましたか？")

# ユーザーに質問をして，答えるようにメッセージを出す
# input()関数でユーザーの入力を受けつける
# そしてupper()関数でユーザーの回答をすべて大文字に変換

print("YかNを入力:")

answer = input()
```

```
answer = answer.upper()

# 回答‘Y’をチェックするwhileループ
# このループは変数answerの値が‘Y’でない間，続く
# ユーザーが‘Y’を入力したときだけ，ループを抜け，続きのプログラムが実行される

while answer != "Y":
    print("申し訳ありません．続けるにはYを入力してください！")
    print("YかNを選択:")
    answer = input()
    answer = answer.upper()

print("素晴らしい．では始めましょう！")
```

繰返しになりますが，これはプログラムのオリジナルバージョンからもってきたコードです．ですので，どのように使われているかはおわかりだと思います．

次に，新しいコードを追加します．その目的は，ユーザーが作成したいヒーローの種類を選択できるようにすることです．ふつう，ミュータント，ロボットの三つの選択肢を示します．

super_hero_class.py

```
print("素晴らしい．では始めましょう！")

# ユーザーにどの種類のヒーローを作るのかを選択させる
print("以下の選択肢から選んでください:")
print("1: ふつうのスーパー・ヒーロー")
print("2: ミュータントのスーパー・ヒーロー")
print("3: ロボットのスーパー・ヒーロー")
answer2 = input()
```

これに続いて if 文が実行され，変数 answer2 に格納されているユーザーの選択をチェックし，それに応じた処理を行います．たとえば，ユーザーが選択肢 1 を選んだ場合，ふつうの“スーパー・ヒーロー”が作成され，選択肢 2 のときはミュータント，といった具合です．次にコードを示します．

super_hero_class.py

```
if answer2 == "1":

    # SuperHeroオブジェクトの生成
    hero = SuperHero()

    # 生成したオブジェクトとその属性を表示
    print("ふつうのスーパー・ヒーローを生成しました！")
    print("ステータス値，名前，スーパー・パワーを作成中です．")

    # ドラマチックな効果の生成
```

```
    for i in range(1):
        print("...........")
        time.sleep(3)

    print("(うーん，これは気に入らないだろうなぁ……)")

    for i in range(2):
        print("...........")
        time.sleep(3)

    print("(もう少しです……)")
    print("")
    print("スーパー・ヒーローの名前: %s" % hero.super_name)
    print("スーパー・パワー:", hero.power)
    print("スーパー・ヒーローのステータス値:")
    print("")
    print("筋力:", hero.strength)
    print("知力:", hero.brains)
    print("持久力:", hero.stamina)
    print("判断力:", hero.wisdom)
    print("耐久力:", hero.constitution)
    print("敏捷力:", hero.dexterity)
    print("スピード:", hero.speed)
    print("")

elif answer2 == "2":

    # Mutantオブジェクトの生成
    hero2 = Mutant()
    print("ステータス値，名前，スーパー・パワーを作成中です．")

    # ドラマチックな効果の生成

    for i in range(1):
        print("...........")
        time.sleep(3)

    print("(うーん，これは気に入らないだろうなぁ……)")

    for i in range(2):
        print("...........")
        time.sleep(3)

    print("スーパー・ヒーローの名前: %s" % hero2.super_name)
```

```
        print("スーパー・パワー:", hero2.power)
        print("スーパー・ヒーローのステータス値:")
        print("")
        print("筋力:", hero2.strength)
        print("知力:", hero2.brains)
        print("持久力:", hero2.stamina)
        print("判断力:", hero2.wisdom)
        print("耐久力:", hero2.constitution)
        print("敏捷力:", hero2.dexterity)
        print("スピード:", hero2.speed)
        print("")

    elif answer2 == "3":

        # Robotオブジェクトの生成
        hero3 = Robot()
        print("ステータス値，名前，スーパー・パワーを作成中です．")

        # ドラマチックな効果の生成

        for i in range(1):
            print("..........")
            time.sleep(3)

        print("(うーん，これは気に入らないだろうなぁ……)")

        for i in range(2):
            print("..........")
            time.sleep(3)

        print("スーパー・ヒーローの名前: %s" % hero3.super_name)
        print("スーパー・パワー:", hero3.power)
        print("スーパー・ヒーローのステータス値:")
        print("")
        print("筋力:", hero3.strength)
        print("知力:", hero3.brains)
        print("持久力:", hero3.stamina)
        print("判断力:", hero3.wisdom)
        print("耐久力:", hero3.constitution)
        print("敏捷力:", hero3.dexterity)
        print("スピード:", hero3.speed)
        print("")

    else:
        print("正しい回答が選ばれませんでした！　プログラムは自爆します！")
```

最後ですが，import time しなければ，ドラマチックな効果は動作しません．これは，コードの一番上にある import random の下に追加します．

改良版スーパー・ヒーロー・ジェネレーター 3000

これですべての要素がコードになったはずなので，きちんと揃っているかを確認しましょう．自分のコードを次のコードと比較して，すべてが一致していることを確認してください．次に，プログラムを何度も実行し，すべてのオプションを試してみて，プログラムがどのように動作するかを確認してください．

super_hero_class.py

```
# ランダムな数を生成できるようにrandomモジュールをインポート
import random
# ドラマチック間合効果のためにtimeモジュールをインポート
import time

# これから作るヒーローたちのテンプレートとなるSuperHeroクラスを定義
class SuperHero:
    # クラスのインスタンスを初期化し，属性をセット
    def __init__(self):
        self.super_name = super_name
        self.power = power
        self.strength = strength
        self.brains = brains
        self.stamina = stamina
        self.wisdom = wisdom
        self.constitution = constitution
        self.dexterity = dexterity
        self.speed = speed

super_name = ""
power = ""

# random.randint()関数を使ってステータス値にそれぞれランダムな値を代入
strength = random.randint(1, 20)
brains = random.randint(1, 20)
stamina = random.randint(1, 20)
wisdom = random.randint(1, 20)
constitution = random.randint(1, 20)
dexterity = random.randint(1, 20)
speed = random.randint(1, 20)

# とりうるスーパー・パワーのリストを生成
```

```
super_powers = ["飛行能力", "超筋力", "テレパシー", "超スピード", "ホットドッグ⏎
大食い", "縄跳び上手"]

# リストsuper_powersからランダムにスーパー・パワーを選択してpowerに代入

power = random.choice(super_powers)

# とりうるファーストネームとラストネームのリストを生成

super_first_names = ["ワンダー", "何たる", "狂気の", "インクレディブル", "驚異⏎
の", "いいひと", "巨大な", "並外れた", "奴は", "ありえない"]

super_last_names = ["ボーイ", "マン", "犬", "筋肉", "ガール", "ウーマン", "ガ⏎
イ", "ヒーロー", "マックス", "ドリーム", "マッチョ", "スタリオン"]

# スーパー・ヒーローの名前のランダム化
# 二つの名前リストからそれぞれ一つずつ選ぶことによって行う
# それらをつなげて変数super_nameに代入

super_name = random.choice(super_first_names) + " " + random.choice(super⏎
_last_names)

# Mutantという名前のSuperHeroクラスのサブクラスを定義
# ミュータント・ヒーローはスピードに10ポイントのボーナスを得る

class Mutant(SuperHero):
    def __init__(self):
        SuperHero.__init__(self)
        print("ミュータントを生成しました！")
        self.speed = self.speed + 10

# Robotという名前のSuperHeroクラスのサブクラスを定義
# ロボット・ヒーローは筋力に10ポイントのボーナスを得る

class Robot(SuperHero):
    def __init__(self):
        SuperHero.__init__(self)
        print("ロボットを生成しました！")
        self.strength = self.strength + 10

# 導入テキスト

print("スーパー・ヒーロー・ジェネレーター3000でスーパー・ヒーローを作る用意はできまし⏎
たか？")
```

```
# ユーザーに質問をして，答えるようにメッセージを出す
# input()関数でユーザーの入力を受けつける
# そしてupper()関数でユーザーの回答をすべて大文字に変換

print("YかNを入力:")

answer = input()
answer = answer.upper()

# 回答'Y'をチェックするwhileループ
# このループは変数answerの値が'Y'でない間，続く
# ユーザーが'Y'を入力したときだけ，ループを抜け，続きのプログラムが実行される

while answer != "Y":
    print("申し訳ありません．続けるにはYを入力してください！")
    print("YかNを選択:")
    answer = input()
    answer = answer.upper()

print("素晴らしい．では始めましょう！")

# ユーザーにどの種類のヒーローを作るのかを選択させる
print("以下の選択肢から選んでください:")
print("1: ふつうのスーパー・ヒーロー")
print("2: ミュータントのスーパー・ヒーロー")
print("3: ロボットのスーパー・ヒーロー")
answer2 = input()

if answer2 == "1":

    # SuperHeroオブジェクトの生成
    hero = SuperHero()

    # 生成したオブジェクトとその属性を表示
    print("ふつうのスーパー・ヒーローを生成しました！")
    print("ステータス値，名前，スーパー・パワーを作成中です．")

    # ドラマチックな効果の生成

    for i in range(1):
        print("..........")
        time.sleep(3)

    print("(うーん，これは気に入らないだろうなぁ……)")
```

```
    for i in range(2):
        print("...........")
        time.sleep(3)

    print("(もう少しです……)")
    print("")
    print("スーパー・ヒーローの名前: %s" % hero.super_name)
    print("スーパー・パワー:", hero.power)
    print("スーパー・ヒーローのステータス値:")
    print("")
    print("筋力:", hero.strength)
    print("知力:", hero.brains)
    print("持久力:", hero.stamina)
    print("判断力:", hero.wisdom)
    print("耐久力:", hero.constitution)
    print("敏捷力:", hero.dexterity)
    print("スピード:", hero.speed)
    print("")

elif answer2 == "2":

    # Mutantオブジェクトの生成
    hero2 = Mutant()
    print("ステータス値，名前，スーパー・パワーを作成中です．")

    # ドラマチックな効果の生成

    for i in range(1):
        print("...........")
        time.sleep(3)

    print("(うーん，これは気に入らないだろうなぁ……)")

    for i in range(2):
        print("...........")
        time.sleep(3)

    print("スーパー・ヒーローの名前: %s" % hero2.super_name)
    print("スーパー・パワー:", hero2.power)
    print("スーパー・ヒーローのステータス値:")
    print("")
    print("筋力:", hero2.strength)
    print("知力:", hero2.brains)
    print("持久力:", hero2.stamina)
    print("判断力:", hero2.wisdom)
```

```
    print("耐久力:", hero2.constitution)
    print("敏捷力:", hero2.dexterity)
    print("スピード:", hero2.speed)
    print("")

elif answer2 == "3":

    # Robotオブジェクトの生成
    hero3 = Robot()
    print("ステータス値，名前，スーパー・パワーを作成中です．")

    # ドラマチックな効果の生成

    for i in range(1):
        print("...........")
        time.sleep(3)

    print("(うーん，これは気に入らないだろうなぁ……)")

    for i in range(2):
        print("...........")
        time.sleep(3)

    print("スーパー・ヒーローの名前: %s" % hero3.super_name)
    print("スーパー・パワー:", hero3.power)
    print("スーパー・ヒーローのステータス値:")
    print("")
    print("筋力:", hero3.strength)
    print("知力:", hero3.brains)
    print("持久力:", hero3.stamina)
    print("判断力:", hero3.wisdom)
    print("耐久力:", hero3.constitution)
    print("敏捷力:", hero3.dexterity)
    print("スピード:", hero3.speed)
    print("")

else:
    print("正しい回答が選ばれませんでした！　プログラムは自爆します！")
```

この章のまとめ

この章では，本書で取上げているトピック全体の中で，おそらく最も習得が困難な概念を取扱ったので，私たちは驚くほどの飛躍を遂げました．これに比べれば，残りは順風満帆です．この章の内容をまとめましょう．

- OOP とは，オブジェクト指向プログラミングの略です．
- オブジェクト指向プログラミングとは，再利用しやすいプログラムを作るための概念です．
- 手続き型プログラミングとは，ほとんどの部分について，1 行ずつ実行されるように設計されたコードを書くことを指します．
- OOP という概念は，おもにクラス，オブジェクト，そしてメソッドといった要素から構成されます．
- クラスは設計図のようなものです．
- オブジェクトはクラスの具体例（インスタンス）です．たとえば，あるクラスが家の設計図である場合，オブジェクトはその設計図から作成された実際の家です．
- クラス内で定義される関数をメソッドとよびます．
- クラスを定義するには，次のように入力します．

  例：
  ```
  class SuperHero:
      〈コードを書く〉
  ```
- def 文は，クラス内にメソッドを定義するために使用されます．

  例：
  ```
  def fly(self):
      〈コードを書く〉
  ```
- インスタンスの初期化には __init__(self) を使用します．
- self はクラスのインスタンスを生成する際にデータ属性を参照するために使用されます．
- 次のように変数に代入することによってオブジェクトを生成します．
  ```
  hero = SuperHero()
  ```
- クラスは本質的には階層的なものです．あるクラスから見て，そのクラスを継承した別のクラスをサブクラス（子クラス）といいます．また，あるクラスから見て，そのクラスが別のクラスを継承したものであるとき，その別のクラスをスーパークラス（親クラス）といいます．
- サブクラスはスーパークラスのメソッドやデータ属性を継承します．
- サブクラスを定義するには，次のようなコードを使用します．
  ```
  class Mutant(SuperHero):
  ```

Superhero Bootcamp Lesson 9

タプルと辞書も使いこなそう

お帰りなさい，新進気鋭のヒーロー！　長い１日を宿題や雑用や，もちろん犯罪との闘いに費やしたようですね．あとは野菜を食べて皿を片づけて歯を磨くだけです！　もちろん，今夜はいつもより歯を早く磨くことにすれば，あなたの犯罪と闘う能力をもっとプログラミングに活用するための時間を稼げるかもしれませんよ！

本書も半ばに差し掛かりました．これまで，あなたが社会人になったり，ソフトウェアのベストセラー開発者となったりしたときに生かせるような，プログラミングのよい習慣と，言語のしっかりとした基礎を学んできました．もちろん，まだまだ学ぶべきことはたくさんあります．この最高の“プログラミング知識の書”を読み終えた後も，あなたの旅は終わりません．プログラマーであることは生涯学生であるようなものです．あなたは常に自分のスキルを磨き，最新かつ最高の技術を学ばなければなりません．更新されていく言語自体を学び続けることに加えて（コンピュータ言語はかなり頻繁に更新されることはお伝えしました），いつかは，他のプログラミング言語やフレームワークにも挑戦しなくてはなりません．しかし，それは近い将来に別の本で説明することにしましょう．

ここでこれまでを振り返ってみましょう．私たちは以前，変数とリストの扱い方を学びました．これらはどちらも情報を格納するために使用できる強力な手段ですが，利用できるデータ構造はこれだけではありません．この章では，**タプル**と**辞書**（**ディクショナリ**）について説明します．また，これら二つのデータ構造を操作するための関数を取上げ，さらにプログラムで使ってみます．

ですから，やることはわかりますね．歯を磨いてください！　それが終わったらここに戻って，ヒーローのようにコードを学ぶ準備をしましょう．もう少しです．

データ構造の復習

前述したように，リストというデータ構造はすでに見てきました．データ構造はデータや情報の断片を保持する“保存容器”でした．これらのデータ構造には，データを格納したり，削除したり，異なるデータを追加したりすることができます．また，（比喩的に）データを取出して，プログラムの一部として使用し，もとの場所に戻すこともできます（実際には出し入れするわけではありません）．

変数は一つのデータを保持することができます．そのデータは，文字，数値，整数，文字列，文，段落などです．一方，リストは複数の情報を保持することができます．変数はファイルフォルダー，リストはファイルキャビネットであると考えてください．

変数を宣言するには，次のようなコードを使用しました．

```
a = "こんにちは"
b = 7
c = "こんにちは．私は変数に捕まりました！"
```

リストは次の方法で生成しました.

```
employees = ["ビッグE", "ブルク・ホーガン", "アルフレド・バトラー"]
price_list = [5, 10, 20, 30, 40, 50]
```

変数の値を表示したい場合は，次のように書きます.

```
print(a)
print("あなたがもっているリンゴ:", b)
```

また，書式指定文字列 %s を変数の代用として使用することもできます．たとえば，"あなたはX個のリンゴをもっている！"という文章を書きたいとします．ここで,X は変数 b の値です．次のコードを入力します.

```
print("あなたは%s個のリンゴをもっている！" % b)
```

実行結果は次のとおりです.

```
あなたは7個のリンゴをもっている！
```

リストを表示するには，次のように書きます.

```
print(employees)
```

あるいは，リストに含まれる要素一つを表示するには，そのインデックス番号を使用します（思い出してください．リストの最初の要素はインデックス 0 となります).

```
print(employees[1])
```

実行結果は次のとおりです.

```
ブルク・ホーガン
```

変数とリストを見直し，データ構造がどのように機能するのかについて思い出したところで，Python が提供する他の 2 種類のデータ構造について学びましょう.

タプルとは？

タプルはリストと同様にデータ構造の一種です．しかし，リストとは異なり，タプルは**イミュータブル（不変）**です．これは，通常の方法では値を変更できないということを意味しています.

タプルは，順序づけられた**要素**の並びで構成されています．タプルを生成するには，次のように，要素（値）を括弧 () の間にカンマで区切って書きます．

```
villains = ("眉毛レイザー", "怒りのヤジー", "不満マン", "怒りの荒くれ")
```

リストと同じように，print() 関数を使ってタプルの内容を単に表示することができます．

```
print(villains)
```

実行結果は次のとおりです．

```
('眉毛レイザー', '怒りのヤジー', '不満マン', '怒りの荒くれ')
```

リストと同様に，タプル内の要素はインデックス番号で参照することができます．タプルの要素はインデックス 0 から始まります．ですから，たとえば，タプル villains の最初の要素を表示したい場合は，次のようにします．

```
print(villains[0])
```

こうすると恐ろしい悪党が表示されます．

```
眉毛レイザー
```

タプル villains をテキストの一部として使いたい場合は，いくつかの方法があります．

```
# タプルを生成
villains = ("眉毛レイザー", "怒りのヤジー", "不満マン", "怒りの荒くれ")

# タプルの要素を表示
print(villains)

# タプルの要素を一つずつ表示
print(villains[0])
print(villains[1])
print(villains[2])
print(villains[3])

# タプルの要素をテキストとつなげる方法
print("一人目の悪党は邪悪な", villains[0])
print("二人目の悪党は恐怖の " + villains[1])
```

このコードの実行結果は次のとおりです．

```
('眉毛レイザー', '怒りのヤジー', '不満マン', '怒りの荒くれ')
眉毛レイザー
怒りのヤジー
不満マン
怒りの荒くれ
一人目の悪党は邪悪な 眉毛レイザー
二人目の悪党は恐怖の 怒りのヤジー
```

タプル内の要素を使用するもう一つの方法は，**スライス**することです．使用したい値の範囲を示すことで，タプルの一部を切り取る（スライスする）ことができます．その書き方はたとえば，villains[0:3] となります．次のコードを実行してみます．

```
print(villains[0:3])
```

実行結果は次のとおりです．

```
('眉毛レイザー', '怒りのヤジー', '不満マン')
```

あなたが何を考えているのかはわかります．インデックス3の項目は "怒りの荒くれ" ですが，なぜそれが表示されなかったのでしょう？　答えは簡単です．スライスするとき，コロンの前の数字はどこから始めるかを表し，コロンの後の数字はその手前で終了することを表すのです．print(villains[0:4]) と書くと，四つの要素をすべて表示します．なぜなら，Python はインデックス4の要素を探し，その要素の手前までを表示するからです．

スライスの開始番号は0である必要はないことに注意してください．たとえば，タプルの最初の要素の表示をスキップしたい場合は，print(villains[1:4]) とすることによって，2番目の要素から表示を始めることができます．

```
('怒りのヤジー', '不満マン', '怒りの荒くれ')
```

タプルを使ってできるもう一つの技は，それらをひとまとめにすることです．たとえば，紫色のキラキラしたマントを含むタプルと，水玉模様のマントを含むタプルがあるとしましょう．クローゼットの中がマントでいっぱいすぎて疲れるで，それらを一緒にしたいとします．その場合は，いつでもタプルを連結して新しいタプルを作ることができます．次の例を考えましょう．

```
# 紫色のマントのタプルを生成
purple_capes = ("フリフリ紫マント", "ショート紫マント", "穴あき紫マント")

# 水玉模様のマントのタプルを生成
polka_capes = ("白黒水玉マント", "白ベージュ水玉マント", "水玉なし青水玉マント")

# マントのタプルを連結して新しいタプルを生成
all_my_capes = purple_capes + polka_capes
```

```
# 新しく生成されたタプルの要素の表示
print(all_my_capes)
```

このコードは，タプル purple_capes の要素とタプル polka_capes の要素を組合わせて，新しく生成されたタプルを all_my_capes という変数に代入しています．このコードの実行結果は次のとおりです．

```
('フリフリ紫マント', 'ショート紫マント', '穴あき紫マント', '白黒水玉マント', '白ベー⏎
ジュ水玉マント', '水玉なし青水玉マント')
```

これは purple_capes や polka_capes の値を変更したり，影響を与えたりするものではないことに注意してください．タプルの要素は変更できないということを思い出してください．

タプルで連結演算子（+）を使用するだけでなく，乗算演算子（*）を使用してタプルに格納された値を繰返すこともできます．

```
print(all_my_capes[1] * 3)
```

これはタプル all_my_capes のインデックス 1 にある要素を 3 回表示します．

```
ショート紫マントショート紫マントショート紫マント
```

タプルの各要素の末尾に空白がないため，つながって表示されました．

▶ タプルの関数 ◀

リストと同じように，タプルにもその要素を操作する関数が一揃いあります．しかし，これらの関数はタプルに限ったものではなく，プログラムの他の場所で使用することもできます．

二つのおなじみの関数が min() と max() です．前の章で使ったのを思い出したかもしれません．この二つの関数をタプルで使用する場合，これらの関数は通常の役割，タプルの要素の最小値と最大値を返します．次に例をあげます．

```
# 数値のセットからなるタプルを生成
lowest_value = (1, 5, 10, 15, 20, 50, 100, 1000)

# min関数を使ってタプルの要素の最小値を取得
print(min(lowest_value))
```

このコードの実行結果は次のとおりです．

```
1
```

なぜならまさにそれがタプルの中で最も小さい値だからです．

一番大きな数値がほしい場合は，max() 関数を使用します．

```
# 数値のセットからなるタプルを生成
highest_value = (1, 5, 10, 15, 20, 50, 100, 1000)

# max関数を使ってタプルの要素の最大値を取得
print(max(highest_value))
```

予想どおり，1000 が表示されます．

もう一つの便利な関数は len() です．これは文字列の長さやリストの要素数を返す関数だったことを思い出したかもしれません．タプルと一緒に使用すると，タプルに含まれる要素の数を返します．

```
# いくつかの要素からなるタプルを生成
super_hair = ("スーパーひげ", "マッチョひげ", "巨大ヤギひげ", "極悪弁髪", "不運の⏎
ハゲ")

# タプルの要素数を表示
print(len(super_hair))
```

タプル super_hair には合計五つの要素があるので，これは 5 を返します．

len() 関数の使用例としては，会社の従業員数を知りたい場合や，“悪党保管庫”に何人の悪党を保管したかを知りたい場合などがあります．これらの極悪なキャラクターの名前を含むタプルがあれば，単純に len() 関数を使用してすばやく人数を取得することができます．

もちろん，悪党保管庫の悪党の数を返すというのは囚人の数をすばやく確認したい場合には便利ですが，もしその一覧をある種の順番で表示したものを見たいとしたら，どうしたらよいのでしょう．そのための関数が……あります！

```
# 悪党保管庫に保管された悪党の一覧
villains = ("いたずらマン", "シミシミパンツ", "Mr.ミレニアル", "ジャック・ハンマー⏎
", "スペリング・ビー", "ミルク一気男", "ワンダー・クイコミ", "逃げヤギ")

# ソートされたタプルvillainsの表示
print(sorted(villains))
```

タプル（あるいはリスト）のソートされたリストを表示するには，上記のコードで示したように sorted()（ソーティッド） 関数を使用します．注意すべき重要な点がいくつかあります．第一に，ソートされた結果はアルファベット順（日本語は文字コード順）で返されます．第二に，そして最も重要なことは，sorted() 関数はソートされた出力を返すだけで，引数として与えられたタプルを実際にソートするわけではありません．タプルはイミュータブル（不変）であり，sorted() のような強力な関数であっても変更できないことを覚えておいてください！　このコードの実行結果は次のとおりです．

```
['Mr.ミレニアル', 'いたずらマン', 'シミシミパンツ', 'ジャック・ハンマー', 'スペリン⏎
グ・ビー', 'ミルク一気男', 'ワンダー・クイコミ', '逃げヤギ']
```

もちろん，数値の並べ替えも同じように簡単にできます．次のコードを考えてみましょう．

```
# これからソートする数値のタプル
numbers_sort = (10, 20, 5, 2, 18)

# 数値のタプルのソート
print(sorted(numbers_sort))
```

このコードの実行結果は次のとおりです．

```
[2, 5, 10, 18, 20]
```

すべて数値のタプルを見ている間に，もう一つの便利な関数，sum() を見てみましょう．これまで紹介してきた他の関数と同様に，sum() もおなじみだと思います．思い出してください．これはデータ構造の中の数値を合計するために使いました．ここでは，タプル内の要素を合計するために使用するコードを示します．

```
# これから合計を求める数値のタプル
numbers_sum = (10, 20, 5, 2, 18)

# タプルの要素を合計
print(sum(numbers_sum))
```

これを実行すると，タプル numbers_sum の要素の合計，55 が得られます．

最後に，変数やリストなどの他のデータ構造も，tuple()（タプル）関数を使用してタプルに変換することができます．

```
# タプルに変換されるリスト
villain_list = ["いたずらマン", "シミシミパンツ", "Mr.ミレニアル", "ジャック・ハ⏎
ンマー", "スペリング・ビー", "ミルク一気男", "ワンダー・クイコミ", "逃げヤギ"]

# tuple()を使ってvillain_listをタプルに変換
tuple(villain_list)

# 文字列をタプルに変換
villain1 = "ひげの脅威"
tuple(villain1)
```

▶ タプルでもっと楽しく ◀

強大なタプルの楽しみが終わったと思ったら，ボーナスステージに突入していました！　次の種類のデータ構造に移る前に，いくつか学ぶべきことがあります．

タプルを紹介したとき，タプルはリストとは非常に重要な点で異なることを学びました．それは，タプルはイミュータブル（不変）であり，タプルにどのようなデータが含まれるのかを変更できないということです．一方，リストは操作したり更新したり追加したりできます．

このため，データ構造におけるデータの整合性を重視する場合には，タプルは強力な道具となります．項目を絶対に変更してはならないグループがある場合，それらをタプルに格納するのが最適です．

そうはいっても，プログラムからタプル自体を削除したい場合もあるでしょう．たとえば，“ヒーロー”や“悪党”のひげの種類をすべて保持しているタプルがあるとします．もし，突然これらの顔の飾りが，流行遅れになったらどうなるでしょうか？　タプル内の要素に二度とアクセスしないようにするための，そしてコードを可能な限りすっきりと効率的に保つための，二つの選択肢があります．

一つ目は，タプルを参照しているすべてのコードを#を使ってコメントアウトすることです．しかし，誰かがあなたのコードのコメントをもとに戻し，エラーになったり，ひげの流行が復活してしまったりする可能性があります．

もう一つの選択肢は，タプルを参照しているコードを削除または修正してから，実際にタプル自体を削除することです．タプル全体を削除する方法がありますが，タプル内の項目を削除することはできません．以下にタプルを削除する方法を示します．

```
# 悪党やヒーローのひげのタプル
facial_hair = ("スーパーひげ", "マッチョひげ", "巨大ヤギひげ", "あごひげ")

# ひげを表示する
print(facial_hair)

# del文を使ってタプル全体を削除
del facial_hair

# 表示
print(facial_hair)
```

このコードスニペットでは，まずタプル facial_hair を生成しています．次に，タプルの生成が実際にうまくいったことを証明するために，facial_hair の要素を表示しています．自分の顔に生やしたいと思っている蛮行の一覧を見た後，私たちはタプル facial_hair を削除して，存在しなかったことにするのがベストだと判断します．そして del 文で，del facial_hair とします．最後に，facial_hair が本当に削除されたかどうかを確認するために，もう一度出力します．

このコードを実行すると，出力に関して二つのことが起こります．初めに，facial_hair の要素が表示されます．次に，エラーメッセージが表示されます．なぜエラーメッセージが出るのでしょうか？　最初に表示した後で facial_hair を削除してしまったので，2回目に表示しようとしたときに，Python がそれを見つけられなかったからです．このコードの実行結果は次のとおりです．

```
('スーパーひげ', 'マッチョひげ', '巨大ヤギひげ', 'あごひげ')
Traceback (most recent call last):
  File "C:/Users/James/AppData/Local/Programs/Python/Python38-32/tuple_⏎
examples.py", line 11, in <module>
    print(facial_hair)
NameError: name 'facial_hair' is not defined
```

タプルを使ってデータを保持していると，特定の要素が何個含まれているかを知りたいときがあります．たとえば，“すもももももももものうち”というフレーズには“も”が多く含まれています．もし，そのフレーズの文字を含むタプルを生成したら，そのフレーズに“も”が何個含まれているかを数えることができます．そして，誰かに何かおもしろいことを教えてほしいと言われたときに，「‘すもももももももものうち’には‘も’がたくさん含まれていることを知っていましたか？　本当ですよ！」と言えるようになります．

タプルの中の要素を数える，たとえば“も”の個数を数えるには，count() メソッドを使用します．

```
# ‘すもももももももものうち’に使われる文字をすべて含んだタプル
phrase = ("す", "も", "も", "も", "も", "も", "も", "も", "も", "の", "う", 
"ち")
# 注意: 技術的にはphrase = tuple("すもももももももものうち")のように，文字列をタプ
ルに変換するtuple()関数を使うことで，簡単にタプルを生成することが可能

# ‘も’が何回タプルに登場するかを数えてその結果を表示
print("‘すもももももももものうち’にはどれだけ‘も’があるか:")
print(phrase.count("も"))

# ‘す’が何回‘すもももももももものうち’に登場するかを数える
print("‘すもももももももものうち’にはどれだけ‘す’があるか:")
print(phrase.count("す"))
```

phrase.count("も") の括弧内の文字によって，Python に“も”がタプル phrase に含まれる数をカウントするように指示しています．このコードの実行結果は次のとおりです．

```
‘すもももももももものうち’にはどれだけ‘も’があるか:
8
‘すもももももももものうち’にはどれだけ‘す’があるか:
1
```

また，演算子 in を使ってタプル内の要素を検索することもできます．in は，要素がタプルに含まれているかどうかをチェックし，ブール値（True または False）を返します．

```
# ‘すもももももももものうち’に使われる文字をすべて含んだタプル
phrase = ("す", "も", "も", "も", "も", "も", "も", "も", "も", "の", "う", "ち")

# タプルに‘ん’や‘も’が含まれているかをチェック
print("ん" in phrase)
print("も" in phrase)
```

このコードの実行結果は次のとおりです．

```
False
True
```

その理由は，最初にタプル phrase に“ん”があるかどうかをチェックしますが，何も見つけられない（False）からです．そして，タプル phrase の中に“も”があるかどうかもチェックし，もちろん一つ以上を見つける（True）からです．

▶ タプルの例 ◀

この章では，これまでタプルを扱う方法をたくさん説明してきましたので，利便性を考えて，この章で書かれたタプルに関するすべてのコードを含む .py ファイルのサンプルを以下に示します．

このコードを自由に変更して，生成されたタプルの要素を変更することがコードとその結果にどのように影響するかを確認してください．

tuple_examples.py

```
# タプルを生成
villains = ("眉毛レイザー", "怒りのヤジー", "不満マン", "怒りの荒くれ")

# タプルの要素を表示
print(villains)

# タプルの要素を一つずつ表示
print(villains[0])
print(villains[1])
print(villains[2])
print(villains[3])

# タプルの要素をテキストとつなげる方法
print("一人目の悪党は邪悪な", villains[0])
print("二人目の悪党は恐怖の " + villains[1])

# インデックス0からインデックス3の手前までをスライス
print(villains[0:3])

# インデックス1からインデックス4の手前までをスライス
print(villains[1:4])

# 紫色のマントのタプルを生成
purple_capes = ("フリフリ紫マント", "ショート紫マント", "穴あき紫マント")

# 水玉模様のマントのタプルを生成
polka_capes = ("白黒水玉マント", "白ベージュ水玉マント", "水玉なし青水玉マント")

# マントのタプルを連結して新しいタプルを生成
all_my_capes = purple_capes + polka_capes

# 新しく生成されたタプルの要素の表示
```

```
print(all_my_capes)

# インデックス1の要素を3回表示
print(all_my_capes[1] * 3)

# 数値のセットからなるタプルを生成
lowest_value = (1, 5, 10, 15, 20, 50, 100, 1000)

# min関数を使ってタプルの要素の最小値を取得
print(min(lowest_value))

# 数値のセットからなるタプルを生成
highest_value = (1, 5, 10, 15, 20, 50, 100, 1000)

# max関数を使ってタプルの要素の最大値を取得
print(max(highest_value))

# いくつかの要素からなるタプルを生成
super_hair = ("スーパーひげ", "マッチョひげ", "巨大ヤギひげ", "不運のハゲ")

# タプルの要素数を表示
print(len(super_hair))

# 悪党保管庫に保管された悪党の一覧
villains = ("いたずらマン", "シミシミパンツ", "Mr.ミレニアル", "ジャック・ハンマー", ⏎
"スペリング・ビー", "ミルク一気男", "ワンダー・クイコミ", "逃げヤギ")

# ソートされたタプルvillainsの表示
print(sorted(villains))

# これからソートする数値のタプル
numbers_sort = (10, 20, 5, 2, 18)

# 数値のタプルのソート
print(sorted(numbers_sort))

# これから合計を求める数値のタプル
numbers_sum = (10, 20, 5, 2, 18)

# タプルの要素を合計
print(sum(numbers_sum))

# タプルに変換されるリスト
villain_list = ["いたずらマン", "シミシミパンツ", "Mr.ミレニアル", "ジャック・ハ⏎
ンマー", "スペリング・ビー", "ミルク一気男", "ワンダー・クイコミ", "逃げヤギ"]
```

```
# tuple()を使ってvillain_listをタプルに変換
tuple(villain_list)

# 文字列をタプルに変換
villain1 = "ひげの脅威"
tuple(villain1)

# 悪党やヒーローのひげのタプル
facial_hair = ("スーパーひげ", "マッチョひげ", "巨大ヤギひげ", "あごひげ")

# ひげを表示する
print(facial_hair)

# delを使ってタプル全体を削除
del facial_hair

# もう無くなったことを示すためにfacial_hairを表示
# print(facial_hair)

# ‘すもももももももものうち’に使われる文字をすべて含んだタプル
phrase = ("す", "も", "も", "も", "も", "も", "も", "も", "も", "の", "う", 
"ち")

# ‘も’が何回タプルに登場するかを数えてその結果を表示
print("‘すもももももももものうち’にはどれだけ‘も’があるか:")
print(phrase.count("も"))

# ‘す’が何回‘すもももももももものうち’に登場するかを数える
print("‘すもももももももものうち’にはどれだけ‘す’があるか:")
print(phrase.count("す"))

# タプルに‘ん’や‘も’が含まれているかをチェック
print("ん" in phrase)
print("も" in phrase)

# 先ほど生成したタプルvillain_listの個々の要素をループで表示
for var in villain_list:
    print(var)
```

辞書を使った作業

Pythonには**辞書**（**ディクショナリ**）とよばれるもう一つのデータ構造があります．辞書にはリストやタプルとの興味深い違いがあります．リストやタプルがデータを特定のインデックスに格納していて，0から始まるインデックス番号で参照するのに対し，辞書は**対応関係**とよばれるものを使っています．対応関係とは，Pythonがデータを格納するための方法で，**キー**を**値**に対応付けることです．

辞書を生成するには，二つの中括弧{}の囲みの中で，コロン（:）の左側にキーを，その右側にキーに対応する値を書きます．キーはイミュータブル（不変）である必要があり，変更することができませんが，値は変更可能であり，任意のデータ型で構成することができます．

```
algebro = {"code-name": "アルジェブロ", "power": "超算術", "real-name": "アル・⏎
G・ブロ"}
```

この例では，algebroという辞書が“数学の達人悪党アルジェブロ”を表しています．“スーパー・ヴィラン・データベース”の一部として，私たちは，あまり親しくなりたくないご近所の“悪党”をすべて追跡しています．辞書には，“コードネーム”，“スーパー・パワー”，“本名”などの情報が含まれています．このデータを辞書で表現するために，キーに名前を付けて，それらがペアになるデータと対応するようにしています．

つまり，この例では，たとえば，"code-name"がキーで，"アルジェブロ"がそのキーに対応する値になります．これらが一緒になると，辞書algebroの中の一つのキーと値のペアができあがります．

辞書algebroの他のキーと値のペアは以下のとおりです．

- "power": "超算術"
- "real-name": "アル・G・ブロ"

辞書を表示するには，次のようにします．

```
# algebroという名前の辞書を生成
algebro = {"code-name": "アルジェブロ", "power": "超算術", "real-name": "アル・⏎
G・ブロ"}

# 辞書algebroを表示
print(algebro)
```

このコードの実行結果は次のとおりです．

```
{'code-name': 'アルジェブロ', 'power': '超算術', 'real-name': 'アル・G・ブロ'}
```

辞書のキーと値のペアは辞書の要素とよばれることもあり，ソートされていません．また，期待されるとおり，それらは表示したり，別々に呼び出したりすることもできます．たとえば，“アルジェブロ”の本名を知りたいとしましょう．辞書内の特定のキーの値だけを表示するには，次のように書きます．

```
print(algebro["real-name"])
```

実行結果は次のとおりです．

```
アル・G・ブロ
```

▶辞書のメソッド◀

辞書には，キーと値を操作するために使用可能ないくつかのメソッドが組込まれています．たとえば，辞書の中にどのキーがあるかを知りたいとしましょう．キーだけを出力するには，dict.keys()（キーズ）メソッドを使用します．

```
# algebroという名前の辞書を生成
algebro = {"code-name": "アルジェブロ", "power": "超算術", "real-name": "アル・⏎
G・ブロ"}

# 辞書algebroのキーだけを表示
print(algebro.keys())
```

このコードの実行結果は次のとおりです．

```
dict_keys(['code-name', 'power', 'real-name'])
```

辞書 algebro の値だけにアクセスしたい場合は，次のように dict.values()（バリューズ）メソッドを使用します．

```
# 辞書algebroの値だけを表示
print(algebro.values())
```

実行結果は次のとおりです．

```
dict_values(['アルジェブロ', '超算術', 'アル・G・ブロ'])
```

キーと値の両方を表示したい場合はどうでしょうか？　それには dict.items()（アイテムズ）メソッドがあります．

```
# キーと値のペアを表示
print(algebro.items())
```

実行結果は次のとおりです．

```
dict_items([('code-name', 'アルジェブロ'), ('power', '超算術'), ('real-name', ⏎
'アル・G・ブロ')])
```

このように辞書のメソッドは，データを比較したり，辞書内にどのようなデータがあるかを確認したりする必要がある場合に便利です．

最後は，辞書内の要素を表示する別の方法です．辞書の全体を通して要素を表示することができます．for 文を覚えていますか？

```
# for文を使って辞書の要素を表示
for key, value in algebro.items():
    print("キーは", key, "で，値は", value)
```

この便利なコードスニペットはとてもわかりやすく表示してくれます．

```
キーは code-name で，値は アルジェブロ
キーは power で，値は 超算術
キーは real-name で，値は アル・G・ブロ
```

▶辞書でもっと楽しく◀

タプルとは異なり，辞書の値（キーではありません）は変更することができます．たとえば，悪党アルジェブロに“年齢”を追加したいとしましょう．それには，次のようなコードを使用します．

```
# algebroという名前の辞書を生成
algebro = {"code-name": "アルジェブロ", "power": "超算術", "real-name": "アル・⏎
G・ブロ"}

# 辞書algebroに，キーを"age"として，値42を追加
algebro["age"] = 42

# 新しく追加したキーと値のペアを見るためにalgebroを表示
print(algebro)
```

このコードの実行結果は次のとおりです．

```
{'code-name': 'アルジェブロ', 'power': '超算術', 'real-name': 'アル・G・ブロ',⏎
'age': 42}
```

ここでは，"age" と 42 という新しいキーと値のペアが追加されていることがわかります．

問題点にお気づきでしょうか．年齢は固定された数値ではなく，時間の経過とともに変化するということです．悪党アルジェブロが誕生日を迎えるたびに，この値を更新しなければなりません．

心配いりません．キーの値を変更するのは新しいものを追加するのと同じくらい簡単です．

```
# キー"age"の値を更新
algebro["age"] = 43

# 更新されたキー"age"の値を見るために辞書algebroを表示
print(algebro)
```

今度は，年齢の値を表示すると，43 になっています．

辞書の値を更新するもう一つの方法は，dict.update()（アップデート）メソッドを使用することです．たとえば，"type" という新しいキーを追加し，dict.update() メソッドを使用して "ミュータント" を値として与えることができます．

```
# algebroという名前の辞書を生成
algebro = {"code-name": "アルジェブロ", "power": "超算術", "real-name": "アル・
G・ブロ"}

# 辞書algebroに，dict.update()を使ってキーと値のペアを追加
# {}と()の両方を使っていることに注意
algebro.update({"type": "ミュータント"})

# 結果の表示
print(algebro)
```

このコードの実行結果は次のとおりです．

```
{'code-name': 'アルジェブロ', 'power': '超算術', 'real-name': 'アル・G・ブロ',
'type': 'ミュータント'}
```

キーと値のペア，"type" と "ミュータント" が追加されていることに注意してください．また，同じメソッドを使用して，辞書内の既存のキーと値のペアを更新することもできます．

以前に見た del 文を使用すると，辞書からキーと値のペアを削除することができます．たとえば，何らかの理由で悪党アルジェブロが“スーパー・パワー”を失った場合，以下のようにキーと値のペア自体を削除することができます．

```
# del文を使ってキーと値のペアを削除
del algebro["power"]

# 正しくキーと値のペアが削除されたかを確認するために辞書algebroを表示
print(algebro)
```

このコードの実行結果は次のとおりです．

```
{'code-name': 'アルジェブロ', 'real-name': 'アル・G・ブロ', 'type': 'ミュータ
ント'}
```

実際に，キー "power" とそれに対応する値が削除されたことが確認できます．

さらに，辞書全体を削除したい場合にも，del 文を使うことができます．

```
# del文を使って辞書algebroを削除
del algebro
```

```
# 削除されたalgebroを表示しようとしてエラーになる
# algebroはもはや存在しない
print(algebro)
```

このコードを実行すると，エラーメッセージが表示されます．なぜなら，すでに削除した辞書 algebro を表示しようとしたからです．

最後は，辞書内のすべてのキーと値のペアを削除したいのですが，辞書自体は削除したくない場合です．それには，dict.clear() メソッドを使用します．

```
# algebroという名前の辞書を生成
algebro = {"code-name": "アルジェブロ", "power": "超算術", "real-name": "アル・G・ブロ"}

algebro.clear()
print(algebro)
```

このコードの実行結果は次のとおりです．

```
{}
```

つまり空の辞書です．あるいは，以下のようにして同じような効果を得ることもできます．

```
algebra = {}
```

▶辞書のその他のメソッド◀

辞書には自由に使えるメソッドが全体で 26 ほどありますが，本書にはそのすべてを扱う余裕はありません．しかしながら，自分自身で手を広げてそれらを研究することを強くお勧めします．そして実験をして，新しく得た力を賢く使ってください！

これらのメソッドの中には，sum()，min()，max()，sorted() などのように，リストやタプルですでに使用したことのあるものもあります．

ここに，辞書のメソッドの一覧を示します．自由に実験してみてください．

- dict.clear()：辞書内のすべての要素を削除します．
- dict.copy()：辞書のコピーを返します．
- dict.fromkeys()：シーケンスから辞書を生成するために使用します．
- dict.get()：指定したキーの値を返します．
- dict.items()：与えられた辞書のキーと値のペアのビューを返します．
- dict.keys()：辞書のキーを返します．
- dict.popitem()：ペアを一つ削除し，それを返します．
- dict.pop()：指定したキーのペアを削除し，その値を返します．
- dict.setdefault()：キーが存在するかどうかをチェックし，存在する場合はその値を返します．

存在しない場合は指定した値をそのキーに対応付けます．

- dict.values()：辞書内のすべての値を返します．
- dict.update()：辞書を更新するために使用します．

辞書で使用できる他の関数には，以下のようなものがあります．

- any()（エニー）：反復可能な要素のどれかがTrueかどうかをテストし，その場合はTrueを返します．
- all()（オール）：反復可能な要素がすべてTrueかどうかをテストし，その場合はTrueを返します．
- dict()：辞書を生成するために使用します．
- enumerate()（イヌムレイト）：列挙オブジェクトを返します．
- iter()：指定されたオブジェクトのイテレーターを返します．
- len()：オブジェクトの長さ（要素数）を返します．
- max()：最大の要素を返します．
- min()：最小の要素を返します．
- sorted()：ソートされたリストを返します．
- sum()：すべての項目の合計を返します．

▶辞書のコード例◀

ここに，この章に含まれるすべてのコードのサンプルファイルがあります．このコードを自由に変更したり，実験したりしてみてください．どんなエラーが出ても確認して，本書でこれまでに得た知識を使って，興味深い方法で修正してみてください．

大胆に楽しむことを忘れないでください．“スーパー・ヒーロー”とはそういうものですよね？

dictionary_examples.py

```
# algebroという名前の辞書を生成
algebro = {"code-name": "アルジェブロ", "power": "超算術", "real-name": "アル・⏎
G・ブロ"}

# 辞書algebroを表示
print(algebro)

# キー"real-name"の値を表示
print(algebro["real-name"])

# 辞書algebroのキーだけを表示
print(algebro.keys())

# 辞書algebroの値だけを表示
print(algebro.values())

# キーと値のペアを表示
print(algebro.items())

# for文を使って辞書の要素を表示
```

```
for key, value in algebro.items():
    print("キーは", key, "で値は", value)

# 辞書algebroに，キーを"age"として，値42を追加
algebro["age"] = 42

# 新しく追加したキーと値のペアを見るためにalgebroを表示
print(algebro)

# キー"age"の値を更新
algebro["age"] = 43

# 更新されたキー"age"の値を見るために辞書algebroを表示
print(algebro)

# 辞書algebroに，dict.update()を使ってキーと値のペアを追加
# {}と()の両方を使っていることに注意
algebro.update({"type": "ミュータント"})

# 結果の表示
print(algebro)

# del文を使ってキーと値のペアを削除
del algebro["power"]

# 正しくキーと値のペアが削除されたかを確認するために辞書algebroを表示
print(algebro)

#################################################
# エラーが発生するのでこのセクションのコードをコメントアウト
# del文を使って辞書algebroを削除
# del algebro
#
# 削除されたalgebroを表示しようとしてエラーになる
# algebroはもはや存在しない
# print(algebro)
#################################################

algebro.clear()
print(algebro)
```

この章のまとめ

ここまで来ることができたことを誇りに思ってください！　この章では，タプルと辞書という二つ

の新しいデータ構造を記憶に蓄えることで，脳の記憶容量を拡大しました！　たくさんの内容をカバーしたので，いつものように，この章で学んだ知識の多くを箇条書きにまとめておきましょう．

- タプルと辞書は，リストと並んで情報を保持する二つのデータ構造です．
- タプルはリストに似ていますが，タプルはイミュータブル（不変）です．すなわち，どの値が含まれるかを変更することはできません．
- タプルは次のように生成されます．
  `villains = ("眉毛レイザー", "怒りのヤジー", "不満マン", "怒りの荒くれ")`
- `print(villains)` とすることでタプルを表示できます．
- タプル内の要素を表示するには，`print(villains[0])` とします．これはタプル内の最初の項目，つまりインデックス 0 にある要素を表示します．
- 範囲を指定してタプル内の要素を表示するには，`print(villains[0:3])` のようにします．これは，インデックス 0，1，2 にある要素を表示します．二つ目のパラメーター（この場合は 3）の一つ前にある要素までを表示します．
- タプルの関数には，`min()`，`max()`，`len()`，`sorted()`，`sum()`，および `tuple()` があります．
- `del` 文を使用すると，タプル全体を削除できます．
- `count()` は，タプルに含まれる特定の要素を数えます．
- `in` を使うと，ある値がタプル内に登場するかどうかをチェックできます．`True` か `False` のブール値が返ってきます．
- 辞書は対応関係によってデータを格納します．
- 辞書には，複数のキーと値のペアが含まれます．
- 辞書は次のように書くことで生成され，コロンの左側がキーを，右側が値を表します．
  `algebro = {"code-name": "アルジェブロ", "power": "超算術", "real-name": "アル・G・ブロ"}`
- `print(algebro)` とすると，辞書を表示できます．
- `print(algebro["real-name"])` とすることで，特定のキーの値を表示できます．
- 辞書のメソッドには，`dict.keys()` や `dict.items()`，`dict.update()` などがあります．
- `del` 文を使用して辞書を削除することができます．
- `dict.clear()` を使用すると，辞書自体を削除することなく，辞書から要素（キーと値のペア）をすべて削除することができます．

Superhero Bootcamp Lesson 10

Python ファイルの管理の仕方

これまでのところ，私たちはおもに一つのファイル内で作業をしてきました．つまり，コードはすべて一つの .py ファイルに保存され，そのファイルが実行されていました．しかし，現実の世界では，私たちのプログラムの多くは複数のファイルに保存されます．お気に入りの関数をファイルに保存して後で使えるようにすることもあります．まさにこれが私たちプログラマーのやり方です．

複数のコードファイルを使用する理由はたくさんあります．その中には，効率性の向上やコード内のエラーを減らすという目的もあります．一般的な処理を行うプログラムの一部を保存して，後で他のプログラムで再利用できるようにしたことを覚えていますか？　関数やモジュールの話をしたときに，それについて詳しく説明しました．また，クラスやオブジェクト，変数，リスト，そして考えうる一般的に使用されるコードのすべてを保存しておくことができます．基本的に，もしあなたがプログラムの中で何かを後で使うことになり，それがあなたの時間を節約し，入力によるエラーを減らすことになると思うのであれば，熱心に後で使用するために別のファイルにコピーを保存してください．そして，何のためにその素晴らしいコードを保存したのかがわかるように，徹底的にドキュメント化してください．

複数のファイルに分かれたコードを使用するもう一つの理由は，多くの場合，大規模なプロジェクトだと特に，作業しているプログラマーは私たちだけではないという事実に関係します．私たちは，全体的なアプリケーションのほんの一部を扱っているだけかもしれません．この理由だけで，多数のファイルを扱うことになるかもしれません．

たとえば，あなたが“スーパー・ヒーロー”の RPG を開発していて，プロジェクト全体を監督しているとします．あなたの友人であるポールは，戦闘を扱うコードを担当しているかもしれません．あなたのもう一人の友人ラルフは，キャラクター作成を担当しているかもしれません．プログラムを完成させるために，ポールのファイルから関数群を呼び出し，ラルフのディレクトリにあるコードの中からキャラクター作成エンジンをもってくる必要があります．これらを組合わせれば，上出来な RPG に必要な要素がすべて揃うわけです．

Python でファイルを扱う

本書をここまで読んでくださった方は，ファイルシステムとは何かを知っていると思います．そうでない場合は，コンピュータのデスクトップにある，書類，マンガ，ゲーム，たくさんの写真などを保存する小さなディレクトリ（フォルダー）のことを考えてみてください．

最初に Python をインストールしたとき，デフォルトの場所にインストールしました．お使いのコンピュータ，OS，ドライブの設定方法にもよりますが，たとえば，Python と IDLE は次のような場所にインストールされています．

```
C:¥Users¥〈あなたのユーザー名〉¥AppData¥Local¥Programs¥Python¥Python38-32
```

ちなみに，IDLEを使って作成した .py ファイルは，標準ではすべて同じ場所に保存されます．ファイルを探し出すのは，実行している .py ファイルのあるディレクトリから行われます．Python プログラムから別のファイルを呼び出す場合も，自動的に同じディレクトリにファイルがあることを期待してそこを検索します．ここでは，私の Python ディレクトリの例を示します．本書のためにこれまでに書いたプログラムがすべて含まれます（図 10・1）．

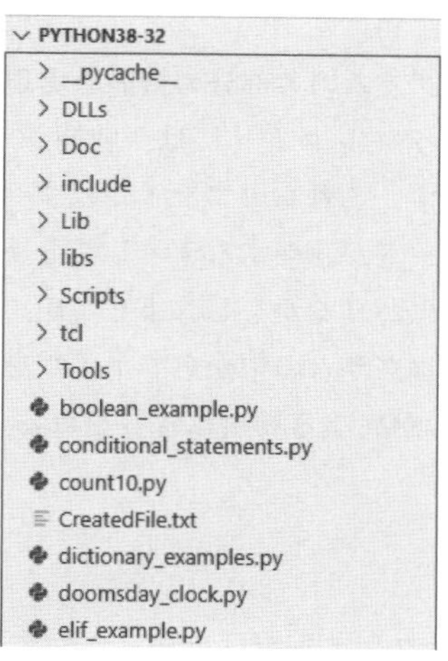

図 10・1　Python ディレクトリの例

これらのファイルはすべて IDLE の標準のディレクトリとよばれる場所にあるので，Python プログラムから呼び出すときに，カレントディレクトリ（現在のディレクトリ）を変更したり，他のディレクトリを探したりといった特別なことをする必要はありません．プログラムでファイルに名前を付けるだけで，それをインポートしてくれます．

現実のシナリオでは，必ずしもそう単純ではありません．私たちはふつう，各プログラムのファイルを特定のディレクトリに保管するので，混乱したり，誤ってまちがったファイルを呼び出したりすることはありません．しかし，1 年もすればかなりの数になり，まちがいなく整理する方法が必要になるでしょう．

たとえば，あなたが"スーパー・ヒーロー RPG"に取組んでいるなら，SuperheroRPG という名前のメインディレクトリがあるでしょう．そして，その中には，ゲームの各セクションのファイルを保持する複数のディレクトリがあります．たとえば，次のようなディレクトリ構造を考えてみましょう．

- SuperheroRPG
    - CharacterCreationModules
    - BattleEngine
    - VillainProfiles
    - AreaFiles
    - RandomEncounterFunctions
- ItemLists
- SuperPowerLists
- VillainsDictionaries

```
• HeroClasses
  • Mutant
  • Human
  • Robot
  • Magician
• SidekickProfiles
```

これらのディレクトリには，プログラムの各部分の機能を実現するプログラムの一部が格納されています．たとえば，BattleEngine ディレクトリには，戦闘シナリオやダメージ結果などを処理するための関数などが格納されています．これらのファイルはすべて IDLE ディレクトリの外に保存されるので，メインプログラムで，コードが存在するディレクトリのいずれかから，そのファイルを呼び出す必要があります．ややこしく思われるかもしれませんが，大丈夫です．この章では，プログラムがどこにあるかにかかわらず，プログラムの中からファイルを扱う方法を詳しく説明します．これでディレクトリ構造と .py ファイルが異なる場所に保存される可能性があるという基本的な概念が理解できたので，あとは楽勝です．

▶ ファイルの種類 ◀

これまでのところ，私たちは .py ファイルだけを使って作業してきました．プログラミングの世界に飛び込み，自分のプログラムを開発したり，企業で働いたりするようになると，他の種類のファイルも扱うようになります．これらの中で最も一般的なものは，テキストファイル（.txt），HTML ファイル（ウェブページの開発に使用），CSV ファイル（表計算データの一種）です．この章の例では，ほとんどの場合，.txt と .py ファイルを使用しますが，他の種類のファイルにも通用します．

Python によるテキストファイルの作成

本節で扱うテーマ，テキストファイルの作成にはいくつかの方法があります．まず，メモ帳などのテキストエディターを開いて新しいテキストファイルを作成し，それを現在 .py ファイルが保存されているディレクトリに保存することもできます．しかし，これでは少し怠けている感じがします．代わりに別のアプローチ，Python のコードを使って新しいテキストファイルを作成してみましょう．

この節では，いくつかの新しい概念を学ぶことになります．すぐにピンと来なくても心配し過ぎないでください．中心となる概念を理解した後に，すべてを徹底的にカバーしていきます．さらに，いつものようにコメント付きのコードを読んで，各行が何のために書かれているのかを理解するようにしてください．

ここでのゴールは Python を使って新しいテキストファイルを作成することです．これまで作成してきた .py ファイルとは異なります．ここでの技は Python ファイルの中からテキストファイルを作成するということです．ですから，どのファイルを扱っているのかを混乱しないようにしてください．

まず，新しいファイル（.py）を作成し，次のコードを入力したら，fun_with_files.py という名前で保存します．

fun_with_files.py

```
# このコードはファイルを開くために使われる
# しかし，ファイルはまだ存在しないので，Pythonはその代わりにファイルを作る
```

```
# 同名のファイルがすでに存在していたら，その中身は消え，新たな内容で上書きされる
new_file = open("CreatedFile.txt", "w")

# このコードはprint()関数と似ている
# しかし，テキストをコンピュータの画面に表示する代わりに，ファイルに書き込む
new_file.write("Pythonのプログラムで新しいファイルを作成しました！")

# close()関数は使っていたファイルを閉じて保存する
# これ以上書き込んだりファイルを壊してしまったりしないように
# いつでも作業が終わったら閉じることが重要
new_file.close()
```

このコードにはいくつかの注意点があります．まず，ここでの目的はコードを使って CreatedFile.txt という名前の新しいテキストファイルを作成することです．new_file という名前の変数を宣言し，open() 関数の結果を代入するところから始めます．通常，open() は，ファイルを開くことで何らかの操作を実行できるようにするという，まさにあなたの考えたことを行います．しかし，この例では，CreatedFile.txt という名前のファイルがないので，Python は新しい .txt ファイルを作成したかったと仮定してそれを実行してくれます．同じ名前のファイルが存在していたとしても，既存のファイルを上書きしてしまうので，この関数を使用する際には注意してください．

次の部分で，"CreatedFile.txt" は，開いたり作成したりしたいファイルの名前です．

```
open("CreatedFile.txt", "w")
```

"w" の部分は open() 関数の引数の一つです．この例では，"w" は Python に**書き込み**（writing）用にファイルを開きたいことを伝えています．すると Python は**書き込みモード**でファイルを開いてくれます．このモードでは，ファイルに変更を加えたり，何かを追加したりすることができます．

あるいは，新しいファイルを作成して書き込むことができる "x" モードを使うこともできます．しかし，このモードではファイルが排他的に作成されます．つまり，同名のファイルがすでに存在する場合は失敗してエラーが発生することになります．これを使うには，単にコードを次のように変更します．

```
open("CreatedFile.txt", "x")
```

続きのコードでは，新しく作成したファイルに何かを追加しようとしています．もちろんそうしないといけないわけではなく，空のままでもよいのですが，ファイルを開いている間に何かを書き込んでみましょう．

次の .write() メソッドは新しく作成された CreatedFile.txt ファイルに “Python のプログラムで新しいファイルを作成しました！” というテキストを書き込みます．

```
new_file.write("Pythonのプログラムで新しいファイルを作成しました！")
```

最後に，ファイルを開いたり作成したりした後は，意図しない方法で破損したり，変更されたり，

影響を受けたりしないように，いつもファイルは閉じておかなければなりません．それには次のように close() 関数を使います．

```
new_file.close()
```

Python でのファイルの読込み

ファイルを作成して書き込むだけでなく，ファイルから読込むこともできます．新しいファイル CreatedFile.txt を作成したので，そこから読込むプログラムを作成しましょう．fun_with_files.py ファイルに次のコードを追加します．

fun_with_files.py

```
new_file.close()

# CreatedFile.txtファイルを開く
created_file = open("CreatedFile.txt", "r")

# ファイル内容の読込み
print(created_file.read())
```

ここでは，前に作成したファイルを開くために open() を使用し，それに "r"（read）を引数で渡します．そして，.read() メソッドと print() 関数を使用してテキストを画面に表示し，ファイルの内容を確認できるようにしました．

これはファイル内に 1 行のテキストがある場合には問題なく動作しますが，複数の行がある場合はどうでしょうか？ fun_with_files.py を変更して，次の例と一致するようにします．

fun_with_files.py

```
# このコードはファイルを開くために使われる
# しかし，ファイルはまだ存在しないので，Pythonはその代わりにファイルを作る
# 同名のファイルがすでに存在していたら，その中身は消え，新たな内容で上書きされる
new_file = open("CreatedFile.txt", "w")

# このコードはprint()関数と似ている
# しかし，テキストをコンピュータの画面に表示する代わりに，ファイルに書き込む
new_file.write("Pythonのプログラムで新しいファイルを作成しました！")
new_file.write("テキストの2行目です！")
# close()関数は使っていたファイルを閉じて保存する
# これ以上書き込んだりファイルを壊してしまったりしないように
# いつでも作業が終わったら閉じることが重要
new_file.close()
```

ファイルを実行すると，次のようにテキストが 2 行表示されると期待するでしょう．

```
Python のプログラムで新しいファイルを作成しました！
テキストの 2 行目です！
```

しかし，そうではありません．代わりに次のように表示されます．

```
Python のプログラムで新しいファイルを作成しました！テキストの 2 行目です！
```

それはなぜでしょうか？　最初に新しく作成したファイルにテキストを書き込んだときに，書式を指定していませんでした．.write() は，テキストの最後に改行を付けてくれません．行がつながってしまわないようにするために，テキストの最後に**改行文字** "¥n" を追加しなければなりません．基本的には，次のように，二つの .write() メソッドを修正します．

```
new_file.write("Pythonのプログラムで新しいファイルを作成しました！¥n")
new_file.write("テキストの2行目です！¥n")
```

fun_with_files.py ファイルを変更して，これらの変更と一致するようにしてください．もう一度プログラムを実行してみてください．今度は次のように表示されます．

```
Python のプログラムで新しいファイルを作成しました！
テキストの 2 行目です！
```

▶ readline() と readlines() の使用 ◀

テキストファイルの特定の1行，あるいはいくつかの行だけを読込みたい場合があるでしょう．.read() メソッドはファイルの内容全体を読込むので，このような場合には適しません．代わりに .readline()（リードライン）を使用する必要があります．

実際に動作を見るには，コードの print(created_file.read()) を次のように変えます．

```
print(created_file.readline())
```

実行結果は次のとおりです．

```
Python のプログラムで新しいファイルを作成しました！
```

これは，.readline() が一度に1行のテキストしか読込まないからです．ファイルの次の行のテキストを読むためには，単に .readline() を追加するだけです．fun_with_files.py の現在の状態が次のコードと一致していることを確認してください．

fun_with_files.py

```
# このコードはファイルを開くために使われる
# しかし，ファイルはまだ存在しないので，Pythonはその代わりにファイルを作る
# 同名のファイルがすでに存在していたら，その中身は消え，新たな内容で上書きされる
```

```
new_file = open("CreatedFile.txt", "w")

# このコードはprint()関数と似ている
# しかし，テキストをコンピュータの画面に表示する代わりに，ファイルに書き込む
new_file.write("Pythonのプログラムで新しいファイルを作成しました！¥n")
new_file.write("テキストの2行目です！¥n")

# close()関数は使っていたファイルを閉じて保存する
# これ以上書き込んだりファイルを壊してしまったりしないように
# いつでも作業が終わったら閉じることが重要
new_file.close()

# CreatedFile.txtファイルを開く
created_file = open("CreatedFile.txt", "r")

# ファイル内容の読込み

# テキストファイルの1行目の読込み
print(created_file.readline())

# テキストファイルの2行目の読込み
print(created_file.readline())

# 再びファイルを閉じる
created_file.close()
```

.readline() の他にも .readlines()（リードラインズ）というメソッドがあり，ほぼ同じように見えますが，動作が少し異なります．もしコードを print(created_file.readlines()) に変更すると（実際にはしないでください），指定したファイルからテキストを1行読込んで表示するのではなく，ファイル内のすべての行をリストとして読込み，表示します．このコードの実行結果は次のとおりです．

```
['Python のプログラムで新しいファイルを作成しました！ ¥n', ' テキストの 2 行目です！ ¥n']
```

ファイルの読み書きの注意

これ以上進む前に，ファイルへの書き込みがどのように機能するかを議論しましょう．最初にファイルに書き込むときは，問題ありません．しかし，ファイルを開いて2回目に書き込もうとすると，引数に "w" を指定すると，既存のファイルの内容を上書きしてしまいます．

たとえば，次のコードを書いたとします．

```
# このコードはファイルを開くために使われる
# しかし，ファイルはまだ存在しないので，Pythonはその代わりにファイルを作る
```

```
# 同名のファイルがすでに存在していたら，その中身は消え，新たな内容で上書きされる
new_file = open("CreatedFile.txt", "w")

# このコードはprint()関数と似ている
# しかし，テキストをコンピュータの画面に表示する代わりに，ファイルに書き込む
new_file.write("Pythonのプログラムで新しいファイルを作成しました！¥n")
new_file.write("テキストの2行目です！¥n")

# ファイルを閉じる
created_file.close()

# テキストをさらに加えるために，再びファイルを開く
adding_to_file = open("CreatedFile.txt", "w")

# テキストをさらに書き込む
adding_to_file.write("テキストの続きです．¥n")

adding_to_file.close()
```

そして，ファイルの中身を見ると，どうなっていると思いますか？

次のようになっていると期待しているかもしれません．

```
Python のプログラムで新しいファイルを作成しました！
テキストの 2 行目です！
テキストの続きです．
```

それはまちがいです．実際には，ファイルを開いて書き込もうとしたときに，すでに存在しているテキストを上書きして新しい行を書き込んでしまいます．このシナリオでの本当の答えは，次のようになります．

```
テキストの続きです．
```

ここでの教訓は簡単です．あなたがファイルを使って作業するときには，常にどのようなモードであるかを意識してください．

ファイルへの追加

ファイル内の既存のテキストを上書きせずにファイルに書き込むというジレンマを解消するには，単に引数の "w" を "a"（append）に切替えます．

CreatedFile.txt ファイルにもう 1 行テキストを追加しなくてはならないとしましょう．必要なのは，ファイルを追記モードで開きなおすことです．次のようにプログラムを修正しましょう．

fun_with_files.py

```
# CreatedFile.txtファイルを開く
created_file = open("CreatedFile.txt", "r")

print("ファイルのオリジナルのテキスト")
print(created_file.readline())
print(created_file.readline())

# ファイルを閉じる
created_file.close()

# テキストをさらに加えるために，再びファイルを開く
adding_to_file = open("CreatedFile.txt", "a")

# 追記モードでテキストをさらに書き込む
adding_to_file.write("テキストの続きです. ¥n")

# ファイルを閉じる
adding_to_file.close()

# ファイルを再び開き読込む
# 今度は行が追記されている

print("ファイルに追加した後のテキスト")
appended_file = open("CreatedFile.txt", "r")

# ファイルの内容を表示する別の方法
# ここではfor文と演算子inを使い，ファイルを1行ずつ表示
for line in appended_file:
    print(line)

# 再びファイルを閉じる
appended_file.close()
```

今回はかなりの行を追加しました．しかし，プログラムにコメントを付けてドキュメント化している（プログラミングのよい習慣を身につけている）ので，どのような変更が行われ，何をしたかは明らかなはずです．とはいえ，追加されたコードの一部を説明しましょう．

まず，コードの概要とその目的について簡単に説明します．コードの意図は次のとおりです．

- 新しいテキストファイルを作成
- 2行のテキストをファイルに書き込み
- 読込みモードでファイルを開いてファイルを読込み
- ファイルの行を表示

- 追記モードでファイルを開く
- ファイルにテキストの新しい行を追記
- 修正したファイル内容の表示

これらの各ステップの間ではファイルを閉じています．プログラミングのよい習慣として，読み書きや追記のために開いたファイルは，いつでも閉じなければならないのです．これはファイルを扱う最も効率的な方法ではないかもしれませんが，言語の基本とプログラミングの原則，理論を学ぶというここでの目的にはかなっているはずです．

最後に，コードの終わりに for 文があることに気がついたかもしれません．これは，テキストファイルの行を表示するための別の方法です．

ディレクトリの操作

先ほど説明したように，これまではPythonをインストールしたディレクトリ内でしか作業をしてきませんでした．この節では，コンピュータ上の他のディレクトリにあるファイルを開く方法を学んでいきます．しかし，その前に，現在どのディレクトリにいるかを正確に知るための簡単な方法を見てみましょう．新しいファイル（.py）を作成し，次のコードを入力したら，working_with_directories.py という名前で保存します．

working_with_directories.py

```
# OSの機能を使用するため，osモジュールをインポート
import os

# osモジュールのgetcwd()関数を使って，カレントディレクトリを確認
print(os.getcwd())
```

コンピュータが異なると，違いがあるかもしれませんが，このコードを実行すると，次のように表示されるはずです．

```
C:¥Users¥〈あなたのユーザー名〉¥AppData¥Local¥Programs¥Python¥Python38-32
```

別のディレクトリにファイルがあるかもしれないので，これは知っておくべき重要な情報です．カレントディレクトリ（現在のディレクトリ）にファイルが存在しない場合，エラーが発生するか，誤って新しいバージョンのファイルを作成してしまうことになります．異なるディレクトリにファイルのコピーが複数あったら，もちろん混乱してしまいます．

カレントディレクトリがわかったので，別のディレクトリに変更してそこからファイルを開くことができるはずです．ここで**できるはず**と言ったのは，実際に試す前に新しいディレクトリを作成する必要があるからです．この章の最初で，現在のPythonディレクトリがどのようになっているかをお見せしました．この画像は，すべてのディレクトリやフォルダが含まれていないため，少し誤解を招きやすいものでした．これが実際の姿です（図10・2）．本書の流れに沿って，指示どおりファイルを作成している場合，あなたのディレクトリは，ファイルの一つや二つを除けば似ていると思います．

それでは，os.mkdir() 関数を使って新しいディレクトリ newDirectory を作成してみましょう．次のコードを working_with_directories.py に追加します．

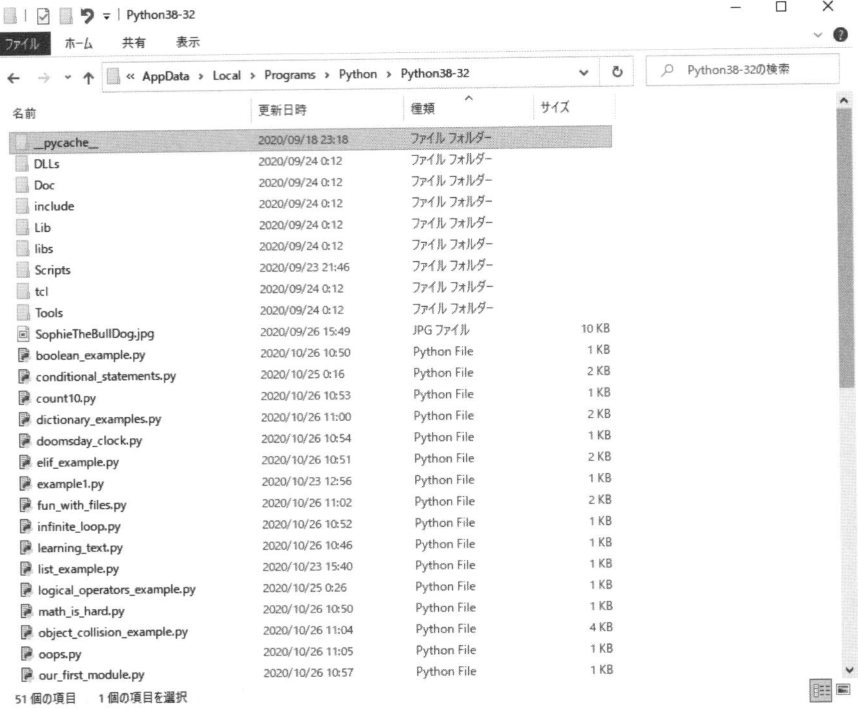

図 10・2　実際の Python ディレクトリのファイルとディレクトリ

working_with_directories.py

```
print(os.getcwd())

# 新しいディレクトリの作成
os.mkdir("newDirectory")
```

さて，このファイルを実行すると newDirectory という名前の新しいフォルダが作成されます．Python のディレクトリを開くと，追加されているのがわかるはずです（図 10・3）．

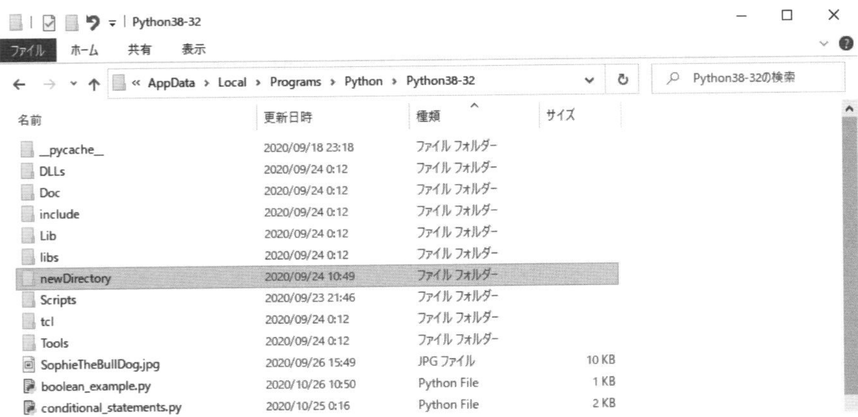

図 10・3　新しく作成された newDirectory ディレクトリ

この次が重要です．ディレクトリを変更する前に，先ほど追加したコードをコメントアウトします．コメントアウトしないと，エラーメッセージが表示されるからです．なぜでしょうか？ Python はディレクトリがすでに存在する場合，ディレクトリを作成できないからです．そして，先ほどディレクトリを作成したばかりです．おわかりでしょうか？

このコードと一致するようにコードを修正して，プログラムを実行してください．

"C:/Users/〈あなたのユーザー名〉/AppData/Local/Programs/Python/Python38-32/newDirectory" があなたのディレクトリと一致していることを確認してください．最初の例で os.getcwd() の使い方を学んだときに表示された値を使うことができます．そうでない場合はエラーになります．また，ディレクトリの"パス"の中で，¥をスラッシュ（/）に変更するようにしてください．これも忘れるとエラーが起きます．¥（環境によっては /）をスラッシュ / にするのは，そのままでは¥がエスケープ文字として扱われるためです（3章参照）．

ここにコードがあります．

working_with_directories.py

```
# 新しいディレクトリの作成
# 先ほど，このディレクトリは作成したので，コメントアウトする
# そうしないとPythonはもう一度作成しようとしてエラーが発生
# os.mkdir("newDirectory")

# os.chdir()関数を使ってディレクトリを変更
print("カレントディレクトリをnewDirectoryに変更")
os.chdir("C:/Users/〈あなたのユーザー名〉/AppData/Local/Programs/Python/
Python38-32/newDirectory")

# カレントディレクトリを表示して，変更されたことを確認
print(os.getcwd())
```

注意点があります！ エラーメッセージが表示された場合は，変更しようとしたディレクトリがまちがっている可能性が高いです．ひとりひとりディレクトリは異なるので，あなた自身のディレクトリを書かなければならないことを覚えておいてください．このセクションの最初の例で返された os.getcwd() の例に /newDirectory をつなげたものになるはずです．さらに，¥を / に変更することも忘れないでください．たとえば，カレントディレクトリとして次のように表示されたとします．

```
C:¥Users¥〈あなたのユーザー名〉¥AppData¥Local¥Programs¥Python¥Python38-32
```

しかし，コードに入力するときは次のようになります．

```
C:/Users/〈あなたのユーザー名〉/AppData/Local/Programs/Python/Python38-32
```

直したコードの実行結果は，次のとおりです．

```
C:¥Users¥〈あなたのユーザー名〉¥AppData¥Local¥Programs¥Python¥Python38-32¥newDirectory
```

切替えたディレクトリを表示しています．最後の部分が ¥newDirectory になっていれば，コードが動作したことがわかります．

新しいディレクトリを作成する方法と，カレントディレクトリを別のディレクトリに変更する方法がわかったので，もとのディレクトリに戻って，これまでに作成したコードの続きに取組めるようにしましょう．もとのディレクトリに戻すには，再び os.chdir() 関数を使用します．あなた自身のもとのディレクトリを使うことを覚えておいてください．

working_with_directories.py

```
# カレントディレクトリを表示して，変更されたことを確認
print(os.getcwd())

# もとのディレクトリに戻る
# あなた自身のディレクトリに直すこと！
os.chdir("C:/Users/〈あなたのユーザー名〉/AppData/Local/Programs/Python/⏎
Python38-32")

# もとのディレクトリに戻ったかを確認
print("もとのディレクトリに戻る")
print(os.getcwd())
```

ここでは，ディレクトリの切替がどの段階にあるかを示すために，いくつかの print() 関数を追加しました．また，もとのディレクトリに戻るための最終的なディレクトリ変更も追加しました．実行結果は次のようになるはずです．

```
カレントディレクトリを newDirectory に変更
C:¥Users¥〈あなたのユーザー名〉¥AppData¥Local¥Programs¥Python¥Python38-⏎
32¥newDirectory
もとのディレクトリに戻る
C:¥Users¥〈あなたのユーザー名〉¥AppData¥Local¥Programs¥Python¥Python38-32
```

最後に，ディレクトリの作成とその間を行ったり来たりすることについての議論をまとめる前に，もう一つ．今後の混乱を避けるために，前もって newDirectory ディレクトリを削除しましょう．Python ディレクトリを開いて，ディレクトリを右クリックして［削除］を選択するだけです．しかし，私たちはいまやプログラマーであり，プログラマーならハードな仕事はコードを使ってすべきです！

ディレクトリを削除するには，このコードをファイルに追加するだけです．

working_with_directories.py

```
# newDirectoryディレクトリの削除
# rmdir()関数の使用
os.rmdir("newDirectory")
```

このコードを実行すると，Python ディレクトリに newDirectory ディレクトリが存在しなくなっていることがわかります．ところで，フルパス（C: から始まるパス）を使わなくても，Python にディレクトリを見つけてもらえることに注目してください．これは，カレントディレクトリにディレクトリが存在しているからです．同じことが os.mkdir() でディレクトリを作成する場合や，os.chdir() を使ってカレントディレクトリを変更する場合にも当てはまります．

ボーナスステージ！

この章では，ファイルやディレクトリの操作について多くを学びましたが，まだいくつかの操作を学ぶ必要があります．あまりにも多くの情報であなたを圧倒したくないので，この特別な超シークレットボーナスステージは手短にしたいと思います．

前の節でディレクトリを削除する方法を学びましたが，ファイルを削除する方法はどうでしょうか？　ファイルの削除はとても簡単です．

```
# OSの機能を使用するため，osモジュールをインポート
import os

# remove()関数を使ってファイルを削除
os.remove("test.txt")
```

このコードはカレントディレクトリ（現在のディレクトリ）から test.txt というファイルを削除します．ファイルがカレントディレクトリ以外にある場合は，そのディレクトリに切替えてから os.remove() を使用するか，以下のようにファイルのパスを os.remove() 関数に渡します．

```
# OSの機能を使用するため，osモジュールをインポート
import os

# remove()関数を使ってファイルを削除
# ファイルがnewDirectoryディレクトリにある場合
os.remove("C:/Users/〈あなたのユーザー名〉/AppData/Local/Programs/Python/⏎
Python38-32/newDirectory/test.txt")
```

ここで，ディレクトリはファイルが存在するディレクトリパスと同じになります．

最後に，ファイル名を変更したい場合があるかもしれません．これは別の関数 os.rename()（リネーム）でできます．

```
# OSの機能を使用するため，osモジュールをインポート
import os

# rename()関数を使ってファイル名を変更
# 二つの引数，現在のファイル名と，新しいファイル名が必要
os.rename("test.txt", "newTest.txt")
```

このコードは，カレントディレクトリにある test.txt というファイルを newTest.txt という名

前に変更します.

fun_with_files.py のコード

ここに，fun_with_files.py のすべてのコードを合わせたものがあります．このコードを自由に変更して実験してみてください．何度も実験して変更の結果がどうなるかを見てください．

fun_with_files.py

```
# このコードはファイルを開くために使われる
# しかし，ファイルはまだ存在しないので，Pythonはその代わりにファイルを作る
# 同名のファイルがすでに存在していたら，その中身は消え，新たな内容で上書きされる
new_file = open("CreatedFile.txt", "w")

# このコードはprint()関数と似ている
# しかし，テキストをコンピュータの画面に表示する代わりに，ファイルに書き込む
new_file.write("Pythonのプログラムで新しいファイルを作成しました！¥n")
new_file.write("テキストの2行目です！¥n")

# close()関数は使っていたファイルを閉じて保存する
# これ以上書き込んだりファイルを壊してしまったりしないように
# いつでも作業が終わったら閉じることが重要
new_file.close()

# CreatedFile.txtファイルを開く
created_file = open("CreatedFile.txt", "r")

print("ファイルのオリジナルのテキスト")
print(created_file.readline())
print(created_file.readline())

# ファイルを閉じる
created_file.close()

# テキストをさらに加えるために，再びファイルを開く
adding_to_file = open("CreatedFile.txt", "a")

# 追記モードでテキストをさらに書き込む
adding_to_file.write("テキストの続きです．")

# ファイルを閉じる
adding_to_file.close()

# ファイルを再び開き読込む
# 今度は行が追記されている
```

```
print("ファイルに追加した後のテキスト")
appended_file = open("CreatedFile.txt", "r")

# ファイルの内容を表示する別の方法
# ここではfor文と演算子inを使い，ファイルを1行ずつ表示
for line in appended_file:
    print(line)

# 再びファイルを閉じる
appended_file.close()
```

working_with_directories.py のコード

以下は working_with_directories.py の完全なコードです．複数回実行するとエラーになるので，コードの一部はコメントアウトされていることに注意してください．これは特に，新しいディレクトリを作成したり削除したりするときに関係しています．

もう一度，このコードを使って自由に実験してみてください．結局のところ，コードを壊しては直すことが，私たちが真に強力なプログラミングの“スーパー・ヒーロー”になる方法なのです！

working_with_directories.py

```
# OSの機能を使用するため，osモジュールをインポート
import os

# osモジュールのgetcwd()関数を使って，カレントディレクトリを確認
print(os.getcwd())

# 新しいディレクトリの作成
# 先ほど，このディレクトリは作成したので，コメントアウトする
# そうしないとPythonはもう一度作成しようとしてエラーが発生
# os.mkdir("newDirectory")

# os.chdir()関数を使ってディレクトリを変更
print("カレントディレクトリをnewDirectoryに変更")
os.chdir("C:/Users/〈あなたのユーザー名〉/AppData/Local/Programs/Python/⏎
Python38-32/newDirectory")

# カレントディレクトリを表示して，変更されたことを確認
print(os.getcwd())

# もとのディレクトリに戻る
# あなた自身のディレクトリに直すこと！
os.chdir("C:/Users/〈あなたのユーザー名〉/AppData/Local/Programs/Python/⏎
Python38-32")
```

```
# もとのディレクトリに戻ったかを確認
print("もとのディレクトリに戻る")
print(os.getcwd())

# newDirectoryディレクトリの削除
# rmdir()関数の使用
os.rmdir("newDirectory")
```

この章のまとめ

あなたはこの冒険の中で本当に大胆な若きヒーローでした！　しかし，あなたが聡明で才能に恵まれていたとしても，学んだことを少し復習しておくのは，いつでもよい考えです．というわけで，この章のまとめを示します．

- Python は .py，.txt，HTML，CSV などの多くの種類のファイルを扱うことができます．
- open() を使って，ファイルを開きます．同名のファイルがすでに存在していなければ，ファイルを作成できます．
  例：open("CreatedFile.txt", "w")
- 引数に "w" を指定すると，書き込みモードでファイルを開けます．
- 引数に "x" を指定すると，作成・書き込み（排他的作成）モードでファイルを開けます．
- 引数に "r" を指定すると，読込みモードでファイルを開けます．
- 引数に "a" を指定すると，追記モードでファイルを開き，既存のファイルの続きに書き込めます．"w" モードでは，既存のファイルの内容が上書きされます．
- .write() メソッドを使って，ファイルにテキストを書き込みます．
  例：new_file.write(" ここのテキストが書き込まれる．")
- .read() メソッドはファイル内のすべてのテキストを読込みます．
  例：print(read_me.read())
- ファイルの 1 行を読込むには .readline() メソッドを使います．
  例：print(read_me.readline())
- ファイルを使い終わったら，必ず .close() メソッドで閉じてください．
  例：new_file.close()
- ディレクトリを操作するには，os モジュールをインポートする必要があります．
- os.getcwd() を使って，カレントディレクトリ（現在のディレクトリ）が何かを確認します．
  例：print(os.getcwd())
- os.mkdir() を使って新しいディレクトリを作成します．
  例：os.mkdir("newDirectory")
- ディレクトリを変更するには os.chdir() を使います．
  例：os.chdir("〈ディレクトリパス〉")
- os.rmdir() を使って，ディレクトリを削除します．
  例：os.rmdir("newDirectory")

ちょっとひといき竹内薫ラボ：たかがファイル，されどファイル

エピローグにも少し書いたのですが，30代のとき，商業プログラマーとして生計を立てていました．いろいろな会社の求めに応じてプログラムを書きましたが，たとえば，テレビの視聴率や新聞・雑誌の購読率を調査する会社のデータを使って，“広告をどうやって出稿したらいちばん効率がいいか”，つまり，お目当てのお客さんにいかに安く広告を見てもらえるか，ということを計算するプログラムも書きました．

自分のためのプログラムでもそうなのですが，そんなときに神経を使うのが，ファイル管理です．

これはもう人間が事務的な仕事をするのと同じで，あらかじめ書類の書き方（書式）を決めておいて，まちがった行から読んだりしないように気をつける必要があります．あるいは，最初のデータから読み始めて，31日分を読み込んだら，次のデータは“30日分”であることなどにも気をつけないといけません．

また，この章に書いてあるように，まちがって上書きしてしまい，せっかくのデータが失われてしまったら，さあ大変（まあ，別のところにバックアップはあるはずですが！）．とにかく，ファイルがどこにあって，どういう形式でデータや文字が並んでいるのかを把握し，一つのまちがいもないように気をつける必要があります．

あるとき，私がプログラムを納入していたM社から連絡があり，お得意様が，かんかんに怒っているので，一緒に出向いて謝ってほしいと言われました．おっと！　背筋が凍る思いでした．もしかしたら，データの読み書きのプログラムにミスがあり，大変なことになってしまったのか？

案の定，M社の役員とともにお得意様の担当者に会いにいくと，彼は，まさに顔面蒼白の状態で力なく椅子に腰掛けていました．もう立ち上がる気力もないありさまで，本当に顔が真っ青なのです．これは，かなり大変な事態なのだとわかりました．とにかく平身低頭で，“早急に事実関係を究明してご報告します”と謝罪を繰り返し，M社に戻りました．

それから数日かけて，私は自分が書いたプログラムを徹底的に洗い直し，データの読み書きにミスが起きるかどうかをチェックしました．しかし，幸い，私のプログラムに問題はありませんでした．なんと，M社のデータ入力係が，誤って，プログラムに前月のデータを入力してしまっていたのです．ですから，前月と計算結果が全く同じとなり，お得意様が，さらに取引先のお得意様から怒鳴られて，出入り禁止になろうかという事態にまで発展してしまったのでした．

大手銀行や東京証券取引所のシステムがダウンして大騒ぎになったニュースを覚えている読者もいるかもしれません．また，数字の入力ミスにより，証券会社が莫大な損害を被ってしまった事件もありました．

人間の入力ミスを防ぐことも，プログラムの工夫によって可能です．まさに，たかがファイル，されどファイル．ファイル管理は，実践的なプログラミングの場面の“戦場”なんですね．

- ファイルを削除するには`os.remove()`を使います．
  例：`os.remove("test.txt")`
- `os.rename()`を使って，ファイルの名前を変更します．
  例：`os.rename("test.txt", "newTest.txt")`

Superhero Bootcamp Lesson 11

Pythonを使ったゲーム作りに挑戦しよう

Pythonを使ったゲーム作りという章があるのは当然です．結局のところ，その興味こそが，何年も前，子供だった私にプログラミングを始めさせたのですから．そのときから比べると何もかも進歩しました．当時のPCゲームはテキストベースで，画像も使われていたにせよ，画質の悪いグラフィックか，もっとひどいときはASCII文字を並べて作られていました．音さえも非常に基本的なものでした．機械的な単音で，ブーとかビーとかボーとかです．アニメーションですか？　はい，ありました．私の時代の本当に最先端なゲームのよい例として，“カルメン・サンディエゴを追え！世界編(Where in the World is Carmen Sandiego)”や私のお気に入りの“オレゴン・トレイル（The Oregon Trail)”などがあります．YouTubeで見てみてください．より質の高いテレビゲームがまわりになかったということではありません．この時点で，“アタリ”は何年も前から存在していましたし，ファミコン，セガ，コモドールもありました．私もファミコンはもっていて，最先端の8ビットグラフィックスとサウンドに感嘆したものです．それらのゲームは素晴らしく，なかにはいまもなお健在なものや，私がプレイしているPS4のゲームより楽しいものもありました．しかし，PCゲームでは可能でも，それらコンソールゲームでは不可能なことがありました．PCゲームなら，プログラムをいじって，何より自分専用のバージョンを作ることができたのです．今日，状況は変わりました．お望みなら，主要なゲーム機用の開発機を購入し，適切なリソースとスキルを使えば，自分でゲーム開発を始められます．作ったゲームがゲームストアで日の目を見るかどうかは誰にもわかりませんが，要するに現在では，技術的にはコンソールゲームを作ることも可能ということです．

テレビゲームは，コンピュータプログラミングのスキルを学ぶのに素晴らしい題材です．十分に複雑なテレビゲームがあれば，あなたは実にプログラミング能力を高めることができます．ふつうでは考えつかないような方法でコードを使いこなせるようになりますし，コードを書く前に計画を立てられるようにもなります．計画を立てるのは非常に重要で，特にストーリーのあるゲームを作る場合はなおさらです．しかし，私にとってより重要なのは，テレビゲームが人に与える情熱です．本書の中に，あなたの想像力をかきたてたり，プログラミングで興奮させたりするものが他になかったとしても，ゲームを自作することはそうなのではないかと期待しています．

ゲームを作りたいと思っておらず，セキュリティ，デスクトップアプリケーション，データサイエンス，ウェブフレームワークに興味がある方でも，この章をお読みになることをお勧めします．深く掘り下げてはいませんが，画像，アニメーションなど，ゲーム以外でも使える概念をいくつか取上げています．何より，すべてのヒーローは，自分の“スーパー・パワー”について，できるだけたくさん学んでおく必要があります．

ゲームのためのPython

確かにPythonは，テレビゲームのプログラミングといったときに，最初に思い浮かぶ言語ではありません．とはいえ，Pythonを使う大規模なゲームも存在し，“Battlefield”はそのよい例です．このゲームにはPC版とコンソール版があり，Pythonを使用しています．

もしあなたが本当にゲーム開発者になりたいのであれば，C++とJavaについてできるだけ多くのことを学ばなくてはなりません．これらは現在，ほとんどのゲームで使用されているツートップの言語です．他にもUnityではC#が使われたりもしていますが，コンソールゲームとPCゲームの両方を追求したいのであれば，特にC++に集中するべきです．ウェブベースのゲームをプログラミングするつもりなら，HTML5，CSS3，JavaScript，SQL（データベース言語）が必要になります．もちろん，ゲームを開発できる言語は多数ありますが，ここに挙げたのは主要なものです．

とはいえ，コアとなる概念を学び，自分のゲームを作りたいと思っている人には，Pythonはかなりよい選択だと思います．PythonはC++よりもずっと簡単に学べますし，もし本書をここまで読んだのであれば，あなたはすでにプログラミングの基本をかなり理解していることでしょう．

Pythonには，以前インストールした，Pygameというとても便利なパッケージもあります．これはPythonで独自のゲームやアニメーションを作成するためのさまざまなモジュールを集めたものです．Pythonの本なので，Pythonを使ったゲームの作り方を中心に紹介しますが，Pythonを使いこなせるようになったら，他の言語をレパートリーに加えていくことをおろそかにしないでください．

▶ Pythonで作れるゲームの種類◀

少なくとも理論的には，Pythonで作れるゲームの種類に制限はありません．RPG，FPS（一人称視点シューティング），プラットフォーム（マリオシリーズのような，キャラクターをジャンプさせ障害物を越えて進んでいくタイプのゲーム），パズルゲームなどを作ることができます．これらのゲームには，テキストベースのものや，シンプルなグラフィック，サウンド，テキストを合わせたもの，アニメーションするものや，2D横スクロールタイプ，さらには3Dゲームも含まれます．3Dゲームを作りたい場合は，Panda3D（www.panda3d.org/）などの追加技術を学ぶ必要があります．ここではゲーム開発にそこまで踏み込むことはしませんが，選択肢の存在は知っておいてください．

Pythonで開発できるゲームの種類，具体的にはこの章で説明するPygameパッケージを使って作成できるゲームの種類を実際に見るには，公式ウェブサイト（www.pygame.org/tags/all）のプロジェクトライブラリにアクセスして，そこでホストされているゲームの数々を閲覧してください．Pythonプログラマーが開発したゲームを種類別，使用したライブラリ別などで見ることができます．アイデアやインスピレーションを得るのに最適な場所であり，ゲームをプレイして楽しむことができます．

Pygameの紹介

本書の読者はすでにPygameパッケージをインストールしていますが，その部分を読み飛ばしてしまった場合や，もう一度インストールの仕方を学びたい場合は7章95ページを参照して下さい．

ここで，Pygameの歴史と具体的にはどういったものなのかということを少しだけお話ししましょう．Pygameパッケージは，テレビゲーム開発のために特別に作られたモジュールのセットです．ピート・シンナーズによってPython，C，アセンブリ言語などで開発され，最初のバージョンは2000年10月にリリースされました．

ゲーム作りに必要最小限のコード

まず必要なのは，Pygameでゲームを作成するための骨組です．どんな感じかを見てみましょう．

```
import pygame

# Pygameモジュールを初期化
pygame.init()

# 800×600ピクセルのサーフェスscreenを生成
screen = pygame.display.set_mode((800, 600))

# ゲームの実行中かどうかを表す変数を宣言
running = True

# ユーザーが終了操作をするまでゲームを実行しつづけるループを作成
# 終了操作をすると，変数runningの値がFalseになり，ゲームが終了
while running:
    # ユーザーの操作をイベントの形で受取る
    for event in pygame.event.get():
        # ユーザーが×ボタンをクリックするとQUITイベントが発生
        if event.type == pygame.QUIT:
            running = False

pygame.quit()
```

これはPygameを使ったゲームの必要最小限のコードです．このコードは技術的にプレイ可能なゲームではありませんが，ゲームを構築するためのシステムを作成しています．このコードは次のように動作します．つまりpygameという必要なモジュールをインポートし，モジュールがロードされたら，pygame.init()（イニット）を使用して，すべてのpygameモジュールを初期化します．

これまでのプログラムでは，IDLEを使ってコードを実行し，その結果をPythonシェルに表示していました．しかし，Pygameを使ってゲームを書く場合，グラフィックを扱うので，プログラムがグラフィックを表示する画面を作る必要があります．.display.set_mode()（ディスプレイ セット モード）を使ってサーフェス（ウィンドウ）であるscreenを生成します．この行では，幅800×高さ600ピクセルのサーフェスを生成しています．

```
screen = pygame.display.set_mode((800, 600))
```

この画面（サーフェス）に対して，画像，グラフィック，テキストを描画します．

このコードの残りの部分はゲームループとよばれ，すべてのゲームで作成する必要があるものです．この構造の目的は非常にシンプルです．ユーザーからの入力を，マウスのクリック，キーボードのキーの押下などの形で受取ることです．これらを**イベント**とよびます．

インタラクティブなゲームを作成する際には，ユーザーがゲームを終了したことを認識し，終了するための方法が必要になります．ゲームループもこの目的を果たします．

変数runningは，プログラムを続行すべきかどうかをゲームループで確認するための値を保持します．runningがTrueの間ゲームは続行され，値がFalseに変更されるとゲームは終了します．

while runningで始まるwhile文はゲームループを開始します．そして，プログラムはユーザー

が何かアクションを起こし，イベントが生成されるのを待ちます．いまのところ，プログラムが待っているのは pygame.QUIT イベントだけです．

pygame.QUIT イベントの発生は，ユーザーがウィンドウの右端にある“×ボタン”を使ってウィンドウを閉じたことを意味します．いったんこれが起こると，running の値が False に変更され，while 文を抜けます．すると，重要な関数，pygame.quit()（クイット）が呼び出され，Pygame が終了し，ゲームは終了します．そうしないと，ウィンドウがフリーズします．

いまこのプログラムを実行すると，黒い背景のウィンドウが表示されます．他には何も起こらないでしょう．“×ボタン”をクリックすると，ウィンドウが閉じてプログラムが終了します．

タイトルと背景色の追加

これで Pygame ゲームの骨組ができたので，ちょっとした刺激なら追加できるようになりました．結局のところ，私たちは“スーパー・ヒーロー”なので，少し派手さが必要です．

新しいファイル（.py）を作成し，次のコードを入力したら，pygame_example.py という名前で保存します．

pygame_example.py

```
import pygame

# RGB（赤，緑，青）値を表すタプルの生成
# 後ほどscreenを青色で描画
color_blue = (0, 0, 255)

# Pygameモジュールを初期化
pygame.init()

# 800×600ピクセルのサーフェスscreenを生成
screen = pygame.display.set_mode((800, 600), 0, 32)

# ウィンドウのタイトルを設定
pygame.display.set_caption("スーパー相棒: ブルドッグのソフィー！")

# サーフェスscreenに青色の背景を描画
screen.fill(color_blue)

# 画面を更新（実際に描画）
pygame.display.update()

# ゲームの実行中かどうかを表す変数を宣言
running = True

# ユーザーが終了操作をするまでゲームを実行しつづけるループを作成
# 終了操作をすると，変数runningの値がFalseになり，ゲームが終了
```

```
while running:
    # ユーザーの操作をイベントの形で受取り
    for event in pygame.event.get():
        # ユーザーが×ボタンをクリックするとQUITイベントが発生
        if event.type == pygame.QUIT:
            running = False

pygame.quit()
```

このコードは先ほどお見せした例に似ていますが，ウィンドウをきれいにして少しでも見栄えがよくなるように，数行を追加しました．最初に追加したのは次の行です．

```
color_blue = (0, 0, 255)
```

コメントが表しているように，これはタプルであり，その値は後で画面に色を付けるために使用する RGB（赤，緑，青）の値を表しています．これらの値をタプルとしてサーフェス screen に渡さなければなりません．

RGB 値の理論はこうです．赤色，緑色，青色の組合わせを使えば，人間の目に見える色ならどんな色でも作ることができます．このコードの場合，最初の値 0 は，赤色がゼロになることを意味します．2 番目の値 0 は，緑色がゼロになることを意味します．最後の，3 番目の値 255 は，青色が最大量であることを意味します．たとえば，代わりに (0, 0, 0) を使用したなら，黒色になります．つまり色が全くないことを意味します．逆に，(255, 255, 255) は白色です．白色はすべての色の組合わせであるからです．

次に，生成したウィンドウにタイトルを追加したいので，.display.set_caption()（セット キャプション）を使います．

```
pygame.display.set_caption("スーパー相棒: ブルドッグのソフィー！")
```

このコードは，ウィンドウ上部のタイトルを設定します（図 11・1）．

図 11・1　ウィンドウタイトルの例

それでは，実際に screen（スクリーン）を青色で塗りつぶしたいと思います．これには .fill()（フィル）を使用します．

```
screen.fill(color_blue)
```

これはまだ実際には screen に何かを追加するわけではないことに注意してください．青色の背景が実際に描画されるためには，.display.update() を使って画面を更新する必要があります．

```
pygame.display.update()
```

さて，プログラムを保存して実行すると，以前とは異なり，青い画面とプログラムのタイトルが表示されます．プログラムを終了するには，“×ボタン”をクリックすることを忘れないでください．

画像とスプライトの追加

ゲームウィンドウの見た目を整え，基本的なゲームループを設定する方法がわかったので，次は画像の扱い方を学びましょう．結局のところ，Pygame を使う目的はゲームを作ることですよね？

2D（二次元）のテレビゲームで扱われる画像はスプライトとよばれます．これはスプライトの説明としては簡単すぎますが，私たちの目的のためにはこれで十分です．ゲームにおけるスプライトとは，通常，キャラクターや敵，プレイヤーを表す画像のことを指します．スプライトはまた，弾丸，木，岩などのような，ゲーム内の要素でもあります．これらのスプライトは静的なもの（動かないもの）とアニメーションするものがあります．この節では，静的なスプライトについて簡単に説明します．

多くの“スーパー・ヒーロー”は相棒となる動物を飼っています．私たちにも相棒の動物がいたほうがよいですよね？　私の相棒はブルドッグの“ソフィー”で，その“スーパー・パワー”は，げっぷ，寝ること，私の足の指を噛むこと，大いびきをかくことです．ウィンドウのタイトル，“スーパー相棒：ブルドッグのソフィー！”で気がついたかもしれません．これは偶然ではありません！

次に示すコードでは，ゲームウィンドウにブルドッグの“ソフィー”の画像を追加します．ペットの画像，または相棒にしたい動物の画像をお持ちの方は，pygame_example.py と同じディレクトリに画像を保存してください．そうしないと，プログラムはファイルを見つけられません．

注意点があります．プログラムを入力するときは，本書に書かれたファイル名ではなく，自分のファイル名にしてください．たとえば，私の画像は SophieTheBullDog.jpg という名前ですが，あなたのファイルは違うはずです．

次のコードを screen.fill() を使用したセクションのすぐ下，pygame.display.update() の直前に追加します．

pygame_example.py

```
screen.fill(color_blue)

# 画像の領域を表す矩形sidekickを生成
sidekick = pygame.Rect(100, 100, 200, 200)

# 画像を読込んで，サーフェスsophieを生成
sophie = pygame.image.load("SophieTheBullDog.jpg")

# サイズを縮めた，新しいサーフェスを生成
thumbnail_sophie = pygame.transform.scale(sophie, (200, 200))

# サーフェスscreenのsidekickの位置に，サーフェスthumbnail_sophieを描画
screen.blit(thumbnail_sophie, sidekick)

# 画面を更新（実際に描画）
```

この部分の説明が終わったら完全なコードを示しますので，自分のファイルと比較してください．

最初にすることは，画像を描画する領域（位置とサイズ）を決めることです．次の行で行います．

```
sidekick = pygame.Rect(100, 100, 200, 200)
```

このコードは，*xy* 座標が 100，100 で，高さと幅が 200 × 200 ピクセルの矩形（くけい）（長方形）を生成します．

xy 座標は画像が画面上に表示される位置を表します．Pygame で生成するサーフェスはピクセルでできていて，各ピクセルは *xy* 座標のグリッド上に存在します．画面の左上隅は *xy* 座標 0，0 になります．したがって，*xy* 座標 100，100 に長方形を描くとするなら，基本的には，左上隅から右に 100 番目のピクセル，さらにそこから下に 100 番目のピクセルの位置に描かれることになります．少し混乱するかもしれませんが，それほど心配はいりません．プログラムを実行すれば数分でわかります．

コードの次の行では，"SophieTheBullDog.jpg" というファイル名の画像を読込んで，その画像の描画されたサーフェス sophie を生成しています．

```
sophie = pygame.image.load("SophieTheBullDog.jpg")
```

ここでも，あなたのファイル名は異なるので，実際に使用するファイル名に置き換えるようにしてください．

私の画像 SophieTheBullDog.jpg は 1400 × 1400 ピクセルなので，このままではゲームウィンドウに表示するには大き過ぎます．そのため，サイズを縮小する必要があります．それには .transform（トランスフォーム）.scale（スケール）() を使用します．これは画像を指定したサイズに拡大縮小します．次の行では，画像を 200 × 200 ピクセルに縮小しています．

```
thumbnail_sophie = pygame.transform.scale(sophie, (200, 200))
```

このサイズは矩形 sidekick と全く同じサイズです．それよりも大きくすると，画像全体を見ることができませんので，描画するサイズと一致していることを確認してください．

最後のステップは，リサイズした画像を screen の上の矩形 sidekick の領域に描画することです．これを行うには，次のように入力します．

```
screen.blit(thumbnail_sophie, sidekick)
```

括弧内の 1 番目の引数は描画したいサーフェス，2 番目の引数は描画する領域を表す矩形です．

最終的なコードは以下のようになります．自分のコードと一致するように，また，画像ファイル名が自分自身のものとなるようにコードを修正し，画像ファイルを pygame_example.py ファイルと同じディレクトリにコピーします．そうしなければ，プログラムは動作しません．

pygame_example.py

```
import pygame
```

```
# RGB（赤，緑，青）値を表すタプルの生成
# 後ほどscreenを青色で描画
color_blue = (0, 0, 255)

# Pygameモジュールを初期化
pygame.init()

# 800×600ピクセルのサーフェスscreenを生成
screen = pygame.display.set_mode((800, 600), 0, 32)

# ウィンドウのタイトルを設定
pygame.display.set_caption("スーパー相棒: ブルドッグのソフィー！")

# サーフェスscreenに青色の背景を描画
screen.fill(color_blue)

# 画像の領域を表す矩形sidekickを生成
sidekick = pygame.Rect(100, 100, 200, 200)

# 画像を読込んで，サーフェスsophieを生成
sophie = pygame.image.load("SophieTheBullDog.jpg")

# サイズを縮めた，新しいサーフェスを生成
thumbnail_sophie = pygame.transform.scale(sophie, (200, 200))

# サーフェスscreenのsidekickの位置に，サーフェスthumbnail_sophieを描画
screen.blit(thumbnail_sophie, sidekick)

# 画面を更新（実際に描画）
pygame.display.update()

# ゲームの実行中かどうかを表す変数を宣言
running = True

# ユーザーが終了操作をするまでゲームを実行しつづけるループを作成
# 終了操作をすると，変数runningの値がFalseになり，ゲームが終了

while running:
    # ユーザーの操作をイベントの形で受取り
    for event in pygame.event.get():
        # ユーザーが×ボタンをクリックするとQUITイベントが発生
        if event.type == pygame.QUIT:
            running = False

pygame.quit()
```

コードを保存して実行してください．私はあなたとは異なる画像を使用しているので，あなたの結果とは異なりますが，実行結果は次のようになります（図 11・2）．

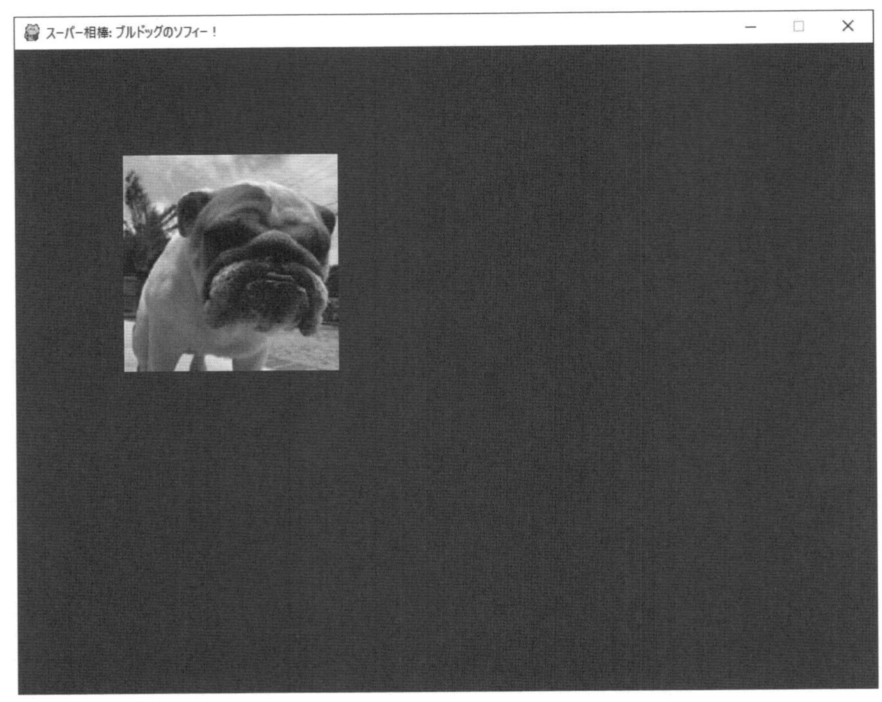

図 11・2 Pygame のゲームウィンドウに画像を追加

次に進む前に，*xy* 座標の意味がわかるように，矩形 sidekick の位置，*xy* 座標を変更してみましょう．たとえば，sidekick = pygame.Rect(100, 100, 200, 200) を次のように変えます．

```
sidekick = pygame.Rect(200, 200, 200, 200)
```

テキストの追加

ゲームに画像を追加するのも素晴らしいですが，テキストはどうでしょうか？　テキストを追加することもできます．この節でするのがまさにそれです．

Pygame のゲームウィンドウにテキストを追加するのは，画像を追加するのと似ています．まず，テキストの描画されたサーフェスを作ります．そして，それをウィンドウ上のどこに表示するかを指定してから，テキストを描画します．

pygame_example.py の screen.fill(color_blue) のすぐ下に，次のコードを追加します．

pygame_example.py

```
screen.fill(color_blue)

# テキストを描画するためのフォントを生成
my_font = pygame.font.SysFont(None, 40)
```

```
# テキストの書かれた，サーフェスfirst_textを生成
first_text = my_font.render("Sophie The Bulldog", True, color_red, color_
blue)

# サーフェスの領域を表す矩形first_text_rectを取得し，位置を設定
first_text_rect = first_text.get_rect()
first_text_rect.left = 100
first_text_rect.top = 75

# サーフェスscreenのfirst_text_rectの位置に，サーフェスfirst_textを描画
screen.blit(first_text, first_text_rect)

# 画像の領域を表す矩形を生成
```

また，テキストに使用する新しい色，color_red を宣言します．このコードを color_blue を宣言した場所の下に置きます．

```
color_blue = (0, 0, 255)
color_red = (255, 0, 0)
```

これらの新しい部分の説明をした後に，見比べられるように現在のコードを示します．

まず，フォント my_font を生成しました．これは次の行で行っています．

```
my_font = pygame.font.SysFont(None, 40)
```

pygame.font.SysFont() の引数は None と 40 です．最初の引数はどのフォントを使うのかを指定します． Arial のようなフォント名を使うこともできますが，私は None を選んでデフォルトのシステムフォントを使うようにしました．引数 40 は，フォントのサイズを指定します*.

次に，実際にテキストの描画されたサーフェスを生成します．

```
first_text = my_font.render("Sophie The Bulldog", True, color_red, color_
blue)
```

この例では，my_font.render()（フォント レンダー）には四つの引数があります．1 番目の引数は実際にサーフェスに描画したいテキストです．2 番目の引数である True はテキストをアンチエイリアスしたいかどうかを表します．滑らかにしたいときは True，そうでないときは False にします．3 番目の引数 color_red はテキストの色で，プログラムの最初で宣言した色のタプルです．最後の引数は，テキストの背景色を表します．ウィンドウの色とマッチするように，color_blue に設定しました．

* 訳注：Windows をお使いの場合，None を "yugothicmediumyugothicuiregular" に置き換えて日本語フォントを指定すると，日本語の文字列を描画できる．

次に，サーフェス first_text の領域を表す矩形（長方形）を取得します．そして，画像の表示位置を決めたのと同じように，位置を設定します．first_text_rect.left = 100 と，first_text_rect.top = 75 は，矩形の位置を画面の左から 100 ピクセル，画面の上から 75 ピクセルに設定しています．先に描画した画像とテキストの位置関係を考える必要があります．画像は上から 100 ピクセル，左から 100 ピクセルの位置に置かれていました．テキストの描画位置を左から 100 ピクセルに設定することで，画像と位置がそろいます．テキストの top を 75 ピクセルに設定し，画像のすぐ上に来るようにします．

最後に，screen.blit(first_text, first_text_rect) を使って，テキストを screen 上の first_text_rect の領域に描画します．新しいコードを追加した後の私のウィンドウの見え方は次のとおりです（図 11・3）．あなたのウィンドウと似ているはずです．

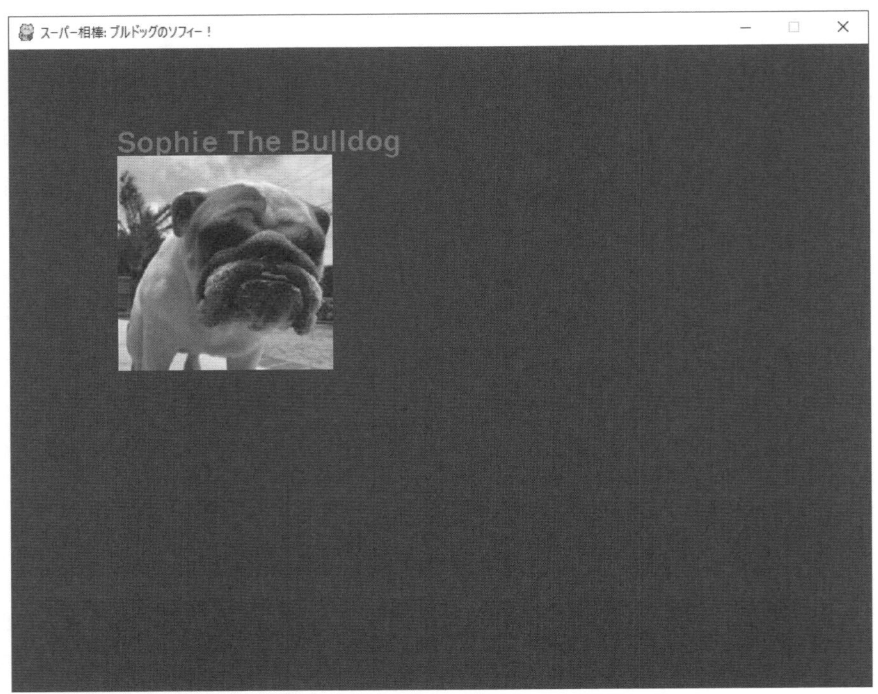

図 11・3　Pygame のゲームウィンドウにテキストを追加

ここに画像とテキストを追加した後のコードがあります．自分のコードと一致していることを確認します．

pygame_example.py

```
import pygame

# RGB（赤，緑，青）値を表すタプルの生成
# 後ほどscreenを青色で，テキストを赤色で描画
color_blue = (0, 0, 255)
color_red = (255, 0, 0)

# Pygameモジュールを初期化
```

```
pygame.init()

# 800×600ピクセルのサーフェスscreenを生成
screen = pygame.display.set_mode((800, 600), 0, 32)

# ウィンドウのタイトルを設定
pygame.display.set_caption("スーパー相棒: ブルドッグのソフィー！")

# サーフェスscreenに青色の背景を描画
screen.fill(color_blue)

# テキストを描画するためのフォントを生成
my_font = pygame.font.SysFont(None, 40)

# テキストの書かれた，サーフェスfirst_textを生成
first_text = my_font.render("Sophie The Bulldog", True, color_red, color_⏎
blue)

# サーフェスの領域を表す矩形first_text_rectを取得し，位置を設定
first_text_rect = first_text.get_rect()
first_text_rect.left = 100
first_text_rect.top = 75

# サーフェスscreenのfirst_text_rectの位置に，サーフェスfirst_textを描画
screen.blit(first_text, first_text_rect)

# 画像の領域を表す矩形sidekickを生成
sidekick = pygame.Rect(100, 100, 200, 200)

# 画像を読込んで，サーフェスsophieを生成
sophie = pygame.image.load("SophieTheBullDog.jpg")

# サイズを縮めた，新しいサーフェスを生成
thumbnail_sophie = pygame.transform.scale(sophie, (200, 200))

# サーフェスscreenのsidekickの位置に，サーフェスthumbnail_sophieを描画
screen.blit(thumbnail_sophie, sidekick)

# 画面を更新（実際に描画）
pygame.display.update()

# ゲームの実行中かどうかを表す変数を宣言
running = True

# ユーザーが終了操作をするまでゲームを実行しつづけるループを作成
```

```
# 終了操作をすると，変数runningの値がFalseになり，ゲームが終了

while running:
    # ユーザーの操作をイベントの形で受取り
    for event in pygame.event.get():
        # ユーザーが×ボタンをクリックするとQUITイベントが発生
        if event.type == pygame.QUIT:
            running = False

pygame.quit()
```

図形を描画

スプライトは風景やキャラクター，アイテムを追加するのに最適な方法ですが，グラフィックに関しては，それだけが唯一の選択肢でも，常に最良の選択肢でもありません．簡単なコードを使って図形を描くこともできます．

まず，プログラムにもう少し色を追加してみましょう．前に色を宣言したところの下に，次のコードを追加します．

pygame_example.py

```
color_red = (255, 0, 0)
color_pink = (255, 200, 200)
color_green = (0, 255, 0)
color_black = (0, 0, 0)
color_white = (255, 255, 255)
color_yellow = (255, 255, 0)

# Pygameモジュールを初期化
```

次に，いくつかの図形を描きます．それぞれ異なる特徴をもつ，三つの円を描いてみましょう．pygame.display.update() の直前に次のコードを追加します．

pygame_example.py

```
screen.blit(thumbnail_sophie, sidekick)

# 図形を描画
pygame.draw.circle(screen, color_red, (330, 475), 15, 1)
pygame.draw.circle(screen, color_yellow, (375, 475), 15, 0)
pygame.draw.circle(screen, color_pink, (420, 475), 20, 10)

# 画面を更新（実際に描画）
```

.draw.circle() メソッドはいくつかの引数をとります．最初の引数は円をどのサーフェス上に描画するかを表します．ここでは，screen に描画します．次の引数は色です．ここでは，color_red を使います．次は，円をどの *xy* 座標に描画するかを表します．この場合，指定した位置は円の中心になります．最後の二つの引数は，円の半径（最初の例では 15）と線の太さの指定です．

ここでのポイントは，最初の行だけを入力してプログラムを実行すると，色で塗りつぶされていない円が表示されるということです．これは最後の引数である線の太さを 1 に設定しているためです．もし，円を完全に色で塗りつぶしたい場合は，線の太さを 0 にします．比較例として，半径 15，太さ 0 の円を 2 番目に描画します．

最後に，三つ目の円を描きます．今回は違いがわかるように，円の太さを半径の半分にしてみました．ドーナツのような形になりそうです．私が正しいかどうか見てみましょう．プログラムを保存して実行してください．実行結果は次のようになります（図 11・4）．

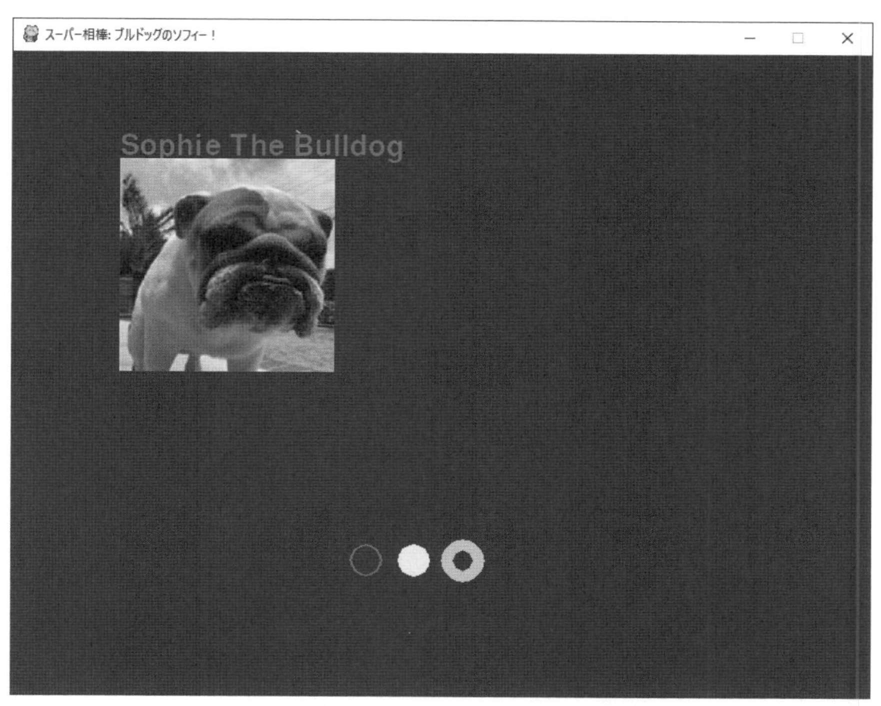

図 11・4　Pygame のゲームウィンドウに図形を描画

ここでは，あなたが描くことができるさまざまな図形の例をいくつか紹介します（まだファイルに追加しないでください）．

- 円：pygame.draw.line(surface, color, (x, y), radius, thickness)
  例：pygame.draw.circle(screen, color_yellow, (375, 475), 15, 15)
- 矩形（長方形）：pygame.draw.rect(surface, color, (x, y, width, height), thickness)
  例：pygame.draw.rect(screen, color_yellow, (455, 470, 20, 20), 4)
- 線：pygame.draw.line(surface, color, (線の始点のX, Y座標), (線の終点のX, Y座標), thickness)
  例：pygame.draw.line(screen, color_red, (300, 500), (500, 500), 1)

それでは，円を描画するコードのすぐ下に，次のコードを追加してください．

pygame_example.py

```
pygame.draw.circle(screen, color_pink, (420, 475), 20, 10)
pygame.draw.rect(screen, color_yellow, (455, 470, 20, 20), 4)
pygame.draw.line(screen, color_red, (300, 500), (500, 500), 1)
pygame.draw.line(screen, color_yellow, (300, 515), (500, 515), 1)
pygame.draw.line(screen, color_red, (300, 530), (500, 530), 1)

# 画面を更新（実際に描画）
```

このコードの実行結果は次のようになります（図 11・5）．

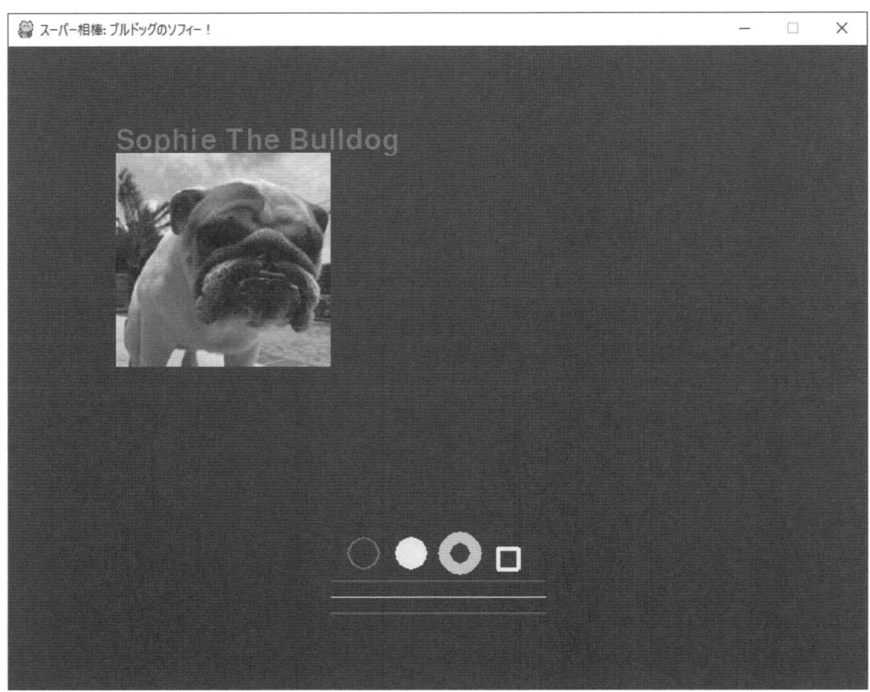

図 11・5 Pygame のゲームウィンドウにさらに図形を追加

イベントの追加

ユーザーに反応しないゲームに何の意味があるのでしょうか？ ユーザーが画面右上の“×ボタン”をクリックして終了することができるだけのゲームなんてほかに存在するでしょうか？ Pygame プログラムは膨大な数のイベントに反応することができます．たとえば，マウスのクリック，ホイールのスクロール，キーボードの矢印の押下，キーボードの任意のキーの押下など，何でもあります．pygame_example.py から離れる前に，プログラムにイベントを追加してみましょう．イベントがどのように処理されるのかをよりよく理解できるようにするためです．イベント処理を追加するのはゲームループの部分です．コードの次の部分です．

```
# ゲームの実行中かどうかを表す変数を宣言
running = True

# ユーザーが終了操作をするまでゲームを実行しつづけるループを作成
# 終了操作をすると，変数runningの値がFalseになり，ゲームが終了

while running:
    # ユーザーの操作をイベントの形で受取り
    for event in pygame.event.get():
        # ユーザーが×ボタンをクリックするとQUITイベントが発生
        if event.type == pygame.QUIT:
            running = False

pygame.quit()
```

ゲームのループとしては，これは非常に単純です．前述したように，ここには一つのイベントしかありません．最初にやりたいことはユーザーがゲームを終了するための別の操作方法を追加することです．二つの操作方法を導入します．一つ目はユーザーがキーボードの q キーを押すこと，二つ目はユーザーが ESC キーを押すことです．コードを修正すると，ユーザーは三つの方法でゲームを終了できるようになります．

コードのゲームループ部分を次のように修正してください．インデントには十分注意してください．

pygame_example.py

```
while running:
    # ユーザーの操作をイベントの形で受取り
    for event in pygame.event.get():
        # ユーザーが×ボタンをクリックするとQUITイベントが発生
        if event.type == pygame.QUIT:
            running = False
        if event.type == pygame.KEYDOWN:
            if event.key == pygame.K_q:
                running = False
            if event.key == pygame.K_ESCAPE:
                running = False

pygame.quit()
```

コードを保存し，プログラムを数回実行します．×ボタン，q キー，ESC キーを押してはプログラムを再実行して，各終了方法が動作することを確認してください．

新しいコードでは，二つの新しいイベントの種類があることに注意してください．一つ目は pygame.KEYDOWN で，キーボードのキーが押されるのを待ち受けているときに使用します．pygame.KEYDOWN イベントの下にインデントされているのは event.key(イベント キー)で，イベントが発生したときに押されているキーの種類が保持されています．キーボード上のほとんどの文字や数字は，pygame.K_ に文字や数字を続けた名前で定義されています．たとえば，a キーを待ち受けるには，次のようにします．

```
if event.type == pygame.KEYDOWN:
    if event.key == pygame.K_a:
        〈何かする……〉
```

キーボード定数の全リストは www.pygame.org/docs/ref/key.html を参照してください．さらに，ここでは，一般的なキーボード定数のいくつか紹介します．

- カーソルキー上：K_UP
- カーソルキー下：K_DOWN
- カーソルキー右：K_RIGHT
- カーソルキー左：K_LEFT
- スペースキー：K_SPACE
- Enter キー：K_RETURN
- 数字キー：K_0，K_1，K_2 など
- 文字キー：K_a，K_b，K_c，K_d など

次のセクションに進む前に，pygame_example.py にもう一つ追加しましょう．もう一つのイベント，キーボードの b キーを待ち受けてみましょう．ユーザーがキーを押すと，プログラムが画面にテキストを表示するようにするのです．

これを実現するために，最後の if 文のすぐ下にあるゲームループに以下を追加しましょう．

pygame_example.py

```
                running = False

        if event.type == pygame.KEYDOWN:
            if event.key == pygame.K_b:
                bark_text = my_font.render("Bark!", True, color_red, color_blue)
                bark_text_rect = bark_text.get_rect()
                bark_text_rect.left = 300
                bark_text_rect.top = 175
                screen.blit(bark_text, bark_text_rect)
                pygame.display.update()

pygame.quit()
```

これまでで，このコードが何をするのかをかなり理解しているはずです．もし，そうでなかったと

しても構いません．1行ずつ見ていきましょう．

まず，イベントがKEYDOWNイベントかどうか，つまり誰かがキーボードのキーを押したのかを確認します．次に，どのキーが押されているのかを調べます．

```
            if event.key == pygame.K_b:
```

この行では，bキーが押されているかどうかを確認しています．KEYDOWNイベントとKEYUPイベントの違いに注意することが重要です．前述のように，KEYDOWNイベントはユーザーがキーボードの特定のキーを押し下げたときに発生します．KEYUPイベントを待ち受けていない場合，ユーザーがキーを離しても何も起こりません．

次に，ユーザーがbキーを押した場合に何が起こるかを定義します．まず，bark_textというテキストの描画されたサーフェスを生成します．その際，.render()の引数に，どんなテキストか，アンチエイリアスするかどうか，テキストの色，テキストの背景色を指定します．

次の行ではテキストの領域を表す矩形を取得します．

```
                bark_text_rect = bark_text.get_rect()
```

そして，位置を指定します．

```
                bark_text_rect.left = 300
                bark_text_rect.top = 175
```

最後に，テキストをscreen上のbark_text_rectで指定した領域に描画し，新しく生成したテキストを表示するようにディスプレイを更新します．

このコードを保存して実行し，ゲームが始まったらbキーを押してください．実行結果は次のようになります（図11・6）．ブルドッグの“ソフィー”が吠えました．どうやら彼女はさっき描いた厄介な丸や四角や線が気に入らないようですね！

bキーイベントのテキスト"Bark!"はゲームループ内に配置されているので，技術的にはbキーを押すたびにテキストが画面に描画されます．しかし，同じサイズ，形状，色では，何度描画しても，これを見ることはできません．

ユーザーがbキーを押すたびにテキストを表示させる方法はいくつかあります．最も簡単な方法の一つは，イリュージョンを使うことです．このイリュージョンを成功させるために，別のイベントを追加します．キーはbキーのままですが，KEYDOWNイベントではなく，KEYUPイベントを追加します．次のコードの考え方は単純です．ユーザーがbキーを離すと，"Bark!"が消えるのです．単に"Bark!"というテキストを背景と全く同じ色で描画することによって，消えたように見せかけているだけで，実際には背景に隠れているだけなのです．ユーザーが再びbキーを押すと，色が赤に変わり，再び表示されるようになります．このサイクルは，ユーザーがゲームを終了するまで，ユーザーがbキーを押すたびに続きます．

最後にKEYDOWNイベントの処理を定義した場所のすぐ下にこのコードを追加し，保存してからプログラムを実行してください．ソフィーが吠えるのを見飽きるまで，bキーを何度も押してください．

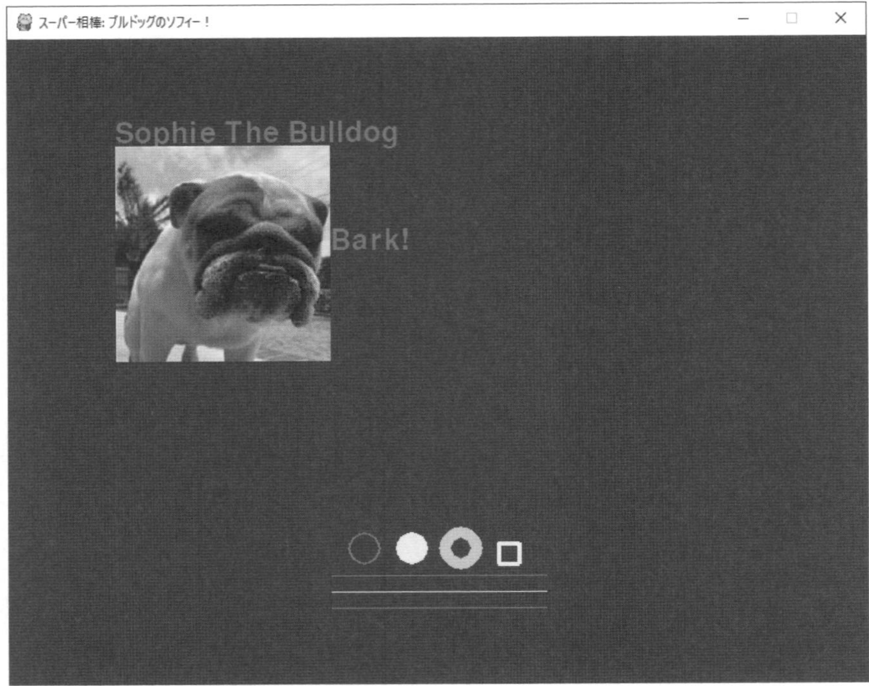

図 11・6　ブルドッグのソフィーに吠えさせる！

最初の if 文と前の if 文が一致するように，適切にインデントすることに注意してください．

pygame_example.py

```
                pygame.display.update()
        if event.type == pygame.KEYUP:
            if event.key == pygame.K_b:
                bark_text = my_font.render("Bark!", True, color_blue, color_
blue)
                bark_text_rect = bark_text.get_rect()
                bark_text_rect.left = 300
                bark_text_rect.top = 175
                screen.blit(bark_text, bark_text_rect)
                pygame.display.update()
```

コードが動作しない場合は，以下のコードと一致していることを確認してください．以下は，最新版のすべてを含む pygame_example.py の完全なコードです．

pygame_example.py

```
import pygame
import sys
```

```
# RGB（赤，緑，青）値を表すタプルの生成
# 後ほどscreenを青色で，テキストを赤色で描画
color_blue = (0, 0, 255)
color_red = (255, 0, 0)
color_pink = (255, 200, 200)
color_green = (0, 255, 0)
color_black = (0, 0, 0)
color_white = (255, 255, 255)
color_yellow = (255, 255, 0)

# Pygameモジュールを初期化
pygame.init()

# 800×600ピクセルのサーフェスscreenを生成
screen = pygame.display.set_mode((800, 600), 0, 32)

# ウィンドウのタイトルを設定
pygame.display.set_caption("スーパー相棒: ブルドッグのソフィー！")

# サーフェスscreenに青色の背景を描画
screen.fill(color_blue)

# テキストを描画するためのフォントを生成
my_font = pygame.font.SysFont(None, 40)

# テキストの書かれた，サーフェスfirst_textを生成
first_text = my_font.render("Sophie The Bulldog", True, color_red, color_
blue)

# サーフェスの領域を表す矩形first_text_rectを取得し，位置を設定
first_text_rect = first_text.get_rect()
first_text_rect.left = 100
first_text_rect.top = 75

# サーフェスscreenのfirst_text_rectの位置に，サーフェスfirst_textを描画
screen.blit(first_text, first_text_rect)

# 画像の領域を表す矩形sidekickを生成
sidekick = pygame.Rect(100, 100, 200, 200)

# 画像を読込んで，サーフェスsophieを生成
sophie = pygame.image.load("SophieTheBullDog.jpg")

# サイズを縮めた，新しいサーフェスを生成
```

```
thumbnail_sophie = pygame.transform.scale(sophie, (200, 200))

# サーフェスscreenのsidekickの位置に，サーフェスthumbnail_sophieを描画
screen.blit(thumbnail_sophie, sidekick)

# 図形を描画
pygame.draw.circle(screen, color_red, (330, 475), 15, 1)
pygame.draw.circle(screen, color_yellow, (375, 475), 15, 0)
pygame.draw.circle(screen, color_pink, (420, 475), 20, 10)
pygame.draw.rect(screen, color_yellow, (455, 470, 20, 20), 4)
pygame.draw.line(screen, color_red, (300, 500), (500, 500), 1)
pygame.draw.line(screen, color_yellow, (300, 515), (500, 515), 1)
pygame.draw.line(screen, color_red, (300, 530), (500, 530), 1)

# 画面を更新（実際に描画）
pygame.display.update()

# ゲームの実行中かどうかを表す変数を宣言
running = True

# ユーザーが終了操作をするまでゲームを実行しつづけるループを作成
# 終了操作をすると，変数runningの値がFalseになり，ゲームが終了

while running:
    # ユーザーの操作をイベントの形で受取り
    for event in pygame.event.get():
        # ユーザーが×ボタンをクリックするとQUITイベントが発生
        if event.type == pygame.QUIT:
            running = False
        if event.type == pygame.KEYDOWN:
            if event.key == pygame.K_q:
                running = False
            if event.key == pygame.K_ESCAPE:
                running = False

        if event.type == pygame.KEYDOWN:
            if event.key == pygame.K_b:
                bark_text = my_font.render("Bark!", True, color_red, color_⏎
blue)
                bark_text_rect = bark_text.get_rect()
                bark_text_rect.left = 300
                bark_text_rect.top = 175
                screen.blit(bark_text, bark_text_rect)
                pygame.display.update()
        if event.type == pygame.KEYUP:
```

```
            if event.key == pygame.K_b:
                bark_text = my_font.render("Bark!", True, color_blue, color_⏎
blue)
                bark_text_rect = bark_text.get_rect()
                bark_text_rect.left = 300
                bark_text_rect.top = 175
                screen.blit(bark_text, bark_text_rect)
                pygame.display.update()

pygame.quit()
```

この章のまとめ

何てエキサイティングな章なのでしょう！　頭を机の上に軽く叩きつけて，軽い擦り傷やあざができただけでこの章を終えられたのなら，よくできました！　この章で取上げた内容はおそらくマスターするのが最もむずかしいものでした．少なくとも，それらはクラスやオブジェクトと同じように複雑で，Python で理解しなければならない最も挑戦的なものの一つだったかもしれません．よくできました！

しかし，まだ満足していてはいけません．次の章では Pygame についての話を続け，自分のゲームを作るうえでよりむずかしい，しかし強力でやりがいのある二つの側面，アニメーションと衝突検出についても触れていきます．ゲーム開発者になりたい人，より高度なプログラミングに挑戦したい人は，次の章を絶対に飛ばさないでください．

この章は次の章とつながっていて，広い話題を扱っているので，各章の最後に行う通常のまとめは省きます．重要な話のポイントを箇条書きにしようにも，まとめられるものではありません．その代わりに，この章で学んだスキルと次の章で学ぶスキルを練習して，必要に応じて何度でも再読しましょう．そしていつものように，実験，また実験です．実験こそがゲームといっても過言ではありません！

Superhero Bootcamp Lesson 12

アニメーションを使ったゲーム作りに挑戦しよう

11 章は，私が言うのもなんですが，かなり刺激的でした．ゲーム開発のコアとなる理論と実践を学んだだけでなく，実際にコードを書いてみたのですから．そして最も重要なのは私のブルドッグ“ソフィー”に会えたことです．彼女は寝ているときはよい犬で，ペットの相棒としても最高です．確かに，彼女はいつも寝ている傾向がありますが，もしあなたが，ごはんをすっかり食べてはたくさんゲップする相棒を必要としているなら，これ以上のパートナーはいないでしょう！

11 章は，ゲームに画像を入れたり図形を描画したりする方法を学びました．また，ゲームのループや，ユーザーがゲームとやりとりできるようにするためのイベントの扱い方についても学びました．

本章では，ゲーム開発においてより重要な二つの側面について学びます．一つ目はアニメーションです．要素が画面を動き回るということです．二つ目は**衝突検出**とよばれる，二つ以上の要素が互いに接触したり，ある要素がウィンドウの境界線に触れたりするのを判定する処理です．

長々とした紹介で飽きさせるつもりはありません．早速始めましょう！

Pygame で作成するアニメーション

私たちはゲーム設計の中心となる概念と，Pygame パッケージを使って Python でゲームを作る方法を学びました．これまでに，背景の作成，スプライト（画像）の追加，テキストの挿入，キー操作などのイベントの待ち受け，より重要な言い方をするならイベントへの応答の仕方を学びました．

2D ゲームを作るうえでの醍醐味はアニメーションにあります．それこそが次の節で説明する内容です．Python で可能なあらゆることと同様に，Pygame でアニメーションを実現するための方法はたくさんありますが，本書は初心者向けなので，最も簡単な方法だけを見ていきます．

前回のアプリケーション，`pygame_example.py` はかなり大きなファイルになりました．混乱を避け，スペースを節約するために，新しいファイルを作ることにします．

`pygame_example.py` のコードの一部を再利用するので，少し見覚えのあるコードがあってもイライラしないでください．私たちは，それが可能で適切なら，いつでもコードを再利用すべきということを思い出してください．特に，モジュールのインポートと初期化，色のタプルの部分はそうです．

ゲームのループだけでなく，ゲームの構造自体にも少し変更を加えるつもりです．アニメーションを扱うと少し複雑になるので，動作の説明に最適なように，無駄のないシンプルなコードにしました．また，アニメーションを加えるため，静止画やテキストだけのときとは，少し異なる構造になります．

新しいファイル（`.py`）を作成し，次のコードを入力したら，`pygame_animation.py` という名前で保存します．

pygame_animation.py

```
import pygame
import random
```

```
# pygameモジュールを初期化
pygame.init()

# 色を表すタプルを生成
color_white = (255, 255, 255)
color_black = (0, 0, 0)
color_red = (255, 0, 0)

# サーフェスgame_windowを生成（前回はscreenと名づけたが，今回は名前を変更）
game_window = pygame.display.set_mode((800, 600))

# ウィンドウのタイトルを設定
pygame.display.set_caption("箱アニメーション5000")
```

以前のアプリケーションでこれと似たようなコードをすでに書いているので，もう一度説明する必要はありません．このコードは，モジュールをインポートして初期化し，画像やテキストに使用する色を宣言，画面をセットアップするための基本的なコードであることを覚えておいてください．ウィンドウのタイトルは“箱アニメーション 5000”に変更しています．

次に，さらにいくつかの変数を宣言します．

pygame_animation.py

```
pygame.display.set_caption("箱アニメーション5000")

running = True

move_x = 300
move_y = 300
```

最初の変数 running はプログラムを続行すべきかどうかをゲームループで確認するための値を保持します．running が True の間，ゲームは続行し，値が False に変更されるとゲームは終了します．

次の二つの変数，move_x と move_y は描画しようとしている“箱”の初期位置を設定するために使用されます．これらの値はアプリケーションの後半で描画する xy 座標を変更できるようにするため，矩形を生成する関数の引数で直接指定するのではなく，変数に入れています．変数 move_x と move_y はそれぞれ“箱”の x 座標と y 座標を表します．

次はアニメーションするゲームのゲームループです．いくつかの新しいイベント処理を追加しました．後ほど説明します．次のコードを追加してください．

pygame_animation.py

```
move_y = 300

# ゲームループ
while running:
```

```
    for event in pygame.event.get():
        if event.type == pygame.QUIT:
            running = False
        if event.type == pygame.KEYDOWN:
            # プレーヤーがqキーを押したら終了
            if event.key == pygame.K_q:
                running = False
            # プレーヤーがESCキーを押したら終了
            if event.key == pygame.K_ESCAPE:
                running = False

        if event.type == pygame.KEYDOWN:
            # カーソルキーの左が押されたら，‘箱’を左に移動
            if event.key == pygame.K_LEFT:
                move_x -= 10
            # カーソルキーの右が押されたら，‘箱’を右に移動
            if event.key == pygame.K_RIGHT:
                move_x += 10
            # カーソルキーの上が押されたら，‘箱’を上に移動
            if event.key == pygame.K_UP:
                move_y -=10
            # カーソルキーの下が押されたら，‘箱’下に移動
            if event.key == pygame.K_DOWN:
                move_y +=10
```

このゲームループの大部分は見覚えがあるはずです．ユーザーがゲームを終了させるためのイベント処理がいくつか用意されています．ESC キーや q キーを押されたとき，×ボタンを押されたときです．

次に，カーソルキーが押されたときのイベント処理を作成しました．これらのキーのいずれかが押されると，以下のようになります．

- 左を押すと，move_x の値が 10 減少し，“箱” が左に 10 ピクセル移動します．
- 右を押すと，move_x の値が 10 増加し，“箱” が右に 10 ピクセル移動します．
- 上を押すと，move_y の値が 10 減少し，“箱” が上に 10 ピクセル移動します．
- 下を押すと，move_y の値が 10 増加し，“箱” が下に 10 ピクセル移動します．

ゲームループとイベント処理ができたので，残る最後の仕事はウィンドウを生成し，色で塗りつぶし，図形を描画し，表示を更新することです．

pygame_animation.py

```
                move_y +=10

    # game_windowを白色で塗りつぶす
    game_window.fill(color_white)
```

```
        # 黒色の箱を描画
        pygame.draw.rect(game_window, color_black, [move_x, move_y, 50, 50])

        # 画面を更新
        pygame.display.update()

pygame.quit()
```

これで，初めてのアニメーション付きゲームができました！　プログラムを実行してテストしてみてください．それぞれのカーソルキーを押してみたり，何度も実行しなおして，終了イベントのテストをしたりしてください．画面は次のようになっているはずです（図 12・1）．

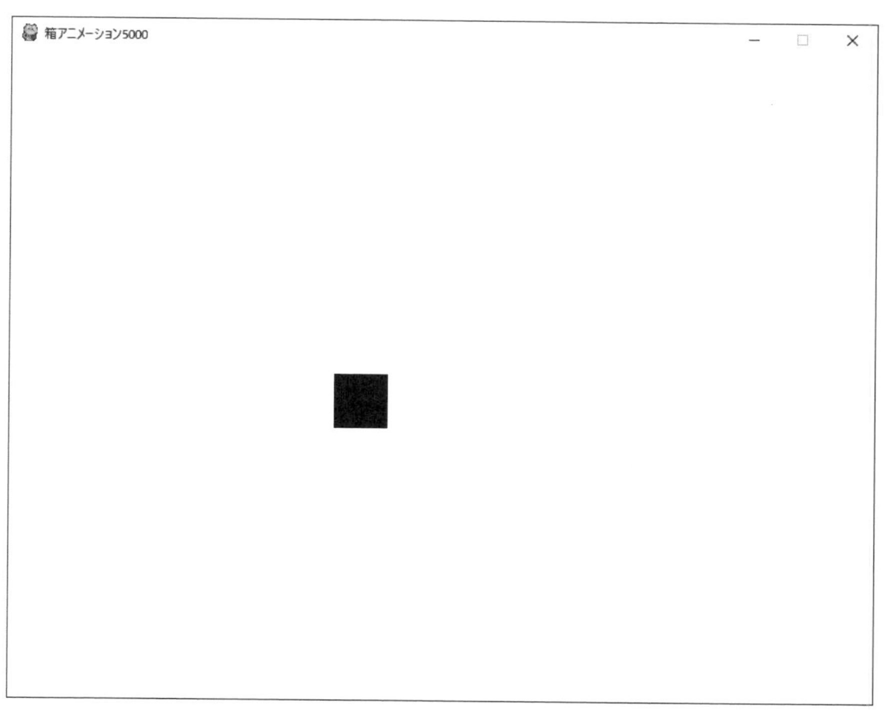

図 12・1　ゲームウィンドウ

これはかなりカッコいいですよね？　この種のアニメーションロジックはあらゆる種類のゲームに応用できます．たとえば，車が街中を移動するレースゲームや，キャラクターがボード上を移動する格闘ゲームなどです．もちろん，いまの私たちのゲームはかなり退屈ですが，ここで学ぶべきおもな概念は画面上の要素を移動させることでした．

このコードはすっきりしていますが，いくつか欠けている点があります．多分おわかりだと思いますが，一つは，“箱”をどの方向にも動かしすぎると，画面から外れて消えてしまうことです．厳密に言えば逆方向に動かせば戻ってくるのですが，ゲームでは問題になるのがおわかりですね．これを修正する方法はいくつかあり，次の節で説明します．しかし，いまのところは，“箱”を移動させる方法をもう一つ追加してみましょう．ランダムなテレポートです！　ここで“スーパー・パワー”の登場です．次のコードをイベント処理の一番下に追加します．

pygame_animation.py

```
                move_y +=10

        # tキーが押されたら，'箱'をランダムにテレポート
        if event.type == pygame.KEYDOWN:
            if event.key == pygame.K_t:
                move_x = random.randint(1, 600)
                move_y = random.randint(1, 600)

    # game_windowを白色で塗りつぶす
```

鋭い読者はプログラムの最初でrandomをインポートしていたことに気づかれたかもしれません．プレーヤーがtキーを押したとき，“箱”の*xy*座標をランダムに設定したいのです．それには，このコードのようにrandom.randint()を使用します．画面から完全に消えることがないように，1〜600ピクセルの範囲を指定しています．コードを実行して，脳みそが爆発するまでテレポートしましょう！

衝突検出：壁での跳ね返り

ゲームの画面上により多くの要素を登場させると，必然的に，要素どうしがぶつかったときにどのように振舞うかという問題にぶつかることになります．たとえば，二つの“箱”がウィンドウの中心に移動するようにアニメーションする場合，ある時点でその通り道が交差します．この接触を無視することもできますし，場合によってはそれが最良の選択かもしれません．しかし，多くの場合，この要素の衝突を検出し，何らかの反応をさせなくてはなりません．

衝突検出とは，画面上の要素が他の要素にぶつかったことを“認識”し，適切に反応するようにプログラミングする技術です．場合によっては，要素のその方向への移動を停止させたい場合もあります．また，強力な“フォースフィールド”にぶつかったときのように，跳ね返ってくるようにしたい場合もあります．

衝突は他の理由で起こることもあります．たとえば，キャラクターが通り抜けなければならない迷路を作成したとします．衝突検出を行わないと，キャラクターは壁をただ通り抜けてしまうでしょう．ドアがあっても同様です．

実は，画面上に壁やドアなどの要素が全くない場合でも，衝突検出はあったほうがよいのです．なぜでしょうか？ “箱”をアニメーションさせたときに，このことについて簡単に触れました．私たちが作る“箱”は定義した画面の枠を超えて移動できてしまうのです．

本質的にウィンドウは境界の壁をもっていませんが，実際には境界はあります．ウィンドウの幅と高さです．たとえば，800 × 600ピクセルのウィンドウならば，このウィンドウの両側面，上部，下部に沿ってゲームにおける境界線を設定し，その線を越えると要素が跳ね返るようにできます．

最後に，もう一つ意識しておきたい衝突の形態として，意図的な衝突があります．弾丸で敵を撃つゲームを考えてみてください．弾丸がターゲットに当たる（衝突する）たびに，ダメージを与えたり，ポイントを獲得したり，ある種の反応を誘発したりしたいわけです．基本的には，意図的かどうかにかかわらず，二つ以上の要素が互いに接触すると衝突は起こるのです．

▶ウィンドウの境界の検出◀

Pygameでゲームを作成するときには，ウィンドウの境界線について押さえておく必要があります．多くの場合，画面内の要素はウィンドウ（ゲーム画面の幅と高さ）の範囲内に収まっていなくてはなりません．そうではない場合もありますが，ここでは，要素がプレーヤーから見える範囲内に収まるようにしたい場合，どうすればいいのかについて焦点を当ててみましょう．

次のコードでは，“箱”がウィンドウの幅や高さを超えて動かないように確認することにします．そのためには，ウィンドウ内を動かすときに“箱”がどこにあるかをチェックし，“箱”が境界線に触れたらプログラムが応答するようにしなければなりません．これを実現するために，ゲームループのイベント処理部分のすぐ下，かつ game_window.fill(color_white) の直前に，一連の if 文を入れます．

次のコードを追加し，インデントが適切になるように注意してください．

pygame_animation.py

```
                move_y = random.randint(1, 600)

        # 画面の右端に衝突していないかを確認
        if move_x > 750:
            move_x -= 50
            pygame.display.set_caption("右端に衝突")
        # 画面の左端に衝突していないかを確認
        if move_x < 1:
            move_x += 50
            pygame.display.set_caption("左端に衝突")
        # 画面の下端に衝突していないかを確認
        if move_y > 550:
            move_y -= 50
            pygame.display.set_caption("下端に衝突")
        # 画面の上端に衝突していないかを確認
        if move_y < 1:
            move_y += 50
            pygame.display.set_caption("上端に衝突")

    # game_windowを白色で塗りつぶす
```

このような短いコードでも多くのことができます．順番に見ていきましょう．

最初の if 文では，もし“箱”の x 座標が750より大きい（左から750ピクセルの位置より右にある）ならば，“箱”を左方向に50ピクセル後退させることにより，跳ね返るようにします．これは，変数 move_x から50を引く（-= 50）ことで実現します．move_x は“箱”の x 座標を表していました．

ここで“箱の座標が800より大きいか”をチェックしていないことに気づきましたか？　なぜでしょう？　単純です．衝突検出している要素のサイズを考慮する必要があるからです．その大きさ（この場合は50）を座標の最大値から差し引かなければなりません．したがって，“箱”の幅が50ピクセルで画面の幅が800ピクセルの場合，“箱”が境界線に触れ，それを超えないようにするためには，x座標が750より大きいかどうかをチェックする必要があるのです．

コードの次の部分は再びx座標についてです．今度は画面の左側との衝突をチェックしています．ここでは，1より小さいかどうかをチェックする必要があります．思い出してください．画面左側の境界線のx座標は0です．この壁にぶつかると，“箱”は50ピクセル右方向に跳ね返ります．

このロジックをy座標についても適用して，ウィンドウの上下の衝突をチェックします．ここでも，衝突が検出されると，“箱”は50ピクセルの反対方向に，今度は上下に，跳ね返ります．

最後に，プログラムにもう少し派手さを加えるために，それぞれのifチェックで，衝突が発生した場合にウィンドウのキャプションを変更し，衝突が起こった方向（上下左右）を警告するようにします．

さあ，初めての衝突検出機能ができました！　プログラムを保存してテストし，各壁で跳ね返ることを確かめて，プログラムの動作を確認してください．動作しなかった場合は，次の完成したコードと一致していることを確認してください．

pygame_animation.py

```
import pygame
import random

# pygameモジュールを初期化
pygame.init()

# 色を表すタプルを生成
color_white = (255, 255, 255)
color_black = (0, 0, 0)
color_red = (255, 0, 0)

# サーフェスgame_windowを生成（前回はscreenと名づけたが，今回は名前を変更）
game_window = pygame.display.set_mode((800, 600))

# ウィンドウのタイトルを設定
pygame.display.set_caption("箱アニメーション5000")

running = True

move_x = 300
move_y = 300

# ゲームループ
while running:
    for event in pygame.event.get():
        if event.type == pygame.QUIT:
            running = False
        if event.type == pygame.KEYDOWN:
            # プレーヤーがqキーを押したら終了
```

```
            if event.key == pygame.K_q:
                running = False
            # プレーヤーがESCキーを押したら終了
            if event.key == pygame.K_ESCAPE:
                running = False

        if event.type == pygame.KEYDOWN:
            # カーソルキーの左が押されたら，‘箱’を左に移動
            if event.key == pygame.K_LEFT:
                move_x -= 10
            # カーソルキーの右が押されたら，‘箱’を右に移動
            if event.key == pygame.K_RIGHT:
                move_x += 10
            # カーソルキーの上が押されたら，‘箱’を上に移動
            if event.key == pygame.K_UP:
                move_y -=10
            # カーソルキーの下が押されたら，‘箱’を下に移動
            if event.key == pygame.K_DOWN:
                move_y +=10

        # tキーが押されたら，‘箱’をランダムにテレポート
        if event.type == pygame.KEYDOWN:
            if event.key == pygame.K_t:
                move_x = random.randint(1, 600)
                move_y = random.randint(1, 600)

        # 画面の右端に衝突していないかを確認
        if move_x > 750:
            move_x -= 50
            pygame.display.set_caption("右端に衝突")
        # 画面の左端に衝突していないかを確認
        if move_x < 1:
            move_x += 50
            pygame.display.set_caption("左端に衝突")
        # 画面の下端に衝突していないかを確認
        if move_y > 550:
            move_y -= 50
            pygame.display.set_caption("下端に衝突")
        # 画面の上端に衝突していないかを確認
        if move_y < 1:
            move_y += 50
            pygame.display.set_caption("上端に衝突")

    # game_windowを白色で塗りつぶす
    game_window.fill(color_white)
```

```
    # 黒色の箱を描画
    pygame.draw.rect(game_window, color_black, [move_x, move_y, 50, 50])

    # 画面を更新
    pygame.display.update()

pygame.quit()
```

衝突検出：二つの要素の衝突

境界検出を作成したので，もう一つの重要な衝突検出，つまり，二つの要素が互いに衝突したことの検出に移ります．前述のように，複数の要素間の衝突をチェックしなければならない理由はたくさんあります．二つのキャラクターが接触したかどうかや武器がターゲットに当たったかどうかを確認することに加えて，衝突検出は，要素が知覚される空間のどこにあるかを判断するのに役立ちます．

たとえば，キャラクターが画面内の要素の上に飛び乗ることができるようなゲームの場合，キャラクターが草むらの上に立っているのか，箱の上に立っているのかを，どのようにしてプログラム側で判断すればよいのでしょうか？　このような目的のために，衝突検出（ヒット検出）を使用できます．

次の例では，新しい .py ファイルを作成します．コードの一部は pygame_animation.py プログラムからコピーしています．コードの各セクションを説明するのではなく，プログラム全体を貼り付けてから，新たに追加した部分や修正した部分を，順を追って説明していきます．

新しいファイル（.py）を作成し，次のコードを入力したら，object_collision_example.py という名前で保存します．説明の前に自分でコメントを読んで，プログラムの目的やしくみを理解できるかどうかを確認してください．いつものように，コードを正しくインデントしないとエラーが出ます．

object_collision_example.py

```
import pygame

# pygameモジュールを初期化
pygame.init()

# 色を表すタプルを生成
color_white = (255, 255, 255)
color_black = (0, 0, 0)
color_red = (255, 0, 0)

# サーフェスgame_windowを生成
game_window = pygame.display.set_mode((800, 600))

# ウィンドウのタイトルを設定
pygame.display.set_caption("衝突検出")
```

```
running = True

# スプライトを保持する二つの変数を宣言
rect1 = pygame.sprite.Sprite()
rect1.rect = pygame.Rect(300, 300, 50, 50)

rect2 = pygame.sprite.Sprite()
rect2.rect = pygame.Rect(100, 100, 100, 150)

# ゲームループ
while running:
    for event in pygame.event.get():
        if event.type == pygame.QUIT:
            running = False
        if event.type == pygame.KEYDOWN:
            # プレーヤーがqキーを押したら終了
            if event.key == pygame.K_q:
                running = False
            # プレーヤーがESCキーを押したら終了
            if event.key == pygame.K_ESCAPE:
                running = False

        if event.type == pygame.KEYDOWN:
            # カーソルキーの左が押されたら，‘箱’を左に移動
            if event.key == pygame.K_LEFT:
                rect1.rect.x = rect1.rect.x - 10
            # カーソルキーの右が押されたら，‘箱’を右に移動
            if event.key == pygame.K_RIGHT:
                rect1.rect.x = rect1.rect.x + 10
            # カーソルキーの上が押されたら，‘箱’を上に移動
            if event.key == pygame.K_UP:
                rect1.rect.y = rect1.rect.y - 10
            # カーソルキーの下が押されたら，‘箱’を下に移動
            if event.key == pygame.K_DOWN:
                rect1.rect.y = rect1.rect.y + 10

        # 二つのスプライトの衝突をcollide_rect()関数でチェック
        # もし衝突していたら，rect1のxy座標を変更
        if pygame.sprite.collide_rect(rect1, rect2):
            rect1.rect.x = 400
            rect1.rect.y = 400

        # 画面の右端に衝突していないかを確認（その場合はx座標を740に変更）
        if rect1.rect.x > 750:
            rect1.rect.x = 740
```

```
                pygame.display.set_caption("右端に衝突")
            # 画面の左端に衝突していないかを確認
            if rect1.rect.x < 1:
                rect1.rect.x = 10
                pygame.display.set_caption("左端に衝突")
            # 画面の下端に衝突していないかを確認
            if rect1.rect.y > 550:
                rect1.rect.y = 540
                pygame.display.set_caption("下端に衝突")
            # 画面の上端に衝突していないかを確認
            if rect1.rect.y < 1:
                rect1.rect.y = 10
                pygame.display.set_caption("上端に衝突")

    # game_windowを白色で塗りつぶす
    game_window.fill(color_white)

    # 箱を描画
    pygame.draw.rect(game_window, color_black, rect1.rect)
    pygame.draw.rect(game_window, color_red, rect2.rect)

    # 画面を更新
    pygame.display.update()

pygame.quit()
```

このコードは大部分が前のプログラムと同じように動作します．今回は“箱”を表すスプライトを生成し，カーソルキーを使ってウィンドウの中を移動するようにします．“箱”がウィンドウの縁に触れると，“壁”から数ピクセル離れるように跳ね返ります．

これに加えて，ウィンドウ内を動き回らない静的な二つ目の“箱”としてスプライト rect2 を生成しました．また，rect1 が rect2 にぶつかるかどうかをチェックするコードも設定しました．もしぶつかった場合は，壁にぶつかったときと同じように rect1 の x 座標と y 座標の値を変更します．

このコードと先ほどの衝突検出の例とのおもな違いは，“箱”をスプライトとして表現することによって，pygame.sprite モジュールに付属の組込み関数を使えるようにしたところです．pygame.sprite モジュールにはたくさんの組込み関数がありますが，本書ですべてを紹介することはできません．しかし，衝突検出を助けるための非常に重要な関数については紹介します．

生成したスプライトに矩形（Rect）オブジェクトをセットすると，その属性に直接アクセスして xy 座標を変更できるようになります．

たとえば，このプログラムのコードには，rect1.rect.x = 100 のような行があると思います．このコードは rect1 という変数（が保持するスプライト）の中にセットされている矩形 rect にアクセスして，その x の値を 100 に変更するということを表します．

コードの次の部分では，二つのスプライト rect1 と rect2 を生成し，その属性 .rect に矩形（Rect）オブジェクトをセットしています．

```
rect1 = pygame.sprite.Sprite()
rect1.rect = pygame.Rect(300, 300, 50, 50)

rect2 = pygame.sprite.Sprite()
rect2.rect = pygame.Rect(100, 100, 100, 150)
```

pygame.Rect() 関数を使うときは，R が大文字になっていることに注意してください（rect1.rect のときは小文字です）．正しく大文字にしないとエラーになります．

次の変更点はスプライト rect1 がウィンドウの中を移動する方法を定義する部分です．“箱”をスプライトとして表現したので，*xy* 座標などの属性には別の方法でアクセスしなければなりません．スプライトは次の方法で移動させます．

```
        if event.type == pygame.KEYDOWN:
            # カーソルキーの左が押されたら，‘箱’を左に移動
            if event.key == pygame.K_LEFT:
                rect1.rect.x = rect1.rect.x - 10
```

以下の行のように，単に rect1.rect.x に新しい値を再代入していることに注目してください．

```
                rect1.rect.x = rect1.rect.x - 10
```

これは rect1 の現在の *x* 座標の値を取得し，そこから 10 を引くという意味です．これをカーソルキーの四つの方向の押下イベントごとに行い，プレーヤーが“箱”をどの方向に移動させるかに応じて rect1.rect.x と rect1.rect.y の値を変更します．*x* の値は左右の動きを表し，*y* の値は上下の動きを表していることを覚えておきましょう．

次のステップは，衝突検出を使って，rect1 が rect2 に接触していないかどうかを確認することです．“箱”をスプライトとして定義すると便利になるのはこの部分です．collide_rect() は pygame.sprite モジュールの関数の一つで，引数として二つのスプライトをとります．

この関数を if 文の中で使うことで，スプライトどうしが接触しているかどうかをチェックできます．接触した場合，rect1 の *xy* 座標を（400, 400）に変更して，rect2 から遠くにテレポートします．これはすべてこのシンプルなコードで実現しています．

```
        if pygame.sprite.collide_rect(rect1, rect2):
            rect1.rect.x = 400
            rect1.rect.y = 400
```

コードの最後の変更点はゲームウィンドウの境界線との衝突を処理する方法です．move_x と move_y の値を変更して座標を変更する代わりに，スプライトのもつ矩形の *xy* 属性に直接アクセスします．壁の衝突が検出された場合に，“箱”を数ピクセル，後退させるだけです．たとえば，rect1 の *x* 座標が 750 よりも大きければ，*x* 座標を 740 にしてから，ウィンドウのタイトルを“右端に衝突”に変更する，といった具合です．

 ちょっとひといき竹内薫ラボ：量子で何が変わるのか 

第四次産業革命のキーワードとして，よく引き合いに出されるのがAIですが，もう一つ，量子コンピュータという言葉を聞いたことがありませんか？　2019年にはGoogleが“ウチの量子コンピュータはスーパーコンピュータより速く計算できるようになった！”と論文を発表し，世界中が大騒ぎになりました．なぜかというと，もしこの話が本当なら，インターネット上の取引を守っている暗号が解読されてしまうかもしれないからです．実際，仮想通貨ビットコインは，このニュースを受けて暴落したのでした．

Googleの主張は，少し大げさだったものの，確かに“ある計算”において，量子コンピュータがスーパーコンピュータを超えたのは事実でした．でも，それは，暗号解読のような問題ではなく，あくまでも学術的かつ人工的な計算においてであり，使われた量子コンピュータも実用機ではなく，試作機の段階でした．慌ててビットコインを売った投資家たちは，早とちりしてしまったのですね．

さて，この本でみなさんはPythonを学んでいるわけですが，それは言い換えると手順＝アルゴリズムを学んでいるわけです．量子コンピュータで速く計算するためには，量子コンピュータ用の専用アルゴリズムが必要になります．たとえば，暗号解読のためには“ショアのアルゴリズム”とよばれるものを使います．

量子コンピュータは，どんな計算でもスーパーコンピュータより速いわけではなく，アルゴリズムが発見されている計算においてだけスーパーコンピュータを凌駕するのです．

そうそう，言い忘れていましたが，量子とは“量の単位”という意味で，この宇宙をつくっている最小の素粒子や原子，あるいは極低温状態の物質のことです．現在，光（素粒子の一種です）や超電導（極低温状態の物質で電気抵抗がゼロになる現象です）を使って，量子コンピュータのハードウェア開発が進められています．でも，専用アルゴリズムをたくさん発見しないと，その応用は限られてしまいます．

もしアルゴリズムに興味が出てきたら，ぜひ，量子コンピュータ用の専用アルゴリズムも勉強してみてくださいね．

```
        if rect1.rect.x > 750:
            rect1.rect.x = 740
            pygame.display.set_caption("右端に衝突")
```

プログラムをテストして，スプライトrect1を上下左右からスプライトrect2にぶつけてみて，二つの“箱”の四つの側面すべてで衝突検出が機能することを確認してください．次に，上下左右の境界線を確認して，ウィンドウの境界線の衝突検出をテストします．コードが動作しない場合は，読み直して比較し，一致していることを確認してください．そしていつものように，インデントに注意してください．

この章のまとめ

この二つの章であなたは本当に驚くべきことを成し遂げ，誰にも止められないヒーローになるための準備ができたようです！　ゲームのすべてのトピックスを扱ったわけではありませんが，基本的なゲームを設計し，さらに重要なことに，自分で複雑なゲームを作るための研究を始められるだけの情報に触れられました．

宿題ですか？　世に出て，おもしろいゲームか，少なくともその骨組となるものを作ってください．あなたが世界的に有名なゲーム開発者になったら，プレステXか何かでプレイできるのを楽しみにしています！

Superhero Bootcamp Lesson 13

エラー処理を学ぼう

私たちは本書の終わりに，そして一緒に冒険する時間の終わりに急速に近づいています．もうすぐ，あなたは自分でマントを着て，私の助けなしで悪党と戦い（もちろん，あなたの想像の中だけで！），すべて自分でプログラムを書くようになるでしょう．しかしいまのところ，私たちはまだ“スーパー・ヒーロー”のデュオです．そして，これまで多くのプログラム上の悪党を倒し，さまざまな障害を克服する方法を学んできましたが，まだ議論しなければならないテーマがあります．自分自身の失敗を克服する方法です．

失敗ですって？　ヒーローがどんな失敗をするのでしょう？　悲しいことに，私たちはみな失敗します．よい言い方をするなら，幸運にも私たちはみな失敗します．なぜ幸運にも，なのでしょう？　なぜなら失敗は，より強く成長し，スキルやプログラミング能力を向上させるための最高の方法の一つだからです．

こんな話を考えてみましょう．トレーニングの際，なぜ，ウェイトを持ち上げることで筋肉を鍛えられるか知っていますか？　それは，筋肉を引き裂いて，回復が必要な状態にするためです．ウェイトを持ち上げると，ある時点で，もう持ち上げられない状態，失敗になります．この失敗こそが，ボディビルダーが求めるものです．筋肉は一度失敗して初めて，そのダメージを修復し，さらに強く成長できるからです．

プログラミングスキルも全く同じです．私の考えでは，コードを本当に理解する唯一の方法は，失敗して何をまちがえたのかを理解することです．誰でも言語を知ることはできますが，言語を理解するには何年もかけて失敗することが必要です．なお，代数学のテストには同じ論理は適用されませんので，それには失敗しないように！

これまでのところ，問題が発生したときは，.py ファイルを1行1行読んで，何がまちがっているのかを調べていました．正直に言うと，私の例を正確に入力していれば，失敗はありません．しかし，単語を一つ二つまちがえてプログラムを失敗させてしまったことがあるでしょう．その後にあなたがしたのは，コードを探し回って問題の原因となった誤字脱字やインデントを見つけ，それを修正するということでした．このようなことを経験したのであれば，おめでとうございます！　あなたは正式にプログラムをテストし，最も基本的な意味で**デバッグ**したのです．私たちにとって新しい言葉，デバッグは，コードからエラーを特定して取除くことを意味します．

デバッグのプロセスの中で最も重要なのはエラーを見つけることです．それからエラーを理解し，そして初めてエラーの原因となっている問題を修復したり削除したりすることができるようになります．小さなプログラムでは，問題を見つけようと1行1行見ていくことができます．より大きなプログラムでは，デバッガーとよばれるプログラムを使わなくてはなりません．

エラーの発見

Python は通常，何かを失敗したことをプログラマーに伝えるのが得意です．この節では，新しいファイルを作成します．このファイルはエラーだらけで，プログラムを実行すると，IDLEに怒鳴られることまちがいなしです．コードの入力中に，まちがいに気づくかもしれませんし，そうでないかもしれません．どちらにせよそのまま入力して，まちがいを見ないふりをしてください．あとでプログラムの直し方を理解するのに役立ちます．

新しいファイル（.py）を作成し，次のコードを入力したら，oops.pyという名前で保存します．

oops.py

```
print Hello
```

洞察力のあるプログラマーなら，すでに問題が見えているかもしれません．それは素晴らしいですが，見なかったことにしてください．さあ，プログラムを実行して，何が起こるかを見てください．できましたか？　エラーメッセージは出ましたか？　きっと出ましたよ！　次のようなメッセージが表示されたはずです．

Missing parentheses in call to 'print'. Did you mean print(Hello)?
〔'print'の呼び出しに括弧がありません．print(Hello)という意味ですか？〕

これはポップアップウィンドウで表示されるはずです．ご覧のように，IDLEは非常に賢いです．コードに問題があることを認識しただけでなく，それを修正する方法も提案してくれます．

ここでいくつか注意すべき点があります．まず，IDLEの提案は実際にはまちがっています．表示したいテキストを引用符で囲んでいなかったので，IDLEは，本当は変数を表示しようとしていたと仮定して，Helloという名前の変数を表示する方法を示しています．

この例では，それは私たちの意図したことではありませんでしたが，それでもエラーを指摘して解決策を提示してくれるのはPythonのいいところです．

私たちが本当にやりたかったのは，“Hello”というテキストの表示ですが，これはもちろんprint("Hello")と入力するだけです．しかしここでは，あえてプログラムが失敗するようにしています．

この最初のミスからの教訓はなんでしょう？　IDLEはポップアップウィンドウでエラーメッセージを表示し，エラーが発生した場所とその解決策を提案してくれることがありますが，この提案はあっているかもしれませんし，まちがっているかもしれないということです．

では，コードを修正して，次のとおりにしてみましょう．

oops.py

```
print("Hello)
```

もう一度言いますが，print()関数の引数の文字列を二つの目の引用符で閉じるのを忘れている，という問題に気づいても，そのまま実行して何が起こるかを確認してください．また，ポップアップウィンドウが表示されます．今度は別のエラーが発生し，次のように表示されたはずです．

EOL while scanning string literal
〔文字列を読んでいる途中で行の終わり（EOL）になりました〕

今回は，Pythonは行を適切に閉じていないことを教えてくれます．まさに私たちが忘れていたことです．ポップアップウィンドウの［OK］をクリックすると，IDLEはファイルに戻り，行の残りを赤く強調表示します．これはエラーがあると考えられる場所を示しています．

問題は単純に二つ目の引用符を忘れていることだとわかっています．これは修正しますが，今度は二つ目の括弧を消して，どうなるか見てみましょう．次のようにコードを編集して，もう一度実行してみてください．

oops.py
```
print("Hello"
# ここにはたとえば次の行の説明が書かれる
```

今回もエラーが発生し，ポップアップウィンドウで次のように表示されたはずです．

> unexpected EOF while parsing
> 〔解析中に予期しないコードの終わり（EOF）になりました〕

今回は，［OK］をクリックすると，Python がコードの下のコメントの行を強調表示してくれます．これはなぜでしょうか？

コードを実行すると，Python はコードの行の終わりを探します．そこには閉じる括弧があるはずでした．しかしそれが見つからないので，次の行に進みました．最後まで閉じた括弧が見つからなかったので，Python は私たちのミスだと判断し，（IDLE は）エラーの発生場所を示すためにその行を強調表示したのです．

これは重要なことです．私たちは，Python はまちがい（エラー）の存在する場所を教えてくれると考えがちですが，実際には，Python はエラーの発生した（エラーに気づいた）場所を教えてくれるのです．飛び込み台の端から飛び降りるようなものだと考えてください．飛び込み台から降りた最初の一歩は，あなたが失敗した場所ですが，おそらくあなたは，水面に変に腹を打ち，クラス全員の前でトランクスを失う瞬間までそれに気づきません．Python も同じです．

次のエラーに移りましょう．それでは，次のとおりに，コードを変更してください．

oops.py
```
prant("Hello")
```

保存して実行します．今回は，ポップアップウィンドウは出ませんでした．うまくいったに違いありません！　いえ，そうでもありません．IDLE には，次のように表示されているはずです．

```
Traceback (most recent call last):
  File "C:/Users/James/AppData/Local/Programs/Python/Python38-32/oops.py", ⏎
line 1, in <module>
    prant("Hello")
NameError: name 'prant' is not defined
```

この種のエラーは NameError とよばれます．この出力の各部分を注意深く調べましょう．

1 行目には次のように書いてあります．

```
Traceback (most recent call last):
```

これは，Python があなたのコードのエラーを追跡していることを伝えているもので，一連の関数呼び出しの最近のものが最後に表示されます．今回は一つのエラーしかありませんが，大丈夫です．すぐに複数のエラーが発生します．

次に，Python はいくつかの重要な情報を教えてくれます．それはファイルの場所（あなたのものと私のものは異なるでしょう）と，エラーが発生していると思われる行です．この例では，1 行目，つまりあなたのコードの最初の行を指しています．そして，特定のエラーが発生したコードを示します．最後に，エラーの種類 NameError と，より詳細な情報 “名前 'prant' は定義されていません” を提供してくれます．このメッセージは，Python が次の行を見て，組込み関数の一覧から名前 prant を見つけられなかったということを意味します．

```
prant("Hello")
```

どうしてでしょうか？　それは存在しないからです．print() のつづりをまちがえていて，私たちには正解が何かわかっても，Python にはそれを知る方法がないからです．

Python は prant() という名前の組込み関数が見つからないので，私たちが自分で作った prant() という関数を呼び出そうとしているのだと仮定します．その名前の関数は定義していないので，Python は私たちがまちがった名前を入力したか，その名前の関数の定義に失敗したかのいずれかだと結論づけるのです．

これは非常に基本的なエラーで，探し出して修正するのは非常に簡単です．1 行目を見て，まちがったコードを見つけ，prant("Hello") を print("Hello") に変更するだけです．そして，それを保存すれば，全く正しく実行することができます．もちろん，いまはまだ意図的にコードをまちがえているので，わざわざそんなことをする必要はありません．

先に進む前に，もう 1 種類のエラーが出るかどうか見てみましょう．次のとおりコードをもう一度変更します．

oops.py

```
a = 1

whilst a < 4:
    print(a)
    a = a + 1
```

このコードでしたいことは，変数 a に値 1 を代入し，while 文で a の値が 4 未満である限り，繰返すことです．ループを繰返すたびに，a の値が出力され，a に 1 が加えられます．理論的には，このコードの出力は次のようになるはずです．しかし，私たちは別のタイプミスをしました．今回は見つかりましたか？

```
1
2
3
```

コードを実行すると，ポップアップウィンドウで “invalid syntax” というヒントが表示されます．つまりどういう意味でしょうか？　コードのつづりがまちがっていることを意味しています．繰返しになりますが，赤く強調表示され，エラーが近くにあることが示されます．問題は何でしょうか？ while ではなく whilst と入れてしまったのです．whilst のつづりを修正しましょう．次と一致するようにコードを編集します．

oops.py

```
a = 1

while a < 4
    print(a)
    a = a + 1
```

今回はエラーを見つけられましたか？　ファイルを保存して実行してみてください．while のつづりを修正したにもかかわらず，またしても構文エラーが発生します．他の単語も同様に正しくつづられています．何がいけないのでしょう？

構文エラーはつづりのミスだけでなく，一般的なタイプミスもカバーします．この場合，while 文の最後にコロン：を追加するのを忘れていました．次のようにすべきです．

```
while a < 4:
```

最後にコロンを追加して保存すれば正常に動作するはずです．

エラーの種類

実際には，Python のエラーはおもに 3 種類，**構文のエラー**，**ロジックのエラー**，**例外**しかありません．この節では，これらのエラーの種類とその対処法について説明します．“スーパー・ヒーロー”の安全ゴーグルを装着して，世界の問題を解決するのです！　まあ，まずは自分のコードの問題から始めましょう．

▶構文のエラー◀

前述のエラーの概要で構文エラーについて少し触れました．繰返すと，構文エラーは Python がコードの行を理解できなかったり，読取れなかったりしたときに発生します．

構文エラーは通常，タイプミスのような単純なことが原因で起こります．おそらく，関数のつづりをまちがえたか，文の最後のコロンを忘れたのでしょう．これらは文法やつづりのまちがいです．あなたが受取るエラーの中で，構文エラーが最も頻繁に発生する可能性が高いです．これはよくも悪くもあります．よいことは，ほとんどの場合，あなたのエラーはつづりや記号の問題であり，プログラムのロジックの問題ではないということです．悪いことは，これらのエラーを追跡するのが面倒になってしまうことです．特に，1 日中コードを打っていて目がぼやけているときです．

構文エラーの大部分は致命的なもので，コードが実行されない原因となります．これは災い転じて福となします．コードが全く動作しないのはイライラするかもしれませんが，隠れた問題を抱えたソフトウェアを出荷してしまうこともないからです．構文エラーが発生した場合は，IDLE が強調表示している箇所か，エラーが発生した行番号に注目して，つづり，インデント，コロン，引用符，括弧の使用，または無効な引数などの問題がないかどうかを確認してください．

▶ロジックのエラー◀

すべてのエラーの中で最も問題となるのは恐るべきロジックのエラーです．その名が示すように，プログラムのロジックに欠陥がある場合に発生します．このタイプのエラーはおかしな動作や完全にぶっ飛ぶ原因となります．ロジックのエラーがイライラする原因の一部は，常に明らかなエラーが発生するとは限らないということです．Python がエラーを拾わないことも，あなた自身が見逃してしまうこともあります．だからこそ，コードを頻繁にテストし，可能な限りドキュメントを提供することが非常に重要なのです．

本章で後述するデバッグプログラムの使用も含めて，これらのタイプのエラーを発見する方法はいくつかあります．ロジックのエラーに対処する最善の方法は，最初からエラーを防ごうとすることです．それは事前に計画立ててプログラミングし，頻繁にテストを行うことで実現します．フローチャートはコードの各セクションがどのように流れるべきかを把握し，エラーを回避するために役立つツールです．もちろん，ロジックのエラーは発生します．プログラマーであるなら避けられません．

ここに例があります．このプログラムが意図した結果とは異なる結果を返す理由がわかりますか？ヒントは，二つの数値の平均を求めることがこのプログラムの目的であるということです．

```
a = 10
b = 5

average = a + b / 2

print(average)
```

数学が苦手な人でも大丈夫です．このプログラムを書いたときは，当然 `10` と `5` の平均は `7.5` になると思ったのですが，実行結果は次のようになります．

```
12.5
```

これは確かに正しくありません．なぜこのようなことが起きたのでしょうか？　計算が正しくできたかどうか確認してみましょう．

もしこの数式を紙に書いていたら，`a + b / 2` と見たままに書くでしょう．`a + b` は 15 で，それは 2 で割ると `7.5` になります．2 章で，数値と演算子について議論しましたが，Python はいつでも左から順番に計算するわけではありません．Python にも優先順位があり，Python は数式を見て，次のセクションに移る前にどの部分を最初に解くかを決定します．

Python に式を計算させるためには，括弧 () を使って優先順位を強制する必要があります．このコードをロジックなエラーを出さずに書く本当の方法は次のようになります．

```
a = 10
b = 5
```

```
average = (a + b) / 2

print(average)
```

今回の実行結果は次のとおりです．

```
7.5
```

数学的な知識がない人，あるいは睡眠不足の人は，このコードが正しく動作していなかったという事実を完全に見落としたかもしれません．Python は警告やエラーメッセージを全く出さないので，結果をテストして二重にチェックしなければ，問題があることを知る方法がありませんでした．

もしこれが銀行のアプリケーションの一部だったらと想像してみてください．単純なロジックのエラーがシステム全体を台無しにしてしまい，多くの人を悲しませてしまうでしょう．

▶ 例　外 ◀

例外は特殊な種類のエラーです*．組込みの例外にはたくさんの種類があり，この章で扱うには数が多すぎます．代わりに，Python.org の組込み例外に関するドキュメント（https://docs.python.org/ja/3/library/exceptions.html#bltin-exceptions）でさまざまな種類を確認してください．ここでは，これがなぜあなたが思っている以上に有用なのかを説明します．

いまのところは，Python がコードを理解しても，それに基づいて動作できない場合に例外が発生するのだと考えてください．たとえば，インターネットに接続してウェブサイトからデータを取得しようとしているのに，接続ができないような場合です．あるいは，使っているスクリプトが，指定した URL にはもはや存在しない API を利用しようとしているといった場合です．

例外はいくつかの点で構文エラーとは異なります．その一つは，例外が常にエラーとして表示されるとは限らないという事実です．これはよいことでもあり，悪いことでもあります．よい理由は例外が出てもそのまま実行が続くことがあるという点です．悪い理由も同じです！　コードをエラーが発生した状態のままで実行させ続けたくはありません．

例外の素晴らしい点は**例外処理**とよばれる対応が可能なことです．例外を処理するということは，基本的にはエラーが発生する可能性があることを予測し，それに対処する方法をコードで記述することを意味します．

ユーザーに 4 桁の暗証番号を尋ねるプログラムがあるとしましょう．私たちは，値が本質的に数値かどうかを確認しなければなりません．変数には整数として保持させたいのです．基本のコードから始めましょう．

```
pin = int(input("暗証番号を入力してください: "))

print("あなたの入力:", pin)
```

このコードをファイルに入れて実行すると，暗証番号の入力が求められます．お好きな方は，

* 訳注：実際には，これまで登場した構文エラー（SyntaxError）や名前エラー（NameError）は例外の一種である．

oops.py に追加してみてください．まず，4 桁の数字を入力して Enter キーを押します．プログラムは次のような応答を返します．

```
あなたの入力： 1234
```

1234 は入力した番号になります．

さて，もう一度プログラムを実行して，今度は，メッセージが表示されたら，abcd のような数字以外のものを入力して Enter を押します．この場合，以下のような出力が得られます．

```
Traceback (most recent call last):
  File "C:/Users/James/AppData/Local/Programs/Python/Python38-32/oops.py", ⏎
line 17, in <module>
    pin = int(input(" 暗証番号を入力してください： "))
ValueError: invalid literal for int() with base 10: 'abcd'
```

ここでは，ValueError 型の例外エラーが表示されます．これは，Python が int() 関数で（数字の並んだ）文字列を整数に変換しようとしたのに，あなたが数字以外の文字列を入力したために発生したのです．

Python がこのようなエラーを出してプログラムが正常に実行されなくなるのを防ぐ方法の一つは，事前にエラーを処理することです．誰かがまちがった文字列を入力するかもしれないことを知っているので，エラーが発生したときにそれを受取って処理するコードを作成することができます．

次のコードを入力して前のコードと置き換えたら，ファイルを保存して実行してみましょう．

```
# ValueErrorに対処する例外処理の例

try:
    pin = int(input("暗証番号を入力してください: "))
    print("あなたの入力:", pin)
except ValueError:
    print("数値だけを入力してください．")
```

これは Python の try-except（トライ エクセプト）文とよばれるものです．この目的は例外を受取って処理することです．この文の中のコードは慎重に対処されます．すなわち，Python は，発生したエラーにあなたが対処するつもりであることを認識し，もし（指定した型の）エラーが発生した場合は except 節の中を実行します．

さあ，このプログラムを実行して，再度メッセージが表示されたら，abcd を入力して，コードがどのように動作するのかを確認してください．次のような返答が返ってくるはずです．

```
暗証番号を入力してください: abcd
数値だけを入力してください．
```

Python はいったん except 節を実行すると，あなたの指示に従ってプログラムを終了します．実際には，例外が発生した場合，再び始められるように，このコードをループで囲まなくてはなりません．たとえば，次のようなシンプルな while 文を使うことができます．

```
# ValueErrorに対処する例外処理の例
checking = True

while checking:
    try:
        pin = int(input("暗証番号を入力してください: "))
        print("あなたの入力:", pin)
        checking = False
    except ValueError:
        print("数値だけを入力してください．")
```

▶ try-except-else 文 ◀

もう一つの方法は，try-except-else 文を使うことです．これは，例外が発生しなければ，コードの別の部分を実行するというものです．たとえば，以下のようになります．

```
# ValueErrorに対処する例外処理の例
# while文の中で，try-except-else文を使用
checking = True

while checking:
    try:
        pin = int(input("暗証番号を入力してください: "))
    except ValueError:
        print("数値だけを入力してください．")
    else:
        print("あなたの入力:", pin)
        checking = False
```

これは前のバージョンのプログラムと同じ結果になります．そして，同様に動作します．何が違うのでしょうか？　少しすっきりしていて読みやすいです．基本的には次のような考え方です．

```
(try) トライしよう:
 このコードを実行して，
(except) 例外が発生したら:
 このコードを実行して，
(else) 例外が発生したのでなければ:
 このコードを実行する．
```

▶ finally の使用 ◀

この文にはもう一つ追加できるもの，finally（ファイナリー）節があります．finally はエラーがあってもなく

ても実行させたいコードがあるときに便利です.

```
# ValueErrorに対処する例外処理の例
# try-except-else-finally文を使用

try:
    pin = int(input("暗証番号を入力してください: "))
except ValueError:
    print("数値だけを入力してください. ")
else:
    print("あなたの入力:", pin)
finally:
    print("もう終わりましたか？")
```

このコードを学びやすいように，while 文と変数 checking に関連するコードを削除しました. 基本的にこのコードが表しているのは，次のようなことです.

```
(try) トライしよう:
 入力された文字列を整数値に変換しようとして,
(except) 例外が発生したら (変換できなかったら) :
 このコードを実行して,
(else) 例外が発生したのでなければ:
 変換した整数値を表示して,
(finally) 最後に何があっても:
 メッセージを表示する.
```

このコードに abcd と入力して例外を発生させた場合，実行結果は次のようになります.

```
暗証番号を入力してください: abcd
数値だけを入力してください.
もう終わりましたか？
```

もう一度実行して 1234 と入力すると，次のようになります.

```
暗証番号を入力してください: 1234
あなたの入力: 1234
もう終わりましたか？
```

いずれにしても，finally 節は意図したとおりに実行されたことに注意してください. これは予期していた例外エラーが発生した場合にプログラムを続行させるための素晴らしい方法です.

▶ユーザー定義例外の発生◀

発生した組込みの例外を処理するだけでなく，ユーザー定義の例外を発生させることもできます.

それにはraise文を使用します．ここに簡単な例を示します．

```
super_name = "スパイダー・コワイ・マン"
villain = "スパイダー"

if villain == "スパイダー":
    raise Exception("もう結構……自分の名前どおり……悪党はスパイダーじゃだめなの！")
```

ここでは，二つの変数を宣言することから始めます．一つは“スーパー・ヒーロー”の名前super_name，もう一つはヒーローが遭遇する悪党の種類villainです．

次に，if文で，villainの値が"スパイダー"と等しいかどうかをチェックします．villainは確かに"スパイダー"と一致するので，raiseを使って例外を発生させます．

コードを実行すると，次のエラーが出ます．

```
Traceback (most recent call last):
  File "C:/Users/James/AppData/Local/Programs/Python/Python38-32/oops.py", line 33, in <module>
    raise Exception(" もう結構……自分の名前どおり……悪党はスパイダーじゃだめなの！")
Exception: もう結構……自分の名前どおり……悪党はスパイダーじゃだめなの！
```

この例では行番号を無視してかまいません．私のファイルにはほかのコードも含まれているため，あなたの行番号とは異なるものが表示されています．

ここでは，例外が発生して，次のようなテキストが出力されているのがわかります．

```
Exception: もう結構……自分の名前どおり……悪党はスパイダーじゃだめなの！
```

この例では，笑いをとろうとしたので，例外で冗談を言わせました．実際には，自分で例外を作るときには，“変数villainには許可されていない値スパイダーが含まれています”などと言わせるようにします．このようにすれば，誰かがまちがった値を入力してしまった場合でも，例外を見たときに何が問題なのかがすぐにわかるので，問題を追跡する必要がありません．

自分で発生させられる例外のもう一つの種類はAssertionError例外です．これは，満たされなくてはならない（Trueでなくてはならない）条件をコード上で表明（assert）することから始めます．Trueならプログラムの実行は続きます．そうでない場合は，AssertionErrorが発生します．

次の短いコードについて考えましょう．

```
assert 1 + 1 == 2, "1足す1は2！"
assert 2 + 2 == 5, "2足す2は5と等しくない！　2行目にエラー！"
```

ここでは，二つのassert文があります．このプログラムを実行すると，プログラムの1行目では何も起こりません．これは1 + 1の式が実際に2に等しいので，アサート条件の評価結果がTrueになるからです．2行目のコードを実行しようとすると，アサート条件の評価結果がFalse（2 + 2は5と等しくない）となり，AssertionErrorが発生し，次のような出力になります．

```
Traceback (most recent call last):
  File "C:/Users/James/AppData/Local/Programs/Python/Python38-32/oops.py", ⏎
line 2, in <module>
    assert 2 + 2 == 5, "2足す2は5と等しくない！ 2行目にエラー！"
AssertionError: 2足す2は5と等しくない！ 2行目にエラー！
```

ログの記録

コード内のエラーを見つけるためのもう一つのツールは，特に長いプログラムの場合にはlogging（ロギング）を使うことです．いくつかの方法がありますが，最も簡単なのはloggingモジュールをインポートすることです．

プログラマーが使う，コードのエラーを減らす方法の一つに，print()を使ってすべて正しく動作しているかを確認する方法があります．たとえば，“スーパー・ヒーロー・ジェネレーター3000”のときのように，ランダムに生成された各種ステータス値があるとします．

自分のコードが正しく動作していることを信頼して，ステータス値が適切にランダムに生成されていると仮定することもできますが，賢いやり方ではないでしょう．すべてを適切にコード化したことを確認するために，数値をランダムに生成させてから（一時的に）それらを表示するためのコードを挿入します．乱数が正しく生成されていることを確認したら，print()をすべて削除してプログラミングを続けます．

たとえば，最初にこんなコードを書いたとします．

```
import random

strength = 0
brains = 0
stamina = 0
wisdom = 0
constitution = 0
dexterity = 0
speed = 0

strength = random.randint(1, 20)
brains = random.randint(1, 20)
stamina = random.randint(1, 20)
wisdom = random.randint(1, 20)
constitution = random.randint(1, 20)
dexterity = random.randint(1, 20)
speed = random.randint(1, 20)
```

そして，すべての値が適切にランダム化されているかどうかを確認する必要があることに気づくと，戻ってコードを編集し，次のようにprint() 関数を追加します．

```
import random

strength = 0
brains = 0
stamina = 0
wisdom = 0
constitution = 0
dexterity = 0
speed = 0

strength = random.randint(1, 20)
print("筋力:", strength)
brains = random.randint(1, 20)
print("知力:", brains)
stamina = random.randint(1, 20)
print("持久力:", stamina)
wisdom = random.randint(1, 20)
print("判断力:", wisdom)
constitution = random.randint(1, 20)
print("耐久力:", constitution)
dexterity = random.randint(1, 20)
print("敏捷力:", dexterity)
speed = random.randint(1, 20)
print("スピード:", speed)
```

プログラムを一度実行して，値が変数に保存されているかどうかを，実行結果から確認します．

```
筋力: 19
知力: 19
持久力: 2
判断力: 11
耐久力: 14
敏捷力: 12
スピード: 6
```

そして，確認できたら，プログラムが実行されるたびに値がランダムになることを確認するために，もう１回テストを実行します．テストは簡単です．２回目の実行時に値が違っていれば大丈夫です．結果はどうでしょうか？

```
筋力: 2
知力: 20
```

```
持久力: 14
判断力: 18
耐久力: 6
敏捷力: 19
スピード: 3
```

テストの両方で各ステータス値が異なっているので，random.randint() を正しく使えていると考えることができます．print() 関数はもう必要ありません．これらはコメントアウトしたり，完全に削除したりできます．今回は単純なコードなので，コードが読みやすくなるように，print() 関数をさっと削除してしまうのがよいでしょう．

ここで，print() 関数の山でファイルを乱雑にする代わりに，logging を使うことによって，プログラムを監視し，結果を別のテキストファイルに書き込むことができます．logging のもう一つの利点は，新しいエラーが発生した場合や記録しておいたログを確認する必要がある場合に備えて，発生したイベントやエラーの記録を後日に残すことができるということです．重要なのは，logging は警告やエラーの監視だけではなく，何らかのイベントの発生を監視することにも有用であるということです．

実際に，logging モジュールには，ログを取るときに使用できる“重要度のレベル”があります．それらは重要度が高いものから順に，次のとおりです．

- クリティカル：深刻な問題を抱えていたり，全く実行されなかったりするような致命的なエラーの場合
- エラー：重大な，クリティカルでない問題の場合
- 警告：予期せぬことが起こったとき，または起こる可能性がある場合
- 情報：コードが意図したとおりに動作していることを確認する場合．（print() 関数の使用と同様です．）
- デバッグ：問題を診断したり，デバッグプロセスに役立つ情報を提供したりする場合

実際には，logging モジュールの使用は本書の範囲を超えています．使用方法を適切に説明するには章全体が必要で，初心者にログの記録の仕方を学ぶことを勧めるのは，本書のカリキュラムに合いません．

そうはいっても，logging モジュールに関する公式の Python ドキュメントを読むための時間を作ってください．また，インターネット上のチュートリアルや他のより高度な本を見て，より複雑なプログラムを作成する際にはログを記録することにも手を出してみてください．

Python のデバッグツール

コードのエラーを修正したり，コードをテストしたり，例外処理をどのように行うかなどについてたくさんお話しました．また，ロギングと，ログファイルでエラーやイベントを追跡する logging モジュールの基本についてもお話ししました．

プログラミングの問題を解決するために使える“スーパー・ヒーロー”の袖には，**デバッガー**とよばれるツールがあります．Python 用のデバッガーはたくさんあり，それぞれに長所と短所があります．Python の特定の分野をカバーするものもあれば，他のデバッグプログラムと似たような機能をもつ

汎用的なデバッグツールもあります.

Pythonには,実はpdbという独自のデバッグツールが付属しています.技術的には,pdbはインポートして使用することができるモジュールです.このモジュールを使用すると,プログラムをステップ実行(1行ずつ確認しながら実行)して,正しく動作しているかどうかを確認できます.先ほどの例で,print()関数を使ってランダムなステータス値が適切に代入されているかどうかを確認したことを覚えていますか? pdbを使えば,print()関数をすべて書かなくても同じことができます.

PythonのドキュメントウェブサイトでPythonデバッガーpdbモジュールの詳細を学ぶことができます.あなたが見ているドキュメントのバージョンがあなたのお使いのPythonのバージョンと一致していることを確認してください.たとえば,以下はPython 3.8へのリンクです.

```
https://docs.python.org/ja/3.8/library/pdb.html
```

ログの記録と同じように,デバッグの勉強もすべきです.そして,より複雑なプログラムを作るときには,最終的にどのツールを選んだとしても,容易に使えるようになってください.いまのところ,私はpdbを使い続けています.

エラー処理のための最後のヒント

まだ言ってなかったとしたら,エラーを発見し対処するための最後のヒントとして,この言葉を託します.コメントを使ってください.

具体的にはどういう意味でしょうか? 概念は簡単です.コードの一部が問題をひき起こしていると思われる場合,コメント(#)を使ってその行をPythonから見えないようにし,コードを実行して問題がまだ発生するかどうかを確認するのです.もし問題が発生しなかった場合は,問題を発見した(コメントにした部分に問題があった)ことになります.

if文のようなより複雑な構文の場合は,複数行のコメントを使用してセクション全体をコメントアウトします.たとえば,以下のようにします.

```
# if villain == "spiders":
#       〈コード〉
#       〈コード〉
#       〈コード〉
```

これは,あらゆるレベルのプログラマーが習慣的によく行う手法です.ただ,コードをチェックしたり修正したりした後は,忘れずにコメントを外してください.

この章のまとめ

ここまで来たのが信じられますか? “スーパー・ヒーロー”の冒険を一緒に完結させるまで,残りあと1章です!

この章は,エラーを発見し,修正し,ログに記録し,デバッグするという内容でした.ここでは,これらのトピックのポイントをいくつか紹介します.そして,最終章へと進みましょう!

ちょっとひといき竹内薫ラボ:バグ取りだけが人生さ 

プログラミングでは，しんどい部分が二つあります．それは，人間が快適に操作できるようにするためのインタフェースと，エラーを探してコツコツと摘みとるバグ取りです．

本来なら，プログラムの心臓部分，すなわち実質的な計算の部分が重要なはずで，実際，重要度からいえばそのとおりなのですが，現実にプログラミングをしていて，時間を一番食うのがインタフェースとデバッグなんですね．

たとえば，ある会社の求めに応じて，業務の多くを自動化するプログラムを書いたとしましょう（給与計算でも視聴率計算でもなんでもかまいません）．使う人が，何かを入力すると，それをプログラムが受取って，結果を出して，使う人に返します．この入力と出力の部分がインタフェースです．正確に言うと，人間とプログラムのインタフェースです．ゲームのアニメーションなども，広い意味では，人間とプログラムの境界という意味ではインタフェースなのでしょう．

さて，デバッグのお話です．

どんなに論理的で数学が得意な人でも，最初にプログラムを書いて，どこにもまちがいがない，ということはありません．人間は，そもそもまちがう生き物だからです．人間の脳が，Python のような構造ではなく，どちらかというと AI に近いことも原因の一つだと思います．おっと，これは話が逆でした．AI は，もともと，人間の脳神経を真似たニューラルネットが基礎で，学習方式も，人間の学習を参考にディープラーニング方式が生まれたのです．

繰り返しますが，とにかく，人はまちがいを犯します．まちがいを犯しながら学ぶ生き物なのです．

ということは，プログラムのバグ取りは，まず，たくさんのプログラムを書いて，たくさんまちがえるところから始まるといえるでしょう．何回か同じようなまちがいをすれば，じきに学習し，そのタイプのまちがいは犯さなくなります．

よく“場数をこなす”といいますが，プログラミングも経験が物を言う世界です．

インタフェースとのからみでは，プログラムが設計どおりに実行できているかどうかを知るために，プログラムの途中経過を画面に出力して，人間であるあなたが把握できるようにしなくてはなりません．本編にもありますが，プログラムのあちこちに `print` 文を入れ込んでおいて，デバッグが済んだら削除すればいいのです．

ただし，あまり入れ込み過ぎると，情報過多となり，画面がどんどん流れてしまい，デバッグの効率がよくありません．そして，少なすぎると，今度は情報が少なすぎて，どこでまちがいが起きているかが把握できません．うーん，やはり，場数をこなすしかありませんね！

- Python のエラーは大まかに言って，構文のエラー，ロジックのエラー，例外の 3 種類です．
- 構文のエラーはつづりや文法の誤りに似ています．
- ロジックのエラーは，プログラムのロジックに欠陥がある場合に発生します．必ずしも目立ったエラーが発生するわけではないのに，プログラムの動作がおかしくなったり，壊れたりすることがよくあります．
- 例外は常にエラーとして表示されるわけではなく，例外が発生したにもかかわらずプログラムが実行されるようにすることもできます．
- 組込みの例外には `ValueError` や `NameError` など多くの種類があります．
- 組込みの例外以外にも，`raise` 文や `assert` 文を使って例外を自分で発生させることもできます．
- `try-except-else-finally` 文を使うと，特定のタイプのエラーに遭遇した場合に何をすべきかを指定できるようになり，エラー処理をより制御しやすくなります．
- 例外処理とは，例外（エラー）に対処するプロセスのことです．
- ログを記録することで，エラー，警告，デバッグ情報，イベントを追跡することができます．これらのログは，後で使用するために別のファイルに保存することができます．
- ログの記録のために，`logging` モジュールを使用することができます．

- Python には，デバッグを支援するツールや，エラーを見つけて修正するためのツールがたくさんあります．
- Python の組込みデバッガーは pdb というモジュールです．
- コメントを使用して，プログラムのエラーの原因となっている（あるいはそうでない）可能性のあるセクションをコメントアウトすることができます．コードをテストして，その部分が原因かどうかを確認できます．

Superhero Bootcamp Lesson 14

Pythonが切り開くあなたのキャリア

若きヒーロー，長い旅でしたね．私たちは多くの敵，ジャック・ハンマーや卑劣なアルジェブロのような悪党を克服してきました．この神秘的な書物（本書）を読み解き，洞察力と知恵を得たことで，以前は知りえなかったレベルまで力を高めることができました．エベレストのような高さです！　少なくとも，せめて公園の高い滑り台のてっぺんくらいにはなったでしょうか．

ともあれ，一緒に冒険を始めた最初のころ，あなたは“スーパー・タイツ”にマスタードのシミをつけ，シワシワのマントを羽織っただだの“相棒”でした．マスクの色は鮮やかでしたが，かろうじて顔を覆っているだけだったのです．でもいまの自分自身を見てみてください．驚くべき力をもった本格的なヒーローです！　自分でプログラムを作ったり，ゲームを書いたり，（倫理的に）ハッキングしたり，数学の偉業を成し遂げたり，ステータス値をランダムに生成したりできるのです．あなたは駆け出しのヒーローから“スーパー・ヒーロー”になりました……実際には，学生から，偉大な学生に変わったというところでしょうか．しかし，多くの場合，あなたは読者からプログラマーになったはずです．それこそが本書の目的です．

しかし，あなたが“スーパー・ヒーロー”の隠れ家で快適に過ごし，新しいパワーの練習をしていたとしても，休むわけにはいきません．世界情勢は常に変化し，テクノロジーも同様です．Pythonもまた，進化する生き物であり，終わりは見えません．そのためには，Pythonが日本語についで使える言葉となるまで，すでにもっている知識を使い続けなければなりません．あなたはコードで夢を見る必要があります．外に出て，もっと言語を学んで，もっと夢を見てください！　Pythonには，あなたが見つけ，成長するために必要なものがまだたくさん残されています．本書は氷山の一角に過ぎません．本では学べない実践的な実体験，最新のPythonがあなたを待っています．そして，おそらく他の言語も待っているはずです．

自分の知識に満足することなく，どんどん手を広げていくことをお勧めします．他の言語にも目を向けてみましょう．Pythonに非常に似ていて，簡単に習得できるPerlを学ぶことを考えてみましょう．Ruby（Ruby on Rails）やPHPは，特にウェブアプリケーションのプログラミングに進出したい場合には，次に学ぶ言語として最適です．C言語とC++は少しむずかしいですが，基礎だけでも学ぶ価値は十分にあります．HTML，JavaScriptは便利なツールなので，履歴書やスキルに加えておくといいでしょう．

履歴書といえば，この最終章の目的はプログラミングの世界に向けての準備です．キャリアパス（進路）はティーンエイジャーなら遅かれ早かれ決める必要がありますし，そうでなかったとしても（いかなる歳でも）重要な話題です．いま，どのような選択肢があるのかを知ることは，将来の学習の道標となります．たとえば，ゲームプログラミングをやりたいと思ったら，Pygameを学び続けることはまちがいなく役に立つでしょう．C言語，C++，Javaのような言語を追加することは絶対に必要です．特にC++は必要です．

この章では，大人になったら（もしくはいま）何をすべきかを考え始めるのに役立つように，現在の，そして将来の，進路の選択肢をすべて見ていきます．また，よいコードを書き続け，一度手に入れた仕事を続けられるように，プログラミングのベストプラクティスについても記憶を新たにしていきたいと思います．よいコーディングの原則の重要性を強調しすぎるということはありません．世界の未来はそれにかかっています！

未来といえば，言語としてのPythonの未来を最後に見てみましょう．仮想現実（VR），拡張現実（AR），人工知能（AI），そして他のイケてる略語の分野におけるPythonの役割について議論します．

長い道のりでしたが，これ以上長引かせる理由はありません．“スーパー・ヒーロー”のブーツを履きましょう！　この旅を終わらせるときです．

Pythonを使った仕事

あなたが本書を手に取ったとき，心の中でキャリアパス（進路）を描いていたとしても，そうでなかったとしても，大丈夫です．多くの人々は大人になるまで，大人になったら何をしたいかについて未定のままだったりします．

何になりたいのか，どのような職業に就きたいのかが決まっているかどうかにかかわらず，一つ確かなことがあります．あなたはそれが何かを気にしているということです．それはあなたが本書に，そしてより重要なことに，自分自身に投資したという事実が証明しています．本書を読んでコードを試してみるために費やした時間は，同年代の多くの人々がこれまでに行ってきた以上のものです．

次のステップは，あなたが得た知識を使って何をしたいのかを考えることです．ほとんどの場合，分野や他の言語やスキルに関係なく，Pythonを使う開発者になりたいと思うでしょう．

あなたのキャリアの中で何をするかは，自分で選択したもの以外の要因に依存します．出会った人，住んでいる場所，就ける仕事などはすべて要因となり，行き先を決めるのです．あなたはゲームプログラマーになろうと，ゲーム開発会社でインターンとしてテスターになり，経験を積んでからその道に進むことを考えているとしましょう．しかし，実際どうなるかは誰もわかりません．それは人生の冒険の一部ですから．

だからといって，ある目標を目指して，それに集中することが不可能ということではありません．ただ，いくらよかれと思って計画していても，気づくと予期せぬ場所にいるかもしれないということは，知っておいてください．それで大丈夫です．

何はともあれ，あなたが行き先について考えをもっているのはよいことです．だから，それを念頭に置いて，あなたがフルタイムのプログラマーになるときに，いくつかの可能性のある選択肢を見てみましょう．

Pythonを生かせるキャリアパス

この節で紹介するキャリアパスは特に順序があるわけではありません．給料の高い低いはあるかもしれませんが，キャリアパス自体に良し悪しはありません．私は自分の好きなことをすることが大切だと信じています．そうすれば，成功は後からついてきます．

この一覧はすべてを網羅しているわけではありません．あなたが選ぶことができる職業は他にもたくさんありますが，現在もっとも一般的なものを選びました．

▶ベータテスター◀

ソフトウェア開発者の世界では，ベータテスターは称賛なきヒーローです．この仕事は，プログラムやソフトウェアをテストし，技術的な観点とユーザー体験の観点の両方から，何が機能し，何が機能しないのかを把握するものです．場合によっては，プログラムの特定の機能や側面を特別にテストするように求められることもありますし，すべてをチェックする場合もあります．

この役割にはプログラミングの知識が重要ですが，最重要というわけではありません．私はプログラミング言語の観点から，自分では書いたことのないような多くのプログラムをテストしてきました．プログラミングの概念や挙動を理解していたので，その目的を十分に果たすことができました．

もちろん，あなたが言語を知っていて，コードの正確な問題をピンポイントで指摘することができれば，仕事を見つけるのに好都合となる可能性が高いです．

もしかしたら，あなたはすでに気づかずにソフトウェアのテストをしたことがあるかもしれません．あなたが熱心なゲームプレイヤーやモバイルゲームのファンであれば，リリース前のベータ版を試したことがあるでしょう．これは仕事で取組むのとは少々ちがいますが，役には立つでしょう．

▶コードデバッガー◀

これはベータテスターと似ているように思われるかもしれませんが，実際には多くの場合，もう少し複雑な作業になります．あなたの任務は信頼できない悪いコードを見つけ出し，その修正方法を報告するか，あるいは，仕事によっては自分で修正することです．

あなたがプログラムの何が問題なのかの謎を解くために時間を費やしたり，物事を分解したりするのが好きなタイプの人であれば，これはよい進路の選択肢かもしれません．少なくとも，キャリアパスにかかわらず，もっているとよいスキルです．

他の誰かによって，あるいは，複数の誰かによって書かれたコードを見ることになると心に留めておいてください．うまくいけば，それらの人たちはきちんとドキュメント化し，標準的なガイドラインに従っているでしょうが，何に遭遇するかは全くわかりません．

それでも，これはあなたが競争の先頭にいつづけるための素晴らしい方法であり，プログラムのエラーを見つけるのが上手になることは，あなたがソフトウェア開発者になったり，独自のアプリケーションを作成したりする場合に役に立つことでしょう．

▶データサイエンティスト◀

統計学や数字，研究が得意な読者は，データサイエンスの分野に入ることを検討してみてはいかがでしょうか．データサイエンスは統計学と機械学習の技術とが混ざり合ったもので，その世界では，Python が大きな成功を収めています．

数学およびデータ可視化ツール（matplotlib や NumPy など）の素晴らしいライブラリのおかげで，Python プログラマーはデータサイエンスのキャリアの面でこの分野をリードしています．この仕事では，幅広い業界や用途のデータを整理，解釈，表示するのに役立つように，グラフやその他のツールを使用することになります．

あなたが開発したアルゴリズムやデータの解釈は，組織やビジネスの重要な意思決定に役立ちます．このキャリアパスには，分析的な頭脳，優れた数学のスキル，そしてもちろん少しのプログラミングのノウハウが必要になりますが，情報が何を意味するのかを解明することが好きな人にとっては，やりがいのある分野になることが約束されています．

▶ソフトウェア開発者，ソフトウェアエンジニア◀

ソフトウェア開発者になるということに関しては多くの選択肢があります．これは，あなたがこの業界のどこがふさわしいかを考えたときに，最初に考える仕事ではないでしょうか．

ソフトウェア開発者は，生産性向上のためのアプリケーション（Microsoft Officeのようなもの）から音楽制作プログラム，そして思いつく限りの多くのソフトウェアを作成しています．お使いのコンピュータ上のアプリケーションをながめてみるだけで，その幅が実際にどれほど広いものであるかがわかるでしょう．

もしあなたがソフトウェア開発者やソフトウェアエンジニアになることを決めた場合，Pythonや他の言語についてできる限り多くのことを学ぶべきであるということを覚えておいてください．他の言語やフレームワークを知っておいて損はありませんし，いったんPythonを知ってしまえば，第二，第三の言語を学ぶことはとても簡単になります．ロジックや構造の多くは言語で共通であるため，ほとんどの場合，新しい構文やプログラミングスタイルを学ぶだけですみます（たとえば，すべての言語がインデントを使うわけではありません）．

▶ゲームプログラマー◀

この職業は技術的にはソフトウェア開発者と同じ道を辿ることになりますが，特別に言及しようと思います．テレビゲームの熱烈なファンとして，それは結局のところ，そもそも私をプログラミングの世界に踏み込ませたものだからです．これを独立した選択肢に数えなかったら，私の不注意です！

ゲーム開発はこの10年間で本当に発展しました．私が大学にいたころは，ゲーム開発のコースを提供する学校はほんの一握りであり，そのほとんどは専門の学校で，学位はもらえませんでした．実際，私の大学では，そのようなコースが開かれたのは年に1回だけでした．

もしあなたが主要なコンソール向けに開発したいのであれば，PythonやPygame以上の知識が必要になるでしょう．実際，Pythonは確かに必要なロジックのいくつかを理解するのに役立ちますが，実際にはC++に手を伸ばし，C言語とJavaにも足を踏み入れる必要があります．非コンソールのゲーム，つまりPCゲームのルートを選択した場合，選択肢が増えるかもしれませんが，本書を執筆している時点では，まちがいなくC++がベストです．

▶モバイル開発◀

Pythonはモバイル開発用として最初に選択肢にあがる言語ではありませんが，実際，アプリの作成や，モバイルアプリ開発が得意な他の言語との連携に，この言語を使用できます．モバイルアプリには，携帯電話やタブレットで使用するあらゆるアプリが含まれます．ゲーム，メッセンジャー，ニュースリーダー，銀行のソフトウェア，さらにはウェブサイトのモバイル版などがあります．

この重要で巨大な市場を選択した場合，モバイル開発のための真の強豪言語である，C#やC++，Java，Swift，あるいはJavaScriptなどを学ぶのは十分な価値があるでしょう．簡単に言うと，このなかでも学習しやすいJavaScriptから始めるのがよいでしょう．JavaScriptはウェブ開発にも使用できるので，モバイルアプリ開発が自分には向いていないと感じた場合でも，武器としてもっておくと非常に便利なツールです．もちろん，C++やC言語，Javaも他の扉を開いてくれると思いますが，それらは学ぶのが少し複雑なので，すべてはあなたの時間やニーズによります．

どちらにせよ，あまり広くは知られていませんが，Pythonもモバイル開発に使えることを覚えておいてください．

▶ウェブ開発とウェブアプリケーション◀

ウェブベースのアプリケーションを作成したいなら，Pythonはその取組の助けとなります．実際，

Pythonの真に強力なポイントは，DjangoやFlaskのようなたくさんの強力なウェブフレームワークの存在です．これらのフレームワークはある種の骨格として機能し，アプリケーションのベースをすばやく準備でき，セットアップやプログラミングの時間を大幅に節約させてくれます．これらのフレームワークは基本的に，ウェブアプリケーションのベースを作成してくれるので，車輪の再発明（すでに存在し利用できる部品や技術を一から自作すること）の必要はありません．

Pythonとウェブフレームワークと HTML5，そして少しのJavaScriptを組合わせれば，インターネットの世界で侮れない力になるでしょう．たとえば，Google，YouTube，Yahoo!はすべてのプラットフォームをPythonに頼っています．これでPythonのよさが伝わらなければ，何が伝わるかわかりません！

▶システム管理◀

システム管理者（シスアド）は興味深い存在で，彼らはどんな組織にとっても必要な存在です．そして，Pythonは，おそらくいままでにお察しのとおり，システム管理者が仕事をするのを助けるツールとして非常に優れています．システム管理者はPythonを使用して，コンピュータシステムの管理，オペレーティングシステムの制御，ネットワーク作業に役立つツールやユーティリティを作成します．また，独自のサーバーやクライアント，メッセージングシステムなども作成できます．Pythonはシステム管理者の親友です．それとなぜか猫も友達です．

▶研究，教育，その他◀

データサイエンティストの節でも触れたように，Pythonは研究にも最適なツールです．複雑な方程式やデータを扱うための多くのライブラリやツールを備えているので，この言語をNASAがこれほどまでに頼りにしているのも不思議ではありません．

さらに，学校や大学の場でPythonを教えることは，生計を立てると同時に知識を後世に伝えるための素晴らしい方法です．Pythonはとても学びやすく，その結果教えることも容易なので，コンピュータサイエンスのカリキュラムでは，かなり一般的な最初の足がかりとなっています．

そして，あなたが十分に教えるようになったら，いつか自分の本を書けるかもしれません……この話は忘れてください．本の執筆は私に任せてください！　ウチにはエサを待つ犬がいるんです！

ベストプラクティスの実践

プログラミングの多くは個人の好みによりますが，社会人になると必ず守らなければならない基準があります．適切なドキュメント化の重要性については説明しましたが，この節では，従うべきベストプラクティスについて説明します．

この節のヒントは，あなたをよりよいプログラマーにし，より効率的にし，よくある落とし穴を回避し，ミスを減らすのに役立ちます．これは完全な一覧ではありませんが，“スーパー・ヒーロー”のようなプログラミングへの道を歩むことができるはずです．

▶スタイルガイドに従う◀

Pythonの発明者は，スタイルガイドとよばれるものを作成しました．このスタイルガイドは，PEPとして知られる，Pythonの幅広いトピックに対する提案集に含まれます．PEPは，非推奨や削除済みのモジュールからスタイルガイド，言語の開発方針に関するガイドラインまで網羅しています．

文字どおり，いくつかのPEPがあります．たとえば，スタイルガイドはPEP 8で，2001年に私たちの偉大なリーダーであるグイド・ファン・ロッサム，バリー・ワルソー，ニック・コグランによって作成されました．

インデントにタブやスペースを使うかどうか，1行の最大の長さなどのコードのレイアウト方法や，文字列における引用符の扱いなど，さまざまな内容を網羅しています．

あなたを採用するほとんどの仕事では，特にインデントと命名規則について書かれたセクションに精通していることが期待されるでしょう．これは，あなたのコードをレビューして作業しなければならない同僚の助けになるだけでなく，PEPスタイルガイドは，よりよい，より効率的でエラーのないコードを作成するのにも役立ちます．

PEP 8はPython.orgのウェブサイト www.python.org/dev/peps/pep-0008/ に掲載されています（日本語訳は https://pep8-ja.readthedocs.io/ja/latest/ に公開されています）．すべてのPEPのリストは，www.python.org/dev/peps/ にあります．

例として，PEP 8が命名規則に関して述べていることを以下に示します．

- クラス：すべての単語の最初の1文字のみ大文字にしてから，単語どうしをつなげます．
  例：`VillainType` または `MutateClass`
- 変数，関数，メソッド，モジュール，パッケージ：すべて小文字にし，単語をアンダースコア（_）でつなげます．
  例：`my_hero_name` または `my_villain_name`

▶壊れたら直せ！いつする？いまでしょ！◀

プログラミングをどんどん進めていると，私たちはそのまま続けたくなります．仕事の環境では特にそうです．締切のプレッシャーが迫っていて，時間的な制約を感じ始めて，コードの一部にけりをつけ，次の部分に移ろうかと悩んだりすることすらあります．

しかし，この考え方は大問題になりえます．後で戻って修正できるからと，小さなエラーを無視したくなるかもしれませんが，実際のところ，この考え方は罠になります．

あちこちのエラーが雪山の雪崩のように押しよせ，行く手のすべてを破壊してしまうことがあるのです．エラーはしばしば他のエラーにつながり，ドミノ効果を生み出します．コードの一部が正しく動作しなかったり，エラーが発生したりすると，他の部分の動作がおかしくなることがあります．さらに悪いことに，影響を受けた部分は警告やエラーを表示しないこともあり，そのうち，さらに大きな問題をひき起こすのです．

ここでの教訓はシンプルです．コードを頻繁にテストすることです．もしまちがいを見つけたらすぐに修正し，問題が解決されるまで仕事を進めてはいけません．信じてもらえたら，後で私に感謝するはずです！

▶ドキュメントがすべて◀

この考え方については本書で何度も触れていますので，ここでは繰返しになります．常に，常に，コードをドキュメント化することです．明確なドキュメント化がプログラムの成功の鍵です．プログラムの初期バージョンだけでなく，続くどのバージョンであっても同様です．

ご存知のように，Pythonのプログラムは数千行，数百万行ものコードで構成されています．他人の手紙やメールを読んだことがありますか？　最良の状況でも，あなたと同じ言語を話していても，いつでも理路整然としているわけではありません．Python も例外ではありません．すべてのコードを命名規則やスタイルに合わせようとしていたとしても，実のところ，多くのプログラマーが独学なのです．

私たちはまた，時間が経つにつれて怠惰になり，思い込みが強くなります．コードを見れば意図が伝わると思ってしまうのです．さらに悪いことに，いま何をしようとしているかを数年後まで覚えていられると思いがちなのです．

コードをドキュメント化することは，少し時間がかかるかもしれませんが，長い目で見れば，多くの時間を節約することができます．エラーの追跡に費やす時間を減らすためにも，コードの一部をすばやく再利用できるようにするためにも，ドキュメント化はおそらく最も重要であり，従うべきベストプラクティスです．

また，ドキュメント化には，コメント（#）だけでなく，`docstring` の適切な使い方も含まれます．

Sphinx と reStructuredText のような，プロになったら使えるようになりたいツールもあります．しかし，いまのところは，基本的なことから始めて，あなたが書いたコードの各セクションをドキュメント化する練習をしてください．

▶コードリポジトリとパッケージの利用◀

Python の最大の売りの一つは，Python 開発者のコミュニティによって作成され，テスト済みの巨大なパッケージ/ライブラリを利用できることです．これらのコードは，自分のプロジェクトに取組む際に，多くの時間，エラー，悲しみから救ってくれます．諺にあるように，車輪の再発明は必要ありません．

Python Package Index（PyPi）は Python のパッケージのリポジトリ（コードの保管庫）であり，そのウェブサイト（https://pypi.org/）では，利用できるパッケージを探すことができます．現在，30 万近くのプロジェクトが登録されており，50 万人近くのユーザーがいます．プロジェクトの検索や閲覧はもちろん，何を探しているのかわからない場合やインスピレーションがほしいときには，流行のプロジェクトの一覧を見ることもできます．あなたのプログラムに役立つパッケージを探せることに加えて，PyPi のウェブサイトでは，あなた自身のコードを他の人がテストしたり使用したりするために，どのようにパッケージ化してホストするかを学ぶこともできます．このサイトを頻繁に訪問して，Python コミュニティの開発者がどのようなものを手掛けているのかを見てみることを強くお勧めします．

本書でいくつかのパッケージをインストールするために `pip` を使ったことを覚えているでしょう．そのときのパッケージはこのリポジトリから取得されていました．

▶頻繁にテスト◀

繰返す必要があると思いますので，少し場所を使って改めて言います．コードを頻繁にテストしましょう．

新しく大きな変更を加えたり，別のセクションを追加したりするときは，必ずそれまでのコードをテストしてください．たとえそれが `if` 文や小さなループのような単純なものであってもです．条件文に依存するコードがある場合は，とりうる条件をそれぞれテストしてください．

たとえば，もし“`if 条件：x, else: y`”という `if` 文がある場合，各条件での動作 x と y を確認します．テストを徹底的に行い，警告やエラーを見つけたら修正してください．そして一度直したら，再びテストしてください．

▶インデントはスペースで◀

スタイルガイドとPEPの推奨事項についての話に戻ります．コードを書くときには，インデントにスペース四つを使いましょう．どちらを使うかについては口論になりやすく，私はそれを実際に目撃してきました．個人的な好みやPEPのスタイルガイドに加えて，あなたが働く組織には独自のスタイルがあり，個人的な好みやその他の点では，それらが他の何よりも優先されることを心に留めておいてください．しかし，繰返しになりますが，一貫した書き方にしてください．

▶いつでもクラスにすればよいわけではない◀

Pythonでプログラミングするときは，あるいは他の言語でもそうですが，いつでも自分のやり方が最善かどうかを考えてください．たとえば，クラスは再利用性に優れていますが，関数やモジュールも同様に再利用性を向上させます．1日の終わりにすべき本当の仕事は，すべてのものをできるだけシンプルにすることです．そうすれば，再利用可能なコード，エラーの削減，効率的なコードなど，本書で話した目標を達成することができます．

物事をシンプルにするもう一つの利点はすべてのものが読みやすくなることであり，その重要性はいくら強調してもし過ぎることはありません．何かが読みやすくなればなるほど，あなたや同僚は問題を追跡したり，コード・セクションを追加したりすることが容易になります．これが，あまりにも多くのクラスやモジュールを使うことの否定的な部分です．優れた点が多くある一方，プログラムの可読性を損なう傾向があります．それらをぜひとも使ってほしいのですが，その必要性と，それが目的を実現する最もシンプルな方法かどうかを確認してください．

Pythonの未来

現在，Pythonはまちがいなく地球上で最も使われているプログラミング言語の一つです．この傾向はかなり長い間続いていて，いまも衰える気配はありません．この言語はとても学びやすく，パワフルで柔軟性に富んでいるので，近い将来に人気がなくなる可能性はかなり低いと思われます．

Pythonによってかなり急速に成長すると予想される分野がいくつかあります．特定の領域や産業の人気が高まっていることが一因です．また，Pythonがその分野で優れているという事実にもよります．その一例として，データサイエンス，研究，科学プログラミングがあげられます．そこではすでに強力な存在となっていて，データサイエンスに最適な言語として，今後も成長を続けるでしょう．

もちろん，Pythonは無敵ではありません．Pythonがまちがいなく成長をさらに必要としている分野がいくつかあります．その一つがモバイル開発です．しかし，PythonコミュニティやPythonクリエイターは尻込みすることなく積極的に，モバイルアプリ開発やこの分野への取組を支援するツールの開発を推し進めていくことでしょう．

地平線上に迫りくる，あるいはすでにドアをノックしているのは，あなたのプログラミングとテクノロジーにおける立ち位置にもよりますが，人工知能（AI），仮想現実（VR），拡張現実（AR），そして成長を続けるIoT（モノのインターネット）などの最先端分野です．スマートホームやコネクテッドデバイスは急速に成長している市場であり，Pythonはこの分野の一部になることはまちがいありません．

つまるところ，直線的な学習曲線と使いやすさが，Pythonをこれから何十年も広く使われる言語にしているのです．理由は単純です．あなたがビジネスのオーナーだとして，Pythonを使えば，雇った人のプログラミングスピードをすぐに高速化できるのですから．その柔軟性，コミュニティによっ

 ちょっとひといき竹内薫ラボ：未来予測は可能か 

はたして未来予測は可能でしょうか？　たとえば，第四次産業革命が進展して，未来がどう変わるかは，本当に予測できるのでしょうか？

実は，科学史においては，“未来予測の8割ははずれる”という統計的な事実があります．たとえば，私が子どものころ，“大人になったらクルマは空を飛んでいる”と本気で信じていました．科学雑誌にそういった未来予測が載っていたからです．あるいは，“30年後にはあらゆる病気が治るようになる”というようなことを言う人もいました．でも，いまだに人類は，空飛ぶクルマで通勤していませんし，ちっちゃなウイルスに翻弄され，パンデミックにあえいでいるありさまです(2021年現在，新型コロナウイルスが猛威をふるい続けています)．

だとしたら，AIが人間の仕事を奪うといった予想も8割は当たらないのでしょうか？

いいえ，実は，当たるほうの2割が，コンピュータ関連の予測なのです．つまり，夢の薬ができるとか，クルマが空を飛ぶといったような予測は，たいていはずれるのに対して，“10年後にスーパーコンピュータの演算速度が○○になる”といった予測は，かなりよく当たるのです．

そして，現在進行中の第四次産業革命，特にAIや量子コンピューターは，当たるほうの2割に属します．つまり，第四次産業革命で世界が激変し，大変なことは事実ですが，みなさんの人生は，決して大博打というわけではなく，きちんと考えて準備を怠らなければ，勝つ確率が高い賭けなのです．

残念ながら，大人が，これから準備してプログラミングを習得するのは大変です．でも，まだ若いみなさんであれば，ちょっと頑張って努力すれば，確実に未来社会で生き残る力をつけることができます．

ただし，一つだけ注意しておきます．未来は決して定まったものではありません．第四次産業革命の大きなうねりは変えられませんが，みなさんがこれから未来を作っていくのです．未来が大きく変化するということは，それだけ活躍の可能性が広がる，という意味でもあります．どうか，明るく幸せな未来を作っていってください．

て開発された膨大な数のパッケージ，そして本書をとおして説明してきた他のすべての素晴らしい点を考慮すると，私はPythonがプログラマーにとって強力な存在であり続けることを確信しています．また，あなたも確信するはずです．

エピローグ

学び続ける新時代のヒーローのために

いかがだったでしょう？　プログラミングのヒーローになりたかった著者のPayneさんの熱いメッセージとともに，Python言語の基本が身についたでしょうか？　Payneさんがヒーローと考えているプログラマーは，私にとっては**クリエイティブなプログラマー**です．使っている言葉がちがうだけで，私は，Payneさんの姿勢に大いに賛成なのです．

ところで，プロローグで明かさなかったクリエイティブなプログラマーの秘密の二つ目は**数学力**です．特に第四次産業革命が加速的に進んでいる現在，AIやIoTや量子暗号などの最新テクノロジーの根底に数学があるのです．このエピローグでも，プログラミングと数学について，もうひと押し，書くつもりです．でも，その前に必要な態度や資質について補足しておきたいと思います．

ヒーローやクリエイティブな人の共通点は，（プロローグでも強調しましたが，）**仕事が好き**であること．**生きがい**を感じていること．**責任感**があること．**正々堂々**と戦うこと．

この最後は，ちょっと説明が必要でしょう．正々堂々の反対は卑怯です．卑怯なプログラマーとは，他人のプログラムを盗んだり（ようするにパクったり），あるいは，自分の高度なスキルを悪用して，他人を困らせたりする連中のことです．残念ながら，世の中には，一定数，そういった卑怯なプログラマーが存在します．彼ら彼女らは人前に顔を見せません．匿名で人の悪口をSNSに書き込む人と同じで，自らの正体は明かさずに悪いことをします．でも，それって，まさにヴィラン（悪党）ですよね．だとしたら，そういう連中に負けないだけのスキルを身につけて，ヒーロー/ヒロインのあなたが，懲らしめてやってください．

ヒーローやクリエイティブな人が世間から認められるのは，その人が責任をもって仕事をやりとげるからです．途中で飽きて放り出してしまったら，途中までよかったとしても，誰も評価してくれませんし，みんなから愛想を尽かされてしまいます．孤独なヒーロー，孤高の芸術家というようなイメージがあるかもしれませんが，みんなの応援があってこそ，本物のヒーローであり，クリエイティブな芸術家だと私は思うのです．無責任なプログラマーには，誰も仕事を頼まないでしょうし，芸術家もまたしかり．

好きであることと生きがいを感じることはワンセットです．嫌いな仕事に生きがいを感じるはずはありませんし，生きがいを感じない仕事が好きというのも変です．

Appleから“はやぶさ2”まで

具体的に，ヒーロー，クリエイティブなプログラマーの素顔に迫ってみましょう．私の心の中のヒーローたちをご紹介しようと思います．

世界初のプログラマーであるオーガスタ・エイダ・バイロンは私のヒロインNo. 1です．ラブレス伯爵夫人としても知られていますね．彼女の父親はロマン派詩人として有名なバイロン卿なのですが，エイダは，数学や科学が得意だったんですね．彼女の家庭教師には，誰もが学校で教わる“ド・モルガンの法則”で有名なド・モルガンもいました．なんとも豪華な家庭教師ですよね．

エイダは，後に“コンピュータの父”とよばれることになるチャールズ・バベッジに出会います（上流階級の会合で出会ったそうです）．バベッジは，実際にコンピュータの原型を作っていて，エイダは，その解説書を書くとともに世界で最初のプログラムをそこに載せたんですね．驚くべきは，彼女が，すでにコンピュータにとって二進法の原理が欠かせないことをちゃんと見抜いていたことです．エイダは世界初の天才プログラマーだったのです．

ところで，私は学生時代からApple社のMacを愛用しています．何十台も使い倒してきました．でも，いまだにApple社の初期に登場したApple IIから初代Macまでの機種に強い愛着を感じています．

Apple社というと，スティーブ・ジョブズの名前を思い浮かべる人が多いと思いますが，プログラマーとしてジョブズを支えたのが，“ウォズの魔法使い”の異名をとるスティーブ・ウォズニアックです．実際，ウォズはApple IからApple IIまではほとんど一人で作り上げてしまいました．その後，Apple社が世界一の企業になる礎を築いた人なんですね．ウォズニアックは誰もが認めるプログラマー界のヒーローだといえるでしょう．

3人目を紹介します．2020年に地球に小惑星リュウグウからのサンプルを持ち帰った“はやぶさ2”のミッションの話をしましょう．みなさんもよくご存知の“はやぶさ2”の活躍ですが，実は，何度も危機的な状況に遭遇していました．地球から3億kmも離れた直径900 mの小惑星リュウグウに到達し，直径6 mという狭い範囲に着陸しなくてはいけなかったのです．本来は，もっと楽に着陸できるはずでしたが，地球からは観測できなかったリュウグウの色（黒かった！）や，表面にごろごろ転がっている大きな岩が障害となりました．黒いために充分にレーザーなどの照射が反射されず，また，岩に引っかかったら着陸が失敗してしまうのです．

そして，実際に着陸に向けて降下し始めた“はやぶさ2”は，急にシークエンス停止に追い込まれました．高度20 kmだったにもかかわらず，もっと低い高度になってから作動するカメラの撮影が始まったからです．原因はプログラムにありました．“はやぶさ2”のプログラムは，随時，書き換えられるのですが，着陸用のプログラムが時間差で“はやぶさ2”に届き，そのせいで，きわめてまれなエラーが起きてしまったのです．“はやぶさ2”はJAXAの探査機ですが，機体を製造したNECのプログラマーたち（益田哲也，松島幸太ら）は，5時間という時間制限の下，3000もある着陸プログラムの必須部分を探し出し，ギリギリのタイミングで書き換えることに成功しました．ニュースでは伝えられることのない，影のヒーロー/ヒロインたちが，“はやぶさ2”のミッションの成功の一翼を担っていたのです*．

どうでしょう？　コンピュータの黎明期から現代まで，有名無名を問わず，無数のヒーロー/ヒロインたちがプログラムで世界を変えてきました．彼ら彼女らは，他の人にできないことを成し遂げました．まさにクリエイティブなプログラマーたちだったんですね．

みなさんも頑張って，ヒーロー/ヒロインを目指してほしいと思います．

ちょっとタイムマシンで過去に戻ってみる

私は30代のころ，商業プログラマーをしていました．大学院で高エネルギー物理学を修めたものの，指導教官に“計算奴隷”としてこき使われ，（一時的に）数学が嫌いになっていたのです．ですから，大学院修了後，一箇所も研究所や大学などに履歴書を送らず，しばらく好きなことをして生計を

*　出典：NHK小惑星リュウグウ着陸取材班著，“ドキュメント「はやぶさ2」の大冒険”，講談社(2020)．

立てることにしました．それがプログラミングだったのです．

機械語やアセンブリー言語で少し遊んだ経験があるとはいえ，あとは商業用には使い物にならないFORTRANくらいしか知りませんでした．当時，非常にマイナーだったMacの初号機を手に入れ，暇さえあれば，カナダと日本との電話回線通信に必要なプログラムを書いたり，フィッシングまがいの初期画面を作ったりして遊んでいました．当時，プログラマー仲間の間で，友達どうしを罠にかける遊びが流行っていたのです．パソコンを開いて，いつもの初期画面だと思ってパスワードを打ち込むと，突然画面が真っ黒になって“ふふふ，おまえのパスワードはいただいたぞ！　怪盗Xより”みたいな……まんまフィッシングですよね．いまだったら両手が後ろに回るような所業です．（プログラマーが少ししかいなかった時代の悪ふざけですが，いまは影響が大きく犯罪として立件されますので，みなさんは絶対に真似しないでください！）

で，帰国してから，本格的に父親の仕事の関係先のプログラムを書くようになりました．個人事業主です．おもに広告代理店の視聴率予測プログラムや広告出稿最適化プログラムを手掛けていました．理論物理学を専攻していたこともあり，プログラムの心臓部分の数式は，既存の予想モデルを自分なりにアレンジして，予測精度が高いプログラムを書いていたので，中堅の広告代理店数社を顧客に抱え，商売繁盛でした．まだ若く，徹夜で平気でプログラミングをしていましたが，嫌だと思ったことは一度もありませんでした．一件の受注金額が数千万円と，それなりに大きく，その度に新しいMacを購入し，場合によっては新しい言語環境でプログラムを書くことにしていたので，遊びの延長であり，新しい機材を試しながら，自分で創る喜びがあったのです．

ただ，天の邪鬼な性格なので，当時流行していたC言語は，あえて使いませんでした．“終わり良ければすべて良し”を標語に，入門用言語と侮られていたBASICのコンパイラー版を使っていたこともあります．ちょっと説明するのがむずかしいのですが，むずかしい漢字の専門用語を使わず，大和言葉中心に文章を書いても，結果的に良い小説が書ければ問題ないじゃないですか．そういった感覚で言語は自由に選択していました．

この本では，Pythonに特化して，みなさんにプログラミングの入門をしてもらったわけですが，これから先，どう進むかは，みなさんの自由です．場合によっては，一生，Pythonオタクとして，この言語をディープに極めてもいいですし，いろんな言語を冒険してみてもいいと思います．私はいまでは，Python，Scratch，Wolfram言語（＝Mathematica）で小学生にプログラミングを教えていますが，いつも生徒には“一つの言語を極めれば，その他の言語は，容易に習得できるからね”と伝えています．

よくヨーロッパなどに10カ国語を駆使する語学の達人がいたりしますが，それは近縁関係にある言語だから可能なのだと思います（たとえば，イタリア語，スペイン語，フランス語は親戚関係にある）．プログラミング言語は，それと同じで，根底にあるロジックは似ているものが多いのです．ですから，方言を習う感覚で，他のプログラミング言語を使うこともあっていいかと思います．

職業としてのプログラミング

いま現在，プログラミング技能があると，どのような職業に就くことができるでしょう．当然のことながら，ゲーム制作会社への就職，ホームページ作成，会社の事務などのDX化（デジタル・トランスフォーメーション），塾のオンライン配信の管理…いくらでも就職口はあります．

昨今の傾向として，古くて大きな会社の“アプリの不具合”や“セキュリティの脆弱性”についての不祥事が増えているように思います．私は，その根本原因が，経営陣の顔ぶれにあると分析しています．老舗企業の多くは，第四次産業革命の大きな波に乗り遅れています．経営トップが法律と経営の専門家だけで構成され，プログラマーがいないのです．CEO（最高経営責任者），CFO（最高財務責任者）はいても，CTO（最高技術責任者）もしくはCDO（最高デジタル責任者）が不在なのです．そのような会社にも，プログラマーはたくさんいるはずですが，トップ3にプログラマーがいないことで，会社のリスク管理ができていません．熟練したプログラマーなら，すぐに気づくようなリスクが，経営トップに伝わらないのです．

勢いのあるベンチャー企業のほとんどには，最初からCDOがいます．彼ら，彼女らの仕事は，配下のプログラマーたちを統率するだけではありません．経営上のリスクを回避する，という大きな任務があります．

もし，あなたがクリエイティブなプログラマーになることができれば，将来的に企業のCDOの地位に就くことができるはずです．あらゆる企業に必要とされる人材になる．それが，この本を読み終えたあなたの次の目標です．

その次のステップに進むために，数学の大切さ，楽しさに気づいてほしいと思います．受験のための公式の丸暗記ではなく，あくまでも数学本来の世界を探究する楽しさ．数学で遊ぶ楽しさ．そこに気づくことができれば，あなたのプログラミングは，幅が広がり，奥が深くなり，プログラマーの頂点に達することだって可能になります．

え？　どうすれば数学本来の楽しさが見つかるのかって？　うーん，いろいろなヒントがありますが，まずは，受験のための何かではなく，数学者や物理学者が書いた，楽しい数学の本を読んでみてください．学校で教わることができなかった，素晴らしい世界が，そこにあるはずです．

探究する楽しさ

もう少し数学の話を続けましょう．ゼロから何かを創るのって楽しいですよね．この本では，ゲームやアニメーションを作りましたが，現代社会はすべてのものがプログラムで動いています．人々が喜ぶサービスを創ることは，ゲームに限らず，やりがいのある仕事になるはずです．

でも，世の中には，いろいろなことを探究する楽しさ，分析する楽しさもあります．たとえば，学校で教わる公式だって，2章や6章に出てきた“乱数”を使って探究することができます．

私が必ず授業で使うのがモンテカルロ法です．カジノで有名なモンテカルロの名前がついていることからもわかるように，これは賭けみたいに偶然を利用して，自然現象や社会現象を分析する手法なんです．それこそ，素粒子物理学の計算で，積分（＝無限小の数の足し算のこと）をするときに，きれいな計算結果が出ないことがあり，そういった場面でも，モンテカルロ法が使われていたりします．

その最も簡単な例が円周率の計算です．一辺の長さが1の正方形の中に四分円（＝円の0時から3時まで）を描きます．そして，正方形の中に0から1までの乱数を2回ずつ，合計で何万回も発生させます．1回目がx座標（横座標），2回目がy座標（縦座標）とすると，正方形の中にランダムに何万個もの点を打つのと同じです（次のプログラムでは10万回）．ただし，2回ごとに，その点の位置が“四分円の中にある”場合を数えておきます．

最終的に，点の総数と，円の中にある点の“比”を計算して4で割ってやれば，なんと円周率πが概算できてしまいます．

```
import random
```

```
maxn = 100000
count = 0

for i in range(maxn):
    x = random.random()
    y = random.random()
    if x*x + y*y < 1:
        count += 1

pi = 4*count/maxn
print(pi)
```

これは中学校で教わる“円の面積＝π×半径×半径”という公式の半径（＝1）と面積（＝四分円内の点の数÷正方形内の点の数）を利用して，πをシミュレーションしたのです．

え？　公式がわかってるならシミュレーションする必要なんてない？　いえいえ，πの値がわからないところから始めるのです．まず，円の面積が半径の2乗に比例することは誰でもわかります．なぜなら，半径をセンチで測るとしたら，面積はセンチの2乗という単位をもっているはずだからです．正方形の場合は，その比例係数が1ですが，円の場合はどうなのでしょう？　その比例係数がπなんです（四分円なので4倍する必要がありますけど）．

このように，誰もが暗記してしまう公式だって，実はものすごく奥が深いんです．プログラミングができると，学校で教わった知識が自分のものとなり“知恵”に昇格します．単なる暗記による知識は，実践的に使うことができませんが，プログラミングで遊ぶことにより，その知識のなりたちや深い意味が理解できるのです．こういった探究や分析は，ハマるとものすごく楽しくなります．なぜなら，“それまで自分が知らなかった世界”への秘密の扉がまた一つ開くのですから．

こんな計算もやってみて

私が小学生に教えている数学プログラミング授業のトピックスをもう一つご紹介しましょう*．題材はみなさんご存じのルービック・キューブです．英語では必ず“ルービックス・キューブ”と発音します．ハンガリーの建築学者ルービックさんが発明したキューブ，という意味ですね．

私が高校を出たころに世界的に大ヒットした立体パズルですが，数年でブームが去ると，ほとんど話題に上らなくなりました．ところが，2000年代初頭から，SNS等で解法について情報交換できるようになると，静かなブームとなり，いまでは“スピード・キューブ”として，世界各地で選手権が催されるようになりました．また，完成までの時間ではなく，最小手を競う種目もあり，プロとして生活する人も出てきて，根強い人気を誇っています．

そんなルービック・キューブですが，いったい，どれくらいの異なる組合わせ（色の配置）があるのでしょう？

実は，授業ではPythonではなくWolfram Languageを使ったので，あえてそのプログラムをご紹介しますが，参考URLを載せておきますので，宿題として，みなさん自身でPythonに書き換えて実行してみてほしいのです．

＊　注：本節に載せたプログラムはYES東京校のZOOM配信授業で田森佳秀先生が書いたものを抜粋した．

すでに書きましたが，Python の基礎ができているみなさんにとっては，“ありがとう”を“おおきに”，“まあまあです”を“ぼちぼちでんな”と言い換えるようなものだと思います．

さて，まずはルービック・キューブの動きを定義してやらなければいけません．6 面のうち，右側を 90° 時計回りに回すことを R という記号，逆回転を R' という記号で表します．同様に左側は L と L'，上面は U と U'，下面は D と D'，正面は F と F'，裏面は B と B' です．それぞれ，right，left，up，down，back の頭文字を取っています．

また，ルービック・キューブのすべてのパーツに番号を振ります．展開図ではこんな感じです．

```
(*
      19,20,21
      22,23,24
      25,26,27
1,2,3|37,38,39|10,11,12|46,47,48
4,5,6|40,41,42|13,14,15|49,50,51
7,8,9|43,44,45|16,17,18|52,53,54
      28,29,30
      31,32,33
      34,35,36
*)
```

各面の真ん中のパーツは，実は固定されているので，番号を振っても振らなくてもかまいませんが，ここでは振ります．

次に，それぞれの回し方によって，数字がどうシャッフルされるかを定義します．ただし，たとえば，{3，27，16，28} は，3 が 27 の位置へ移動し，27 が 16 へ，16 が 28 へ，そして 28 が 3 の位置へ移動する，という意味です．ぐるりと回って置き換えられるので，むずかしい言葉ですが“巡回置換”とよばれています．なかなか大変ですが，プログラムにこうやって厳密に教えてやらないと，ちゃんと計算してくれません．

```
u = Cycles[{{3, 27, 16, 28}, {6, 26, 13, 29}, {9, 25, 10, 30}, {37,
    39, 45, 43}, {38, 42, 44, 40}}]
f = Cycles[{{7, 43, 16, 52}, {8, 44, 17, 53}, {9, 45, 18, 54}, {28,
    30, 36, 34}, {29, 33, 35, 31}}]
l = Cycles[{{1, 3, 9, 7}, {2, 6, 8, 4}, {19, 37, 28, 54}, {22, 40, 31,
     51}, {25, 43, 34, 48}}]
r = Cycles[{{10, 12, 18, 16}, {11, 15, 17, 13}, {21, 52, 30, 39}, {24,
     49, 33, 42}, {27, 46, 36, 45}}]
d = Cycles[{{1, 34, 18, 21}, {4, 35, 15, 20}, {7, 36, 12, 19}, {46,
    48, 54, 52}, {47, 51, 53, 49}}]
b = Cycles[{{1, 46, 10, 37}, {2, 47, 11, 38}, {3, 48, 12, 39}, {19,
    21, 27, 25}, {20, 24, 26, 22}}]
```

なお，逆回転も定義したければ定義しますが，右側を時計回りに 90° 回すのは，左側を 270° 回すのと同じなので，定義してもしなくてもかまいません．

ここまでの準備が済めば，あとはプログラムに計算してもらえます．

```
RubikG = PermutationGroup[{u, d, r, l, f, b}];
GroupOrder[RubikG]
```

これは大学の数学科や物理学科で教わる“群論”という抽象数学を使った計算です．怖い名前ですが，英語なら group theory ということで，R や U などの動きを数学の操作と考え，それが“仲間だよ”というだけのことなんです．数字が入れ替わるので置換群（permutation group）という特殊な仲間ですけれど．そして，この仲間たちの動きが，どれくらいの異なる配置を作ることができるかを計算するのが group order です（群の位数といいます）．

ここでは，そういった群論の細かい概念を理解する必要はなく，単に，“R や U などの 6 人の仲間たちがせっせと動いたら，どんなバリエーションが生まれるの？”ということだと考えてください．

で，プログラムを実行すると，

```
43252003274489856000
```

という巨大な数字が出力されます．なんと，ルービック・キューブの六つの単純な動きから，4325 京以上の組合わせができるのです！（実は五つの動きだけでも同じ結果になります）．

みなさんは，どうか，この計算を Python でやってみてください．こういうのを“プログラムの移植”といいます．フランス語からイタリア語への翻訳みたいなものです（プログラムの移植は，英語から日本語への翻訳よりも簡単なことが多いのです）．

といっても，この本で“入門したばかりなのに，いきなり群論とか，訳がわからないんだけど〜”と，みなさんが戸惑うかもしれませんので，参考になるサイトをあげておきます．https://doc.sagemath.org/html/en/reference/groups/sage/groups/perm_gps/cubegroup.html

20XX 年

いまから半世紀後，世界は実際に大きく変わっているでしょう．インターネットも進化版の Q ネットは Quantum network（量子ネット）になっていることでしょう．すでに量子暗号や量子通信といったものが実用化されつつあるのですから，おそらく確実にやってくる未来だと思います．

いま私たちは，パソコンやスマホを使うとき，指で文字を入力しますが，音声入力も徐々に増えてきました．むかし“スター・トレック”の映画版で機関長のスコッティが過去に戻ってコンピュータに命令を伝えようとして，パソコンのマウスに向かって喋ってしまうシーンがありましたが，近い将来，キーボード式による入力方式は“レトロな趣味”になるかもしれません．

現在，盛んに研究されているのが人間の脳とデジタルな機械やインターネットと世界をどうつなぐかという問題です．あるものとあるものとの境目でのやりとりのことを**インタフェース**とよびます．いまデジタル機器ではなく“機械”と書いたのは，パソコンやスマホに限らず，AI 搭載型のロボットに脳から直接，命令を送るような実験もされているからです．また，世界中のあらゆる“モノ”にミクロのセンサーが埋込まれ，現在からは想像もできないほどの情報が Q ネット上に集約されるでしょう．そこから，リアルタイムの局地的な天気予報，歩く歩道の感覚で乗れる AI タクシー，リアルと区別がつかないバーチャルイベントなど，さまざまなサービスが展開されるはずです．機械，センサー，ネット上の情報など，人間の脳が，外部世界全体を“外部脳”として使うような時代が到来するのです．そして，そんな驚きの未来を根底から支えるのが“プログラミング”なのです．

というわけで…グッドラック！

みなさんは，この本からたくさんのことを吸収したはずです．

どうか，ヴィラン（悪党）ではなくヒーロー/ヒロインになれるよう頑張ってください．第四次産業革命，そして第五次産業革命……どんなに世界が変わっても，ここで学んだ知識（知恵）は役に立ち続けるでしょう．

しつこいようですが，プログラミングは，役に立つから学ぶものではありません．本来，楽しいからどんどん探究できるのです．そして，気がついたら，プログラミングのヒーロー/ヒロインが誕生するのです．

さあ，未来に向かって，プログラミングの翼で自由に羽ばたいて！

監訳者あとがき

英語や中国語のような外国語がみなそうであるように，コンピュータ言語の勉強も，地道な単語や文法といった“コア”な部分の習得から始まります．そして，さまざまな“プロジェクト”で実際に言語を使ってみることで，初めて流暢に使いこなせるようになります．

Python 言語も，最初は初めて出会う命令や規則に圧倒されるかもしれませんが，いつのまにか慣れて，やりたいこと，すなわちプロジェクトが自由自在に実行できるようになるはずです．

この本を読み終え，さまざまなプロジェクトを実行してきた読者は，次はどんなプロジェクトをやればいいのか，うずうずしているのではないでしょうか．

本書の翻訳は，私が「サイエンス ZERO」というテレビ番組の司会をしていたとき，番組ゲストとしてお目にかかった古澤輝由先生（現 立教大学）にご紹介いただいた柳田拓人先生が担当してくれました．通常は，監訳者である私が，訳文にかなり手を入れるのですが，今回は，柳田先生が Python 言語を実務で使っていらっしゃったこともあり，Python に関して，私よりも経験豊富なことから，私は口出しせず，本作りの大枠にかかわる部分だけ，手助けさせていただきました．

柳田先生は，読者が困らないように，原書のコードをすべて実行したうえで，打ち直してくださいました．いくら Python の経験があるとはいえ，相当な労力だったはずです．

東京化学同人の編集担当の篠田薫さんは，原書の出版社と何度も連絡を取り，日本の実情に合うように訳文を工夫する許可を取ってくれました．面倒くさい作業ですが，おかげで，日本の読者にとって，読みやすい内容にアレンジされ，多くの人に手にとってもらえるように仕上がったと思います．

また，元プログラマーで，現プログラミング講師である私の描き下ろし部分を付け加える許可を原著者と原書出版社からもらいました．具体的には，プロローグ，エピローグ，コラム，そしてこのあとがきです．正直，私が長々と文章を付け加えることは“蛇足”かもしれず，躊躇しました．でも，私の人生がプログラミングに彩られていることは事実であり，40 年以上にわたって（初心者から商売，そして教育まで）コードを書き続けてきた経験をおもしろおかしくご紹介することで，読者の息抜きになるならば，何がしかの意味はあるかなと，考え直しました．

コラムを書きながら，機械語，アセンブリー言語，BASIC，FORTRAN で遊んでいた中学から大学にかけての自らのプログラミング遍歴を思い出して，なんだか懐かしくなりました．

でも，現代に生きる読者のみなさんは，プログラミング環境という意味では，パソコンの黎明期に 10 代を終えた私よりも，最低，数万倍は快適なはずです（昔と今のパソコンのメモリーの容量を比較しました）．

人工知能や量子コンピューティングなど，プログラマーの仕事もどんどん増えていくので，いま Python を学びはじめた読者には，きわめて明るい未来が待っています．う，羨ましい！

読者が，これから何十年にもわたり，プログラミングのヒーロー/ヒロインとして活躍することを願って，筆を擱きたいと思います．

2021 年 6 月

竹　内　　薫

スクリプト索引

索　引

監 訳 者

竹(たけ) 内(うち) 薫(かおる)

1960 年 東京に生まれる
1983 年 東京大学教養学部 卒
1985 年 東京大学理学部 卒
1992 年 カナダ McGill 大学大学院博士課程 修了
Ph.D.(高エネルギー物理学)
専門は，物理学，科学史・科学哲学，科学コミュニケーション．現在は，サイエンス作家，先端プログラミング教育を実践する YES International School 校長として活躍している．

訳 者

柳(やなぎ) 田(だ) 拓(たく) 人(と)

1981 年 札幌に生まれる
2004 年 北海道大学工学部 卒
2009 年 北海道大学大学院情報科学研究科 博士後期課程 修了
博士(情報科学)
専門は，情報科学．静岡大学電子工学研究所助教を経て，現在は，(株)スペースタイムにてサイエンス＆プログラミング教室「ラッコラ」のカリキュラム開発を担当している．

第 1 版 第 1 刷 2021 年 7 月 7 日 発 行

13 歳からの Python 入門
新時代のヒーロー養成塾

監 訳 者 竹 内 薫
発 行 者 住 田 六 連
発 行 株式会社 東京化学同人
東京都文京区千石 3 丁目 36−7(〒112−0011)
電話 03−3946−5311・FAX 03−3946−5317
URL: http://www.tkd-pbl.com/

印 刷 株式会社 木元省美堂
製 本 株式会社 松 岳 社

ISBN 978-4-8079-2006-8
Printed in Japan